圖解系列

圖解
個人與家庭理財

伍忠賢
鄭義為 博士／著　第三版

五南圖書出版公司 印行

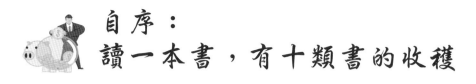

自序：
讀一本書，有十類書的收穫

一、本書如同2022年9月 iPhone 14

2019年4月，手機5G時代來臨，2020年10月蘋果公司5G手機 iPhone 12上市，上網、檔案下載速度比4G手機快10倍，2022年9月，iPhone 14預計上市，本書是第三版，可用5G手機比喻，第二版2019年9月，是4G手機版。

二、讀本書，勝過讀10個領域最強的投資、理財專書

由下表可見，在個人、家庭理財三大知識層級的十個主題中，本書皆有 iPhone 14的水準，且作者之一（伍忠賢）親身說法。

本書三層級主題與伍忠賢親身說法

三層級、10主題	本書相關章節	作者伍忠賢
一、入門（初階） 1.理財之必要 2.記帳、財務規劃 3.聰明消費	Chap1、2 Chap3、4、5、6 Chap7	理財是生活技能，從小學開始 19歲讀大一寫日記，天天記帳 錢要花在刀口，這從小開始
二、中階（單一領域） 4.保險	Chap8	從26歲開始買意外險，50歲買醫療險，52歲加買癌症險，55歲買長期照顧險，35歲買汽車險
5.股票型基金 6.股票 7.購屋 8.投資自己	Chap9 Chap10 Chap11、12 Chap13 Chap14	36歲第一次買海外基金 27歲第一次買股票 29歲第一次購屋（新店區北新路一段34巷公寓），220萬元，房價所得比5.5倍，35歲第二次購屋 24～26歲念碩士，29～38歲念博士
三、高階：融合貫通 9.22～30歲 　社會新鮮人理財規劃	Chap4	22～24歲服兵役（預官）把薪水80%定期定額存下，以供念碩士班之用
10.46歲的退休規劃	Chap15	2022年2月伍忠賢從大學教職退休，62歲。從2013年54歲定期定額，買賣基金，存老本

三、本書教你從理財、投資到成為理財達人

大學任教經驗給予我們強烈信心，另行準備資料撰寫本書，希望能更深入把個人理財的必備常識與大眾分享，盼能「富裕」你的人生，詳見下圖；具體而言，使你的投資收入至少大於你的一生薪資收入（詳見Unit2-1）三分之一以上。

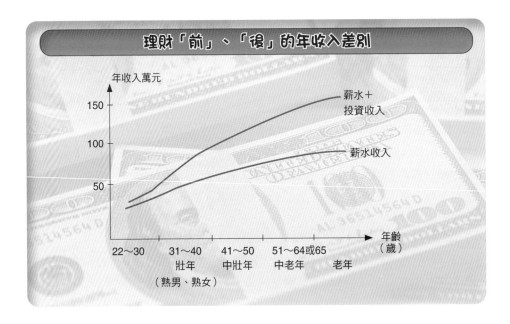

理財「前」、「後」的年收入差別

年收入萬元

- 薪水＋投資收入
- 薪水收入

年齡（歲）

22～30	31～40	41～50	51～64或65
壯年	中壯年	中老年	老年
（熟男、熟女）			

三、消費者評論

　　2021年5月3日（週一），真理大學大三女同學小萱（個人理財）期中報告，她是財務管理、個人理財相關科系。她說，上大學三年，伍老師是第一位一步一步（以第3章李小明為例）帶我們實際作理財報告，而且在螢幕上一步一步進入行政院主計總處資料庫找到資料。

　　2021年1月11日（週一），企管系大二男同學小浩跟我說，2020年9月第一週上課，你便建議大家花11元買友達光電（2409）1股。我買了，後來1月13日，加買1000股，上課而能賺到錢，謝謝老師。

　　2021年12月，真理大學財務金融系系友小淇（1987年生）Line我，她2020年9月聽我的建議，單筆買了安聯投信公司台灣智慧基金，賺100%，還想加碼。

　　第三版新增特色之一：教你怎麼查資料，許多圖表下方資料來源都會詳列機關、電子書、頁次。

　　本書中文版主要由伍忠賢執筆，英文版由美國阿拉巴馬州特洛依大學（Troy University）教授鄭義為執筆。我們兩位在此要深深感謝曾經上過理財課程的學生們，尤其是很有創意的報告，例如：比較自己煮一週與外食一週的成本。

鄭義為、伍忠賢

謹誌

2022年3月

本書目錄

本書目錄

第 **6** 章 理財十堂課：第七～十堂課

第 **7** 章 必要消費，聰明支出

本書目錄

▰第 ⑩ 章▰ 股票投資

▰第 ⑪ 章▰ 買房子Ⅰ：購買自住房地產

第 **15** 章 46～60歲理財規劃：退休金之計算與準備

本書架構與大學相關系所課程

現金流量	本書章節	大學相關系所課程	
		財金、企管	保險、精算
一、營業活動 　　流入 　　流出	Chap 1～6 Chap 7聰明消費 Chap 8風險管理	個人理財 大四理財規劃 大二保險學	人身保險
二、投資活動 　　流出	Chap 9股票型基金投資 Chap 10股票投資 Chap 11、12購屋 Chap14投資自己 Chap15退休金規劃	大四基金投資 大二投資管理 大三房地產 大二職涯發展	大四退休金規劃
三、融資活動 　　流入 　　流出	Chap13家庭融資資金需求	大二財務管理第8章	

第 1 章

三個需要投資理財
的原因

章節體系架構

Unit **1-1**
人生四階段的資金需求

人生工作40年，隨著家庭狀況（詳見右表第一列）至少可分為四個階段，各階段所需金額都不同，至少需要四桶金。

一、22～30歲人生第一桶金：成家

以火箭升空來比喻，由於想甩開地心引力，所以火箭第一節燃料管最耗力，這跟汽車（機車）發動一樣。有了第一桶金可以做第二件事。

(一)花30萬元結婚：一般結婚花費約30萬元，錢少，至少須20萬元，差別在於婚紗照拍簡單些。2014年流行到南韓拍婚紗照，這比臺灣貴。其次是訂婚時，男方付的聘金是「意思」性的，聘禮中的「六大件」中的黃金（金項鍊、金戒指）至少5萬元，也是向銀樓租的，這金飾主要用途是在訂婚宴、結婚宴時新娘子穿戴的。至於喜宴，只有辦流水席宴客會賺，否則大飯店一桌18,000元起跳（不含酒），一般人包1,800元，每桌坐不滿，大抵40桌會賠10萬元。

(二)花120萬元買房：以首次購屋600萬元來說，自備款二成，也需120萬元，婚前投資而儲蓄的150萬元，扣掉結婚30萬元，還剩120萬元，買屋自備款不足的部分，若父母有能力支援則較輕鬆。

二、31～40歲準備第二桶金：買房與購車

男人到40歲，許多都已在公司爬到經理位置，此時薪水夠高，支付保險費、房貸與生活支出之外，還有剩餘，往往會買部汽車，主要是假日時可以出去玩。

三、41～60歲人生第三、四桶金：子女教育資金與退休

(一)50歲人生第三桶金——子女教育資金：在十二年國教下，子女教育支出最主要在大學階段。四年私立大學約花100萬元，公立大學約花75萬元。

1. **調查機構**：英國滙豐銀行　　2. **調查範圍**：15個國家／地區
3. **調查對象**：家庭父母（子女念大學）　4. **調查時間**：2014年3～4月
5. **調查結果**：〈教育的價值：成功的代價〉

　　75%的臺灣父母希望子女能有大學學歷；這有三大好處，即提升社會新鮮人找到好的工作機會（占56%）、更好的職業生涯前景（占58%）、珍貴人生經驗（占64%）。在子女教育資金來源方面：有33%的父母擔心錢不夠。

(二)60歲人生第四桶金——退休金：人生過了50歲，子女大抵滿20歲，此時可以卸下養育子女重擔，為65歲而理財，賺人生第四桶金，一是為自己存老本，二是為子女買房存頭期款。

人生四階段所需資金金額與來源

年齡	22～30歲	31～40歲	41～50歲	51～60歲
健康	每年健保支出與看病2萬元	4萬元	6萬元	10萬元
學業	本人可能在念碩士	本人可能在念在職專班碩士	5.子女讀大學四年100萬元	
家庭	1.銀子存人生第一桶金 此時臺灣單身男性平均結婚年齡32.3歲，單身女性30.3歲。	2.妻子，35萬元結婚費用：(1)訂婚聘金：10萬元。(2)婚紗攝影：5萬元。(3)宴客：10萬元。(4)度蜜月：10萬元。 3.房子，自備款120萬元（600萬元房子自備款二成）。	換屋，屋價1,200萬元，自備款二成需240萬元。	自備退休金以便補勞工退休金不足
工作		4.車子，60萬元，自備款二成，銀行貸款八成。	換車車價90萬元	
資金需求：至少生活以外	無	200萬元	430萬元	440萬元

Unit 1-2
臺灣年輕人不婚不生，主因在低月薪與高房價

　　交女朋友、結婚、生子女，以男性角度來看，樣樣都得花錢，而且大部分由男性負擔。以婦女生育後來說，就業率48%，為了過高的兒童教養費，乾脆辭職在家帶小孩。年輕人低薪，2000～2021年，實質薪資大抵停留在原地，2000年經常性薪資38,208元，2021年實質經常性薪資43,138元，名目薪資上漲恰可被物價上漲吃掉了。

　　房價無所謂高低，是相對於國外，或是主計總處「家庭收支調查」本地薪資，以房價所得比來說，全臺9.24倍，在全球算高。有房斯有財情況下，自有房屋率85%，比美國64.5%高。買房構成許多男性結婚障礙，婚後被迫「少生，甚至不生」，本單元將說明。

一、不婚

　　女性學歷普遍比男性高，有可能一些女性薪水高，在「三高」的擇偶條件下，愈來愈多女性找不到適配男性，於是「喜歡」一個人（生活）。再加上越南等外籍配偶主要國家經濟發展了，不必為了經濟原因遠嫁外國（包括臺灣）。於是，適婚年齡人口結婚率愈來愈低，2020年12月十年一次人口普查，25～44歲有697萬人，其中301萬人未婚，占43.2%。不結婚的男性中，有些是日本人口中的「草食族」，錢少膽小，自動退出交女友，那更不會說想結婚了。

二、晚婚

　　晚婚現象非常「惡化」，由右圖可見1980～2020年，男性、女性皆延後4.5年結婚。

　　(一)男性初次結婚32.3歲：男性平均壽命77歲，到了平均壽命的四成才結婚，不是為了「玩」，而是「經濟基礎」（房、車）不穩，不敢向另一半求婚，或是怕對方不答應，只好「同居」等。

　　(二)女性初次結婚30.3歲：有人歸因於許多女性大學畢業後繼續念碩士，24歲以後才畢業工作，因此結婚年齡往後延。

三、不生

　　由右圖可見，臺灣婦女總生育率的歷史趨勢。

　　(一)總生育率1.07人：一對夫妻，平均婦女需生2.1人，才能維持人口數字不變，約在1988年跌到2以下，2020年甚至總生育率在1左右，平均只生1位小孩。一般說法是「養兒育女」花太多錢，但仔細算，從小孩出生到念私立大學畢業，約180萬元。不到夫妻工作時間收入的9%，教養費用不是主因，夫妻注重自己生活品質也是重要因素。

　　(二)2020年，人口2,360萬人；2021年起，每年人口衰退3.2萬人。

20～49歲人口婚姻狀況

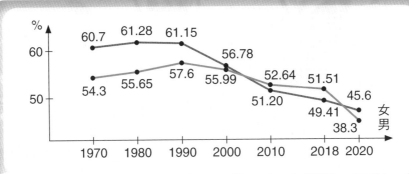

%

60.7　61.28　61.15

56.78

60

52.64　51.51

57.6　55.99　　　　45.6

50

55.65　　　　51.20

54.3　　　　　　　　49.41

38.3

女

男

1970　1980　1990　2000　2010　2018　2020

資料來源：內政部統計處2020年20～49歲

臺灣男女初次結婚年齡平均數

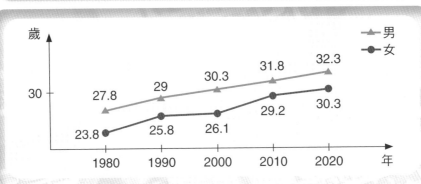

歲

男
女

31.8　32.3

30.3

27.8　29

30　　　　　　　29.2　30.3

23.8　25.8　26.1

1980　1990　2000　2010　2020　年

資料來源：內政部、行政院性別平等資料庫雲端應用服務

生育年齡婦女的總生育率

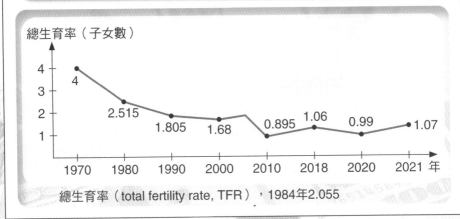

總生育率（子女數）

4　4

3

2.515

2　　　　　　　　　　1.06　　　1.07

1.805　1.68

0.895　　0.99

1

1970　1980　1990　2000　2010　2018　2020　2021　年

總生育率（total fertility rate, TFR），1984年2.055

Unit **1-3**
高房價壓垮許多家庭

圖解個人與家庭理財

　　房價高不高，常見有兩個比較標準，一是跟鄰國（例如：中國、香港、上海市）比；一是跟家庭所得相比，即房價所得比。

一、房子是買來住的

　　投資客買房的目的，一是當包租公、包租婆，另一個就是逢高出售，賺資本利得。但最終，還是回到自住需求，要是自住客買不起，房價漲不上去，只好降價求售。

二、房價所得比

　　由右圖可見，雙北市、全臺的「房價所得比」（housing price to income ratio），俗稱「購屋痛苦指數」。

　　(一)各縣市房價所得比：2021年第3季臺北市房價所得比15.86倍，即俗稱「不吃不喝得16年才能在臺北市買房子」。新北市房價所得比大約是臺北市的八五折，臺中、高雄市打五折。

　　(一)全臺9.24倍：全臺的房價所得比被雙北市高房價一拉，達9.24倍。

三、房價所得比的歷史趨勢

　　由右圖可見，2003年3～7月，由於非典型肺炎（SARS）造成73人死亡，人心惶惶，房價下跌，房價所得比跟著下跌，之後便緩升。2009年全球金融海嘯，房價小跌，2010年起大漲。一般來說，以全臺9.24倍來說，在聯合國的3～6倍合宜價上限的50%以上，偏高。

006

四，房屋貸款負擔率

　　以20年還款期間來說，每年還貸款本息被年所得除，稱為房屋貸款負擔率（debt-to-income-ratio, DTI），以臺北市來說，約63%。年所得六成還房貸，貸款買屋可說是當「屋奴」。負擔這麼重，房價還有多少上漲空間？

中國大城市的相對高房價

時：2019年3月15日
地：中國50個一、二、三線城市
人：居易房地產研究院
事：公布「2018全國50城房價收入比報告」，50個城市13.9億（2017年14.1億），其中廣東省深圳市34.2億。

臺灣與雙北市等房價所得比

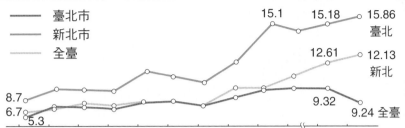

——— 臺北市
——— 新北市
——— 全臺

15.1　15.18　○ 15.86 臺北

12.61　○ 12.13 新北

8.7 ○
6.7 ○
　5.3

9.32

9.24 全臺

2003 2004 2005 2006 2007 2008 2009 2010 2011 2012 2016 2021 年

・2012年第4季起，房價以實價登錄為主。
・僅取用各年度第4季統計數字，除2009年為下半年統計，2003年
　才開始有統計。

資料來源：內政部營建署

臺灣的高房價　　　　　　　　　　　　第4季

項目	2002年	2017年	2021年第3季
(1) 成交房屋價格中位數（萬元）	324	817.6	858.4
(2) 中位數家庭年收入（萬元）(註：去年)	74	89	92.9
(3)房價所得比＝(1)／(2)	4.38倍	9.19倍	9.24倍
(4) 中位數房屋貸款還本還息（萬元）	17.76	32.19	34.28
(5)＝(4)／(2) 房屋貸款負擔率	24%	36.17%	36.9%

(1) 2012年8月起，實價登錄實施。
(2) 財政部財政資訊中心的個人綜合所得稅申報，再依據行政院主計總
　　處按季公布行業別「經常性薪資」。

貸款負擔率＝每月房貸本息÷家庭所得中位數
貸款成數：七成　貸款期間：20年　貸款利率：首購1.346%

　　　30%　　40%　　50%　　60%
合理　　稍重　　重　　偏重　　過重

Unit **1-4**
勞工保險提撥月退快易通

對個人家庭在進行財務規劃時，一定要考慮退休後勞動部的勞工保險局會給你「每月多少退休金」（俗稱月退俸）。先在心中有個譜，否則到時才發現平均月退俸18,000元，過基本生活都捉襟見肘。

一、問題：勞工保險精算報告

2022年1月15日，勞動部公布每三年進行一次的「勞工保險普通事故保費率精算及財務評估精算報告」。

勞工保險2029年破產：這原因有二。

· 2018年營業淨利——-252億元：勞保入不敷出，屋漏偏逢連夜雨，股價指數下跌8.7%，以致營業外收入（主要是投資收入）虧損156億元，首次出現「稅前淨利」虧損，政府提撥200億元去補漏洞。潛在負債11兆元（中央政府預算2.3兆元）。

· 退休金2028年就被領光了：由右上圖可見，勞退基金約8,200億元，目標報酬率4%，年投資收入約328億元，2017年起，入不敷出。

二、解決之道：政府的政策

(一)救急措施：每年提撥200億元補錢坑。

(二)救窮措施：勞工保險投保人數近994萬人，月領退休勞工150萬人，共1,144萬人，約占選民1,930萬人中的59%，以職業別來說，是「軍公教」、「農」、「自營作業」各項職業中的最大職業。2018年7月起，政府已針對「軍公教」退休年金進行改革。基於怕進行勞工退休金改革會得罪現職、退休勞工，而遲遲不敢進行大刀闊斧的改革。右圖以「投入－轉換－產出」架構呈現勞工保險改革方向；口訣是「繳得多，繳得久，領得少」。

時：2021年1月止
地：臺灣
人：勞動部勞動保險司
事：每3年，勞工保險普通事故財務精算報告

臺灣勞工保險保費收入與支出預估

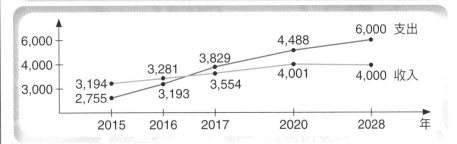

	2015	2016	2017	2020	2028	
支出	2,755	3,193	3,554	4,488	6,000	支出
收入	3,194	3,281	3,829	4,001	4,000	收入

臺灣的勞工保險狀況及改革方向

勞工保險改革	投入 繳得多	轉換 繳得久	產出 領得少
主管機關	勞動部 勞工保險局	勞動部勞動 基金運用局	勞動部勞工 保險局
1. 量：人數	1,041（萬人）平均年齡39.4歲，平均投保年資14.9年，平均投保薪資31,444元	(1)假設報酬率4% (2)其他情況	150萬人領月退俸
2. 金額：占20%，另70%資方，10%政府	(1)強制投保： ・勞工自付占20% 24,000元×11% ＝2,640元 ・資方負擔占70% 2,640元×3.5倍 ＝9,240元 政府負擔10% 2,640元×0.5倍 ＝1,320元 合計13,200元／月		2022年 每月退休金：40,039元×30年×1.55%＝18,618元 (1)現況：5年（60個月） (2)未來：15年（180個月） (3)給付率1.55% 2026年起，年滿65歲才可以領退休金
3. 時	(2)自願提撥12%，目標是27.94%，薪資上漲幅度1.5%		

009

Unit 1-5
長壽的財務危機：成為下流老人

日本可說是全球「老年」人口的代表國，2022年有二個數字：

- 人口1.256億人中，65歲以上老人占29.4%，超過「超高齡社會」（super-aged society）20%門檻很多，全球老人人口比例最高。
- 人口年齡中位數48.48歲，全球僅低於摩納哥（55.4歲，人口4萬人）。

日本人均總產值（GDP per capita）約4.3萬美元，在全球193國中排31名，比英、法略低。一般來說，在40個工業國家中，日本的社會福利制度算好的，尤其是有全民健康保險。在這些亮麗的經濟數字後面，卻有著「長壽風險」（longevity risks），將於本單元說明。臺灣老年化時間約比日本慢15年，從日本經驗中可以給我們前車之鑑。

一、老人最怕沒錢

(一)20%的老人屬於低收入戶。

(二)低收入戶在各地區至少每月拿到12萬日圓的基本生活保障。這金額已不夠過基本生活，因不足以聘請居家看護，修理家庭電器產品。更慘的是，日本人最愛面子，有些人不向政府厚生勞動省申請「生活保護費」，以致有不少獨居老人餓死、病死在家中。

二，日本的「下流」老人

由右頁小檔案可見，2015年日本教授藤田孝典，以「下流」（社會地位低下）老人來形容悲慘老人的生活。分成三種情況：

(一)無緣社會：由於少子化，許多老人孤獨致死，甚至缺錢也不向社會福利機構求助，以致餓死在家。一年有3.2萬無人認領的遺體。

(二)老人漂流社會：有些貧窮老人成了人球，在醫院、社會福利機構、收容所間漂流，有些則成為街友（遊民）。

(三)內幕社會：老人犯罪。因錢不夠，鋌而走險，主要是偷便利商店食物，為的是關進監獄，吃免費牢飯。

三、解決之道

- 時：2018年3月
- 地：日本東京都
- 人：日本慶應大學與三菱UFJ信託銀行合作
- 事：推廣「金融老年學」（financial gerontology），強調各方（政府、銀行）皆應努力維持退休老人的「錢財安全健康」。

臺灣男女平均壽命

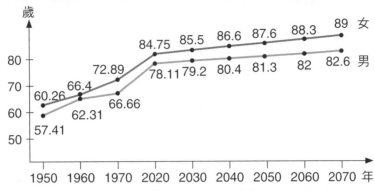

資料來源：內政部統計處「2020年，簡易生命表」，2021年8月6日
2020年以後來自行政院國發會「人口推估查詢系統」

下流老人與貧困世代書香小檔案

時：2015年6月
地：日本
人：藤田孝典（1982～），日本聖學院大學人類福利系副教授、Hotto plus 理事
事：《下流老人》：2016年4月由如果出版社出版；《貧困世代》：2016年12月由臺灣高寶國際公司出版

在日本，政府給的年金是不夠養老的

時：2017年
地：日本
人：橫山光昭，MYFP公司董事 理財顧問
事：在臺灣的翻譯書《90%的節約都會造成反效果》（大是文化出版，2018年1月）

單位：萬日圓

收支	低收入	中低收入
(1) 收入 　1. 　2.	18 生活補助12 住宅補助6	21.34 年金19.49 子女孝親費等1.85
(2) 支出	19	27.56
(3)=(1)−(2)	-1	-6.22

Unit **1-6**
理財白癡第一種：錢存銀行，利率1%

你有沒有100萬元閒錢？你存銀行一年期定期儲蓄存款會賺到多少利息錢？

本金×利率＝利息

100萬元×1%＝1萬元

你很難想像吧？100萬元的定期儲蓄存款，一年只賺1萬元，還不夠你一個月生活費。明知道銀行（郵局）存款如此「微」利（一年期存款利率1%以下）或「低」利（一年期存款利率低於2%），還冀望靠定存去賺利息錢，以求存老本的，大抵只有兩種人，一是理財白癡，一是不敢冒險（買股票型基金）。

你在報紙上的金融行情表或銀行內的利率布告欄上，會看到當日存款利率，須稍作說明，你才會「略懂」（2008年電影「赤壁」中諸葛亮的口頭禪）。

一、X軸：身分

由右圖中X軸可見，存款利率依存款人身分可以二分，這背後牽涉到存款利率高低。

(一)公司（即營利性組織）：公司的各天期存款利率皆較低（比自然人），例如：一年期定期存款利率1.035%，比一年期定期儲蓄利率1.07%低0.035個百分點。

(二)自然人與非營利性組織：1950年代，政府為了鼓勵國民儲蓄，所以自然人的存款利率比公司高，時至今日，因自然人定存中途解約機率低，中央銀行課徵的法定準備率較低，銀行樂於給予稍高利率。

(三)非營利性組織特例——政府：非營利性組織的特例是政府，其存款稱為政府存款（government deposits），但我們把它獨立出來，是因政府存款主要經理銀行為中央銀行，商業銀行可辦理政府存款業務（例如：代收稅費款，或代售公債），但只是過路財神，收入後立即轉存央行。

至於中央銀行等下級部會、各級政府的經費存在哪一家銀行，由各機關自行決定。

二、Y軸：利率

在Y軸上，我們分成兩層來分類，說明如下：

(一)第一層（大分類）：活期vs.定期

依存款期間是否固定，可二分為下列兩種：一是活期存款（passbook deposits）；二是定期存款（time deposits）。

由英文名詞可見，活期存款有存摺（passbook），定存是一人一張證書方式呈現。

(二)第二層（中分類）：臺幣vs.外幣

依幣別區分，二分為下列兩種，預估2022年12月全體銀行45兆元。

1. 臺幣存款32.5兆元，占72.2%。

2. 外幣存款12.5兆元，占27.8%。

第一層（大分類） 第二層

利率

定期 — 外幣 人民幣 — 1.4%

— 1.2% • 定期存款（time deposits） • 定期儲蓄存款（time saving deposits）

臺幣 • 可轉讓定期存單（negotiable certificates of deposits, NCD）

活期 • 活期存款（passbook deposits） • 活期儲蓄存款（passbook saving deposits）

公司（即營利性組織） 自然人 財團法人（即非營利性組織） 身分

2022年3月2日外匯存款參考利率　單位：年息%

銀行別	幣別	期間					
		活期	1個月	3個月	6個月	9個月	1年
臺灣銀行	美元	0.030	0.080	0.120	0.180	0.200	0.220
	港幣	0.020	0.150	0.200	0.250	0.300	0.400
	英鎊	0.010	0.050	0.050	0.100	0.100	0.150
	澳幣	0.010	0.020	0.050	0.100	0.100	0.150
	日圓	0.001	0.001	0.001	0.001	0.001	0.002
	歐元	0.001	0.001	0.001	0.001	0.001	0.002
	人民幣	0.100	0.800	0.900	1.300	1.300	1.300
兆豐商銀	美元	0.020	0.060	0.100	0.150	0.200	0.220
	港幣	0.020	0.150	0.150	0.180	0.200	0.250
	英鎊	0.010	0.020	0.030	0.050	0.070	0.100
	澳幣	0.010	0.020	0.050	0.100	0.100	0.150
	日圓	0.001	0.001	0.001	0.001	0.001	0.002
	歐元	0.001	0.001	0.001	0.001	0.001	0.002
	人民幣	0.200	0.900	1.000	1.400	1.400	1.400
花旗銀行	美元	0.010	0.010	0.010	0.010	0.010	0.010
	港幣	0.010	0.010	0.010	0.010	0.010	0.010
	英鎊	0.010	0.010	0.010	0.010	0.010	0.010
	澳幣	0.010	0.010	0.010	0.010	0.010	0.010
	日圓	0.0001	—	—	—	—	—
	歐元	0.0001	—	—	—	—	—
	人民幣	0.150	0.900	1.000	1.200	1.200	1.200

註：花旗銀行2017年6月1日起，日圓／歐元之定存牌告利率不提供新報價資訊

2022年3月2日新臺幣存放款利率　單位：年息%

類別 總別行	活期存款	活期儲蓄存款	定期存款							定期儲蓄存款			基本利率
			1個月	3個月	6個月	9個月	1年	2年	3年	1年	2年	3年	
臺灣銀行	0.080	0.200	0.600	0.630	0.785	0.900	1.035	1.050	1.065	1.070	1.085	1.115	2.366
兆豐商銀	0.050	0.180	0.590	0.620	0.780	0.910	1.015	1.040	1.050	1.040	1.060	1.09	2.500
國泰世華	0.010	0.070	0.580	0.620	0.750	0.870	1.020	0.025	1.040	1.040	1.050	1.080	2.619
華南銀行	0.080	0.230	0.600	0.660	0.770	0.880	1.045	1.070	1.070	1.090	1.095	1.095	2.583
臺灣中小企銀	0.080	0.200	0.600	0.650	0.770	0.880	1.005	1.050	1.050	1.040	1.075	1.095	2.220
土地銀行	0.080	0.180	0.600	0.650	0.785	0.900	1.035	1.040	1.060	1.070	1.075	1.110	2.440
彰化銀行	0.080	0.230	0.600	0.660	0.770	0.880	1.040	1.070	1.070	1.090	1.095	1.095	2.570
渣打國際商銀	0.010	0.010	0.590	0.130	0.400	0.130	0.180	0.560	0.580	0.500	0.560	0.580	2.205
玉山銀行	0.010	0.090	0.590	0.620	0.740	0.880	1.035	1.020	1.030	1.050	1.050	1.060	2.390
台新銀行	0.030	0.100	0.590	0.610	0.740	0.880	1.010	1.020	1.030	1.040	1.050	1.060	2.880

註：本表以固定利率為主，僅供參考。
資料來源：中央銀行

Unit 1-7
理財白癡第二種：買儲蓄險，保障利率1.8%

我有投資理財的布「道」熱忱，總希望碰到的人都能增進理財知識。最常問別人：「你有沒有投資（理財）？」最常碰到的回答是：「我錢存銀行」、「我有買儲蓄險。」本單元將說明，請你不要這樣做。

一、臺灣人保險狀況

根據保險事業發展中心的統計。

(一)平均每人保險費支出

平均每人人壽保險13.5萬元（總金額3.16兆元），2021年銷售最佳的是投資型保單、儲蓄險（年金等）。產物保險0.8萬元，人壽保險約13.54萬元。

(二)數量：平均每人2.53張保單。

(三)理賠給付：2021年1.9兆元，主要是健康險。

二、儲蓄險宣告利率1.8%，比定存利率0.8%多

(一)五十步笑百步

保險業務員的話術是儲蓄險保單報酬率2%，比一年期定期存款利率0.8%高。由右圖可見，保單宣告利率（declared interest rate）與一年期定存利率相近，水漲船高、水跌船低，2021年11月起臺幣計價利率保單宣告利率已降至1.8%左右，如同雞肋，那就放棄，買績優股或元大台灣基金（股票代號0050）。

(二)用專有名詞混淆你

儲蓄型保單宣告利率有許多名稱，例如：保單「內部報酬率」。

三、政府政策：壽險的本質是保障，不是儲蓄

2019年5月22日，在臺灣臺北市，行政院金融監督管理委員會保險局長施瓊華向22家壽險公司董事長或總經理表示高齡化保單占46%，這結構是不對的。本書作者說明，以2020年的意外險死亡理賠金額來說，平均190萬元，辦完喪事約剩150萬元，只夠妻小兩年生活。

施瓊華表示「保險的本來目的是保障（註：不是儲蓄、投資）」，保險局將透過許多措施引導保障型和高齡化保單占保費收入比重60%以上。（摘修自《自由時報》，2019年5月27日，王孟倫）

高齡化社會的保險內容

1. 年金保險，約占94%。
2. 健康保險，約占6%：
   (1) 終身醫療保險。
   (2) 長期看護保險。

銀行一年期定期儲蓄存款利率與壽險保單分紅利率

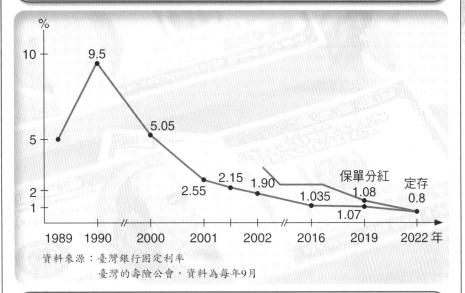

資料來源：臺灣銀行固定利率
　　　　　臺灣的壽險公會，資料為每年9月

保單分紅宣告利率

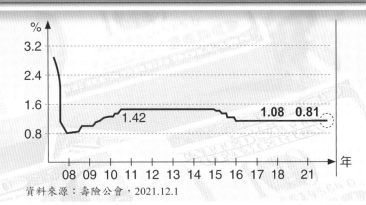

資料來源：壽險公會，2021.12.1

2022年臺灣在全球保險密度排名

保險密度	臺幣計價	美元計價	保險滲透率		
(1) 保險費支出（兆元）	3.16	0.1150	(1) 保險費支出		
(2) 人口數	2,336萬人	同左	(2) 國內生產毛額22.8兆元		
(3)＝(1)／(2) 人均保費支出	13.53萬元	4,927美元	13.86%		
全球排名	第6	第3	第2		

資料來源：瑞士再保險公司Sigma排名，2021年7月14日，此表本書估計

Unit 1-8
理財白癡第三種：被理財詐騙，本金不保

「你中獎了，獎金300萬元，須先繳30萬元所得稅」，這是網路詐騙的基本劇本，衍生出許多變形，全球各地皆有人被騙。人被投資詐騙，原因大都是「貪婪」，想「一夜致富」，例如：本人於1994年7月「不經一事，不長一智」的慘痛經驗（見右頁）。本單元將說明幾種必須「敬而遠之」的投資方式。

一、太好的事，必有詐

先問你一個問題：「公司尾牙抽獎，你抽過什麼大獎？」、「你的社區中秋之夜烤肉，你抽過什麼大獎？」抽到大獎是機率問題，400位員工一個大獎，中獎機會為400分之1。有人打電話給你、有人上你臉書、有人寄電子郵件，告訴你一件大賺錢機會，他（或她）為何要對你這麼好？連父母、兄弟中獎，都不見得會讓你分享，更何況是路人呢？

二、地下投資公司

銀行的定期儲蓄存款利率為0.8%，這是行政院金管會唯一法定可保證報酬率的投資，其他投資皆不可。0.8%利率有許多人不滿意，有需求就有供給，其中之一便是有三種型態的「地下」（指非法）投資公司應運而生，目標對象鎖定缺乏警覺知識的小額投資人，提出保證每月報酬率7%，一年三個月就還本。

典型地下投資公司會在公司牆上掛出投資對象，大都是海外的房地產（越南五星級飯店、購物中心）、股票未上市生技公司，由於在海外或未上市，因此投資人不易Google去找到股東資料。

三、財務顧問公司

少數財務顧問公司販售三種金融商品，說明如下。

(一)未上市股票：大概每個月，大家的手機皆會接到隨機撥話的電話銷售，想寄未上市股票的資料給你，強調可以趁每股10、20元時買進，賺股票上市的蜜月期，像2021年3月31日展碁國際（6776）股票25元掛牌上市，終場69.7元收盤，漲幅178.8%。我們的看法比較直接，連上市（櫃）的股票都有營收造假的，更何況是未上市股票沒人管（包括會計師事務所的兩位會計師簽證、券商輔導、證券交易所規範）。從上市（櫃）1,800支股票每年皆有10支漲4倍的股票，找這些比較安全。

(二)海外地下基金：行政院金管會證期局審核海外基金在臺銷售，必須符合一定標準（基金公司資本額、基金規模）才會核准，約1,000支。全球基金有60,000支，你買了沒有「證字號」的基金，完全沒保障，往往是假的或在加勒比海的英屬維京群島（BVI）註冊，連要找人告都找不到。

(三)海外壽險保單：跟前面地下基金情況一樣。

圖解個人與家庭理財

幾種可能的投資詐騙

報酬率

(二)未上市股票　　　　　　股票,(一)已上市(櫃)

—— 7%保障收益率

—— 1.3%

・地下投資公司,每
月保障報酬率7%
・有些加密貨幣投資
・有些加盟連鎖

・壽險公司的保障收益率儲
蓄險保障
・銀行的臺幣——定期存款

不合法　　　　　　　　　　　　　　　　合法

不經一事,不長一智

1994年7月,筆者之一伍忠賢跟著朋友下單到新加坡的期貨公司,去玩外匯保證金,開戶2,000美元,第一週賠,再補1,000美元。兩週虧3,000美元(約8萬元),臺灣這家財務顧問公司副總從此沒再出現。這便是我遭遇的投資詐騙,現在會懷疑自己那時的理財智商。

理財智商(financial quotient, FQ)

・中文簡稱財商,類似智慧商數,簡稱智商
・意義:指人的財務管理能力(指知識、態度、行為)

Unit **1-9**
投資是三種自行致富

本單元想說明要致富，金融、房地產投資是比較容易選項。

一、大分類：全球、美國的贏者圈

想成為「富人」（rich person）要先知道致富的原因。

1.贏者圈（winner circle）

由右頁表可見，最富有10%成人，占全球財富的85%，剩下90%成人占全球財富的15%，美國情況略佳。

2.一般人

此處不能說「輸者圈」（loser circle, loser音譯魯蛇）。

二、中分類：贏者圈分兩中類

2013年法國經濟學者皮卡提（Thomas Piketty）出版《二十一世紀資本論》，2014年2月英文版在美國出版，躍上亞馬遜網路購物中銷量第一的書籍，中文版由衛城出版公司出版。其重點如下：

(一)有76%的富人靠自己：有76%的富人是靠自己打拚的，一般自己打拚方式有創業及金融投資兩種，說明如右。而皮卡提的「富人」是指美國所得前1%、5%或10%的人，其「財富」的定義較廣，包括自住房屋。

(二)有24%的富人是繼承來的：有24%的富人是含著「金湯匙」出生的，後來成為富二代，即1988年臺語歌王葉啟田的熱銷歌「愛拚才會贏」，每到選舉時，許多候選人都會拿出來當主打歌，唱遍大街小巷。其中有一段歌詞「三分天註定，七分靠打拚」，歌詞中的「三分天註定」，這會形成「財富世襲」，即有人天生就是「人生勝利組」。

三、小分類：投資致富不須「絕頂聰明」

投資大師華倫‧巴菲特（Warren E. Buffett, 1970）

1. 投資不是比智力，高智商的人不必然會勝過智商中等的人。

2. 要學會巴菲特的投資哲學，策略只要懂小學算術就可以，甚至不需要讀（大學）投資管理課程。

四、買賣臺灣開放型股票型基金

由右下表可見，僅以2021年為例，臺灣開放型股票型基金有166支，第二名的統一投信奔騰基金報酬率為86.5%，從2008年成立以來，累積報酬率1,485%（14倍），平均年報酬率100%，但這可能會誤導你，因2008、2009年全球金融海嘯，2009年3月，臺股跌到4,164點，台積電38元。

圖解個人與家庭理財

全球、美財富分配的資料來源

時	2006.12.9	2021.3	2021.6.2
人	美國紐約市 聯合國世界發展經濟學研究院 （United Notions University）	美國華盛頓特區 聯邦銀行準備理事會	瑞士 瑞信集團（Credit Suisse Group）
事	全球家庭財富分布情況報告（The Global Distribution of Household Wealth）	每季一次（家庭財富報告）	全球財富
1.總額 2.財富分配 最富1% 最富10% 其他90%	2000年125兆美元 擁有全球財富 40% 85% 15%	130.2兆美元 美國家庭財富 35.2% 70% 30%	2020年418兆美元 擁有全球財富 46% 85% 15%

大分類	中分類	小分類	說明
一、富人占10%	（一）自力致富占7.6% （二）靠遺產占2.4%	1.創業 2.金融投資 3.工作	全球前十大富豪 (1)股票投資 (2)房地產投資 擔任高階管理者
二、一般人占90%			

2021年臺灣開放型股票型基金報酬率　　%

名稱	2021年	2019～2021年	名稱	2021年	2019～2021年
新光創新科技	87.8	193.6	野村中小-累積類型	68.2	216.9
統一奔騰	86.5	211.2	兆豐國際電子	67.6	164.6
統一黑馬	82.1	211.3	新光台灣富貴	66.5	204.3
新光店頭	70.4	190.1	安聯台灣科技	66.2	256.0
新光大三通	70.0	217.8	166支基金平均	40.1	143.3
野村鴻運	69.9	215.9	加權股價指數	23.6	87.2

資料來源：CMoney統計至2021/12/30

Unit **1-10**
學習Ⅳ：理財常識只需20小時就可具備

　　學開車看似很難，倒車入庫有口訣，開S型車道需要技巧，坡道停車再啟動需要膽識，但總體而言，20小時訓練便可以通過交通部監理所的路考。同樣的，本書設定在20小時內讓你讀完、讀懂、讀通。

一、理財常識很簡單

　　2021年4月7日，美國（富比士）公布的全球第六富豪、身價960億美元的股神華倫・巴菲特（Warren E. Buffett），在其口述自傳《雪球：巴菲特傳》中有句令很多人高興的話：「要像我這樣投資致富，不需要有像『愛因斯坦』般的天才，只需要中等智商就可以了」。

二、有關股神巴菲特

　　臺灣俚語中「生意仔難生」，站在後天角度，子女大都在家中耳濡目染，書香世家是因為父母「書耕傳家」。

　　以巴菲特來說，父母啟發，再加上後天學習，一天比一天進步。

　　巴菲特6歲時花25美分買半打可樂，再以每瓶5美分賣給鄰居，投資報酬率為20%。11歲時第一次買股票，卻後悔太晚開始，因為當時每一種股票都很便宜。15歲時靠送報賺進超過2,000美元，並買了一塊40畝的農地租給佃農，鼓勵孩子要早點學會做生意。他曾從地上撿起一個沒人要的1美分硬幣說：「這是下一個10億美元的開始。」2006年他76歲時，巴菲特宣布把資產的85%（約370億美元）捐出，他擔心留太多錢給孩子，會危害社會。2020年他80歲時曾說：「我要工作到100歲，並打算在死後五年才退休！」

三、讀對入門書，省時又省力

　　電動汽車的充電時間跟滿格程度很不成比例：充電30分鐘，可達八成，再充電3小時，可達滿格（2022年的標準，可跑500公里）。有關個人理財的書籍也是如此，你讀本書，大抵具備家庭財務管理八成基本常識，後面的二成卻需要花200小時。例如：本書第八章保險規劃只討論意外、醫療與長期照護險，想深入者還得再花20小時讀《圖解保險規劃》。本書第九章基金投資只討論臺灣股票型基金，想深入者還得再花20小時讀《圖解基金投資》。

四、聞道有先後，術業有專攻

　　有些人有病痛，聽朋友或電臺賣藥廣告，投資也是如此。華南銀行新店區北新分行理財顧問林時霙表示：好的理專帶你上天堂，弱的理專帶你住套房。慎選理專很重要。

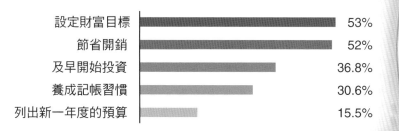

上班族的理財想法與作法

時：2013年1月
地：臺灣
人：《今周刊》與波士特市調中心
事：2013年1月7～14日，調查上班族，得到下列結論（可複選）。

項目	百分比
設定財富目標	53%
節省開銷	52%
及早開始投資	36.8%
養成記帳習慣	30.6%
列出新一年度的預算	15.5%

上個人理財的課程是否足以提升人們的儲蓄行為，從下列網路教學結果可以印證。

(一)執行單位：財金智慧教育推廣協會，贊助資金來自花旗（臺灣）銀行。

(二)調查對象：14家大學、17個系，688位大學學生。

(三)訓練方式：9堂網路教學，共6小時。

(四)訓練時間：2014年。

(五)訓練結果：詳見下表。

大學生個人理財課程前後消費行為

項目	個人理財課程「前」	個人理財課程「後」
1.記帳習慣	52%	67%
2.收支狀況		
（1）入不敷出	24%	17%
（2）收支平衡	74%	81%
（3）消費金額	6,799元	
3.儲蓄習慣	68%	75%
4.儲蓄金額	3,503元	

資料來源：財金智慧教育推廣協會

第 ② 章

理財規劃

章節體系架構 ▼

Unit **2-1**
個人、家庭的五層級需求理論

說出你最想做的三件事，有如是：

- 想出國去看史蒂芬・柯瑞（Stephen Curry，美國加州舊金山市金州勇士隊）比賽，尤其是東西區冠軍賽。
- 想買汽車，至少是豐田汽車威馳（Vios），56萬元；好一點是花冠（中國稱Corolla），68萬元起跳。
- 想要結婚，最好先買個公寓。

一、需求層級理論

每次談到人們行為的各種動機（有意識或潛意識），十之八九會以馬斯洛的需求層級理論來說明，詳見下方小檔案。

右圖下方最底層需求是「活著」——吃得飽，穿得暖，先求有。倒數第二層是「安全」需求——食物要新鮮美味。從有到好的狀況，需要更多錢才能過生活。

二、各需求層級的生活費用

「天下沒有白吃的午餐」，這句俚語說明，要滿足人們各需求層級，大都需花錢，於是我們以「食、衣、住、行、育、樂」六個生活項目來舉例，見右圖。

三、為了自尊，許多人炫富

許多人想獲取別人的尊重，「別人」包括親戚、朋友（包括同學）、同事、生意夥伴、鄰居等，於是「穿金戴銀」（即精品）、開雙B跑車、住豪宅（雙北市是指屋價7,000萬元以上，其他縣市5,000萬元以上）。透過此來「炫富」（flaunt wealth）。

在臉書上，許多人出國旅遊、吃美食拍照、買精品、發開箱文，最有名的人物之一是美國實境秀女星金・卡達夏（Kim Kardashian）。

2015年，美國休斯頓大學等許多實證研究指出，在臉書上，人們「報喜不報憂」。對臉友來說，覺得自己生活跟不上別人，人比人氣死人，甚至引發憂鬱症狀。

馬斯洛的需求層級理論（Maslow's hierarchy of needs）

時： 1943年

地： 美國紐約州紐約市

人： 亞伯拉罕・馬斯洛（Abraham H. Maslow, 1908~1970），布魯克林學院教授。

事： 在《心理學評論》期刊上，發表「人類動機理論」論文，論文引用次數43,000次，超級重量級。他是心理學中的人本主義學派重要領袖。

需求層級理論

需求層級理論

	自我實現 （self-actualization）
	自尊 （esteem）
	社會親和 （love／belonging）
	安全 （safety）
	生理 （physiological）

生活各項目用錢需求

食	衣	住	行	育	樂
吃米其林三星餐廳	穿金戴銀	住豪宅	開雙B汽車	念名校EMBA	豪華團
吃得好	穿名牌	買房	開國產汽車	健身俱樂部	自由行
			開車	每年1次健檢	唱KTV
吃得飽	穿得暖	住父母家		健保	

勞工工作期間的收入

單位：萬元

學歷	(1) 平均每月 總薪資	(2) 工作年數	(3) 總收入＝ (1)×(2)×12	(1) 平均投 保金額	(2) 每月勞 保年金	(3) 退休後	(4) 退休金
碩士	6	30年	2,160	4.58	2.12	20年	511
大學	4.05	30年	1,458	4	1.86	20年	446
高中職	3.36	30年	1,210	2.8	1.395	20年	334.8
全部	3.95	30年	1,422	3.45	1.6	20年	384

1. 資料來源：行政院主計總處，「人力運用調查」「受僱就業者每月主要工作之經常性收入」，表52，2021年11月29日，表中為2020年5月數字
2. 資料來源：行政院主計總處「薪資及生產力統計」，表1，受僱員工薪資調查指標

Unit **2-2**
多少錢最幸福？2023年美中臺數字

工作於理財只是賺錢的方式，錢只是幫助我們生活、創業的工具之一，錢不是目的，快樂、幸福才是目的。那多少錢，人才會最幸福？本單元將回答與說明。

一、錢不是萬能，但沒有錢是萬萬不能

這句俚語很多人都聽過，甚至有些人過度解讀成「錢是萬能」，因此一切「向錢看」。正常生活的話，一個人出社會上班到過世，養家餬口，大抵2,000萬元便夠了。有些企業家從事內線交易、用黑心商品賺暴利，身價百億元，八輩子都用不完。人死了，財產帶不走；用不到的錢，沒有價值。錢不是萬能，錢買不到親情、朋友、健康。錢何時效用最大？人走時剛好花完，給子女足夠的教育水準還留了一間房屋頭期款。

二、美國的調查

由右表可見2010、2018年，各有兩篇論文討論「年薪收入多少最幸福」。以2008年來說，5萬美元是中位數收入，幸福水準7.5萬美元是其的1.5倍。

三、美中臺的幸福人均總產值

由於「家庭收入」對一般人來說較陌生，本書採用大眾比較熟悉的「人均GDP」（gdp per capita），以2023年預設總產值、人口數來計算出「人均總產值」，並假設1戶只有1人上班，以此數字代表「家庭收入」。

2023年美中臺總產值、人口與幸福人均總產值

項目	臺灣	中國	美國
(1)總產值（兆元）	24.1（臺幣）	128（人民幣）	25.94（美元）
(2)人口數（億人）	0.2335	14.1	3.33
(3)＝(1)／(2) 人均總產值（萬元）	103.21（臺幣）	9.08（人民幣）	7.79（美元）
(4)財務幸福倍數（1.5倍） (5)幸福人均總產值 ＝(3)×(4)（萬元）	154.82（臺幣）	13.62（人民幣）	11.685（美元）

家庭年收入多少才最幸福

時	2010年9月7日	2018年1月18日
地	美國	美國
人	卡尼曼（Daniel Kahnemen）與安格斯・迪頓，普林斯頓大學「健康、良好中心」（Center for Health and Well-being）	賈伯（Andrew Jebb），美國普渡大學心理系博士生
事	在《心理與認知科學》期刊上論文 " High income improves evaluation of life but not emotional well-being "	在《自然人類行為》（Nature Human Behaviour）雜誌上論文 " Happiness, income, satiation, and the turning point around the world "
調查機構	蓋洛普（Gallup）組織 2008～2009年	同左
研究國家	美國	164國
研究對象	45萬人 主觀感覺「良好」（well-being）7.5萬美元 以2008年來說，美國商務部人口普查局數字如下：平均值47,624美元（中位數50,303美元）	170多萬人 全球平均數 ・物質幸福感：9.5萬美元，各國物價水準不同 ・心靈幸福感：6～7.5萬美元
	此文引用次數3,200次左右	論文引用次數244次

2023年美國家庭年薪與生活品質評分

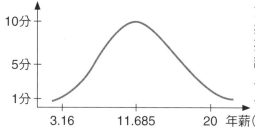

貧：3.33億人中，0.45億人貧
病：沒有醫療保險，醫藥費高
孤：孤單
離：離婚
工作過久，會過勞病、死
工作過久，會沒時間陪家人

Unit **2-3**
沒富爸爸，讓自己成為子女的富爸爸

　　「人不愛錢，天誅地滅」，「殺頭的生意有人做，賠錢的生意沒人做」，這些俚語貼切形容99%人的心聲「有錢真好」。本書不是站在宗教人士的角度，呼籲你要「安貧樂道」，而是希望告訴你「小富之道」。

一、人無橫財不富

　　臺灣約有1,050萬人在工作，去除公司董事、電子新貴（其實只有股價百元以上股價的資深經理以上職位），90%的人都靠薪水過活，辛苦一輩子買一間房屋，一部國產汽車。Z世代（1990年以後生）的人，過生活則更辛苦，大學畢業生平均月薪29,000元，新北市蛋黃區新屋每坪約40萬元，27坪的老公寓至少600萬元，一般年輕人體會需要靠理財，賺財務利潤，才能有買房、買車、結婚的一天。

二、有財務自由更容易享受人生

　　美國高中生把擁有汽車視為大事，有車可以去很多地方，尤其去約會，美國3.33億人，擁有2.9億輛汽車，有汽車象徵「行動自由」。

　　2015年起，行政院主計總處進行「45歲以上中高齡工作歷程調查」共抽樣1,075位，近470萬名45歲以上就業者，只有3.3%是為了追求自我實現目標，86.4%只是為了維持家計。換句話說，工作是為了賺錢養家餬口，一旦錢夠了，便可以退休。

　　家庭理財中的「財務自由」指的是錢夠用，可以不需要再工作，不必像新加坡電影《錢不夠用》那樣辛苦，連當計程車司機對於停車場停車費都冷嘲熱諷。

三、有關《富爸爸，窮爸爸》一書

　　一般人的傳統觀念是「好好讀書，努力上班，領退休金」。日裔美人羅伯特・清崎及莎朗・萊希特在《富爸爸，窮爸爸》一書，希望讀者能打破父母一代的老觀念，透過理財賺到「業外財」，進而早一點達到「財務自由」，也就是「不用為五斗米折腰」。

　　1997～2021年皆名列《紐約時報》暢銷書排行榜（至少銷售出3,200萬冊）。

四、有系統就會面面俱到

　　本書第三～五章以《富爸爸，窮爸爸》致富十原則為架構，另外以治學原則「兩個就可以做表，三個就可以分類」。

致富十門課

| 管理活動 | 富爸爸的十原則 |

一、規劃

1. 慾望及野心
2. 學習
3. 勤於動腦
4. 看見未來的趨勢
5. 遠離負面的人事

二、執行

6. 勇於冒險
7. 努力
8. 誠信

三、控制

9. 面對挫折的能力
10. 耐心、堅持下
　　的紀律

寧可辛苦一陣子，不要辛苦一輩子

目標： 65歲退休，退休後生活20年，每月自己有4萬元可以花，即
　　　　每年48萬元
已知： 基金報酬6%
計算： 各年齡每月須定期定額投資金額

年齡	25歲	30歲	35歲	40歲	45歲	50歲	55歲	60歲
投資金額（元）	5,021	7,019	9,955	14,430	21,643	34,386	61,021	143,328

理財金字塔

　　許多人喜歡用埃及的金字塔形狀來舉例，原因是金字塔底座很穩，可以支撐200公尺高的塔身，由下往上代表優先順序。許多人喜歡把圖稱為「理財金字塔」。

一、理財第一步：買保險

　　坐上汽車的第一個步驟是什麼？筆者是繫安全帶，先把保命的措施做妥當，再啟動引擎。同樣的，理財的第一步便是買保險，先未雨綢繆，先把雨傘準備好，不怕「天有不測風雲」下大雨。

　　以一人繳費20年的意外險來說，一年約1.5～2萬元。「人有旦夕禍福」，先替自己買個保障，即萬一出險，還有保險公司理賠。

二、理財第二步：存救命錢

　　理財金字塔的第二層是「儲蓄」，但這是指「存六個月生活費」，以臺北市一家四口每月支出6萬元為例，這便是指36萬元的定期儲蓄存款。

　　「存救命錢」主要是指為預防性支出作準備，這常包括下列兩點：

　　(一)住院錢：健保有許多項目是要投保人部分負擔的，車禍、手術等住院，自己都得付點錢。

　　(二)避免失業喝「西北風」：失業率3.7%，約44萬人失業，不小心失業，平均得六個月才能找到工作。這時「救命錢」便可幫助全家度過難關。

三、理財第三步：投資

　　每年付保費，儲蓄金額達標後，剩下的錢便應該拿來投資，這主要指買股票、股票型基金，以統一投信黑馬基金為例，其報酬率有兩種情況。

　　(一)最差情況：年報酬率7%。

　　任何一種股票相關投資，長期（例如：10年）報酬率要比無風險報酬率多6個百分點，以一年期定存利率1.04%來說，最差情況報酬率7.04%，那就算7%。

　　(二)可能情況：年報酬率12%。

　　統一投信黑馬基金長期可能報酬率12%以上，以複利來說，約6年便可賺1倍。

　　(三)複利效果：以右表下面所舉例子來說，每個月定期定額投資1萬元，一年12萬元；10年120萬元。以統一投信黑馬基金最差情況報酬率7%來說，10年下來，複利效果，期末可獲得166萬元，比本金多獲得46萬元。

理財金字塔

投資　儲蓄　保險（俗稱保障）

買股票、買股票型基金的部分

儲蓄金額：月支出金額×6個月
以6萬元×6個月＝36萬元

保額：年薪的5~10倍
以年薪50萬元為例
單身：50萬元×5倍＝250萬元
成家：50萬元×10倍＝500萬元

利滾利兩種情況計算方式

金額	計算方法

1. 每年固定金額

查年金終值表
「財務管理」、「投資管理」書中都有「年金終值表」，了解原意就易懂。
・年金：這是指每「年」固定「金」額，以此例來說，10年每年12萬元。
・未來值：是指未來某一年的價值。

2. 每年不固定金額

查終值表
例如：N＝8, R＝12%
終值倍數：2.4760
所以 12萬元×（1＋12%$)^8$
＝12萬元×2.4760倍
＝29.712萬元

Unit **2-5**
投資就是「用錢賺錢」

理財的核心觀念在於「用錢賺錢」。因此，理財的重點是「要有財可理」，小富在「儉」。本單元說明如何大學畢業後，在30歲時擁有第一桶金（150萬元）。

一、人兩腳，「錢」四腳

以房屋來說，屋價每年上漲2%，但薪水每年只漲1%，再怎麼追也買不起房子。跑步追騎腳踏車的人很難追得上，但騎機車甚至開車就快多了！

二、30歲有147.6萬元，易如反掌

以大學畢業生初入社會工作，每月平均起薪28,800元、年薪34.56萬元來說，到30歲要理財擁有147.6萬元，看似「不可能任務」。

從右圖一可見，只要每月定期定額買股票型基金，8年便可輕鬆達到目標。

(一)悲觀情況（worst scenario），機率16.65%：悲觀情況是基金每年平均報酬率7%，每個月投資基金1萬元，依年金未來值（或年金終值）表來看，或按工程用計算機，本金投資96萬元，透過複利效果，8年可拿到103萬元，累積報酬率46%。

(二)可能情況（possible scenario），機率66.7%：股票基金10年平均報酬率至少12%，依前述情況，8年可拿到121萬元。

(三)樂觀情況（optimistic scenario），機率16.65%：為了穩健起見，我們刻意不在大庭廣眾下明白說樂觀情況下的平均報酬率。

三、31～45歲，拚第二桶金

(一)靠第一桶金買房：或是拿第一桶金的錢當作買房的頭期款，約占屋款的三成。

(二)31～45歲，沒餘錢投資：考量最平均情況，李先生31歲結婚，33歲時李太太生小孩，35歲時買房，從31～45歲由於須繳房貸、車貸與子女教養費，沒有多少餘錢投資。

四、46～55歲，拚第三桶金

許多家庭在丈夫46～55歲，年資、職位高，所以收入高，子女已屆國中、高中，教養費用低，有閒錢投資，以每月2萬元來說，在10年定期定額股票無基金的複利情況下，12%報酬，約有421萬元。這筆錢補勞工保險退休金（平均每月約1.8萬元）不足。

投資就是「用錢賺錢」

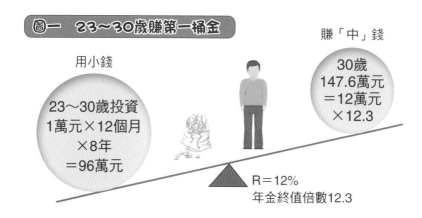

圖一　23～30歲賺第一桶金

用小錢

23～30歲投資
1萬元×12個月
×8年
＝96萬元

賺「中」錢

30歲
147.6萬元
＝12萬元
×12.3

R＝12%
年金終值倍數12.3

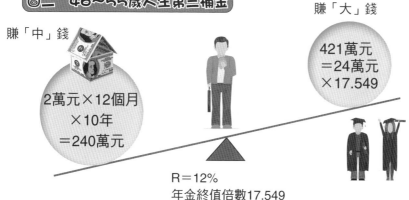

圖二　46～55歲人生第三桶金

賺「中」錢

2萬元×12個月
×10年
＝240萬元

賺「大」錢

421萬元
＝24萬元
×17.549

R＝12%
年金終值倍數17.549

期數	8年		10年	
預期報酬率	年初投資N＝9	年尾投資N＝8	年初投資N＝11	年尾投資N＝10
1. 可能情況12%	13.776	12.3	19.6549	17.549
2. 悲觀情況7%	10.9782	10.26	14.783	13.816

上表有個特色，即電腦（含手機）上你查的年金終值表，都假設每年年尾投資，所以第一年沒賺到錢。本書額外考慮年初投資，其效果更大。

Unit **2-6**
影響財務自由程度的三個因素

　　追求財務自由，是指財務自由程度大於100%，即用錢所賺到的錢，能負擔起生活費，不用再「為五斗米折腰」。財務自由程度公式的分子是「金融資產規模」乘上報酬率，例如：400萬元×12%＝48萬元，在月支出4萬元（年支出48萬元）情況下，財務自由程度100%。本單元說明「金融資產規模」的三個影響因素，詳見右式。

一、華倫・巴菲特的雪球比喻

　　在美國，絕大部分州冬天有下雪，1930年生的華倫・巴菲特，在1939年，跟妹妹博蒂（Bertie）玩雪的時候，體會到滾雪球（snowball）的結果。這在他的自傳中成為金玉良言，詳見右頁小檔案。

二、就近比喻

　　在公式下，我們依相關位置，說明本利和（或複利和）的三個投資金額、報酬率、時間影響因素。

　　巴菲特的雪球比喻：在右表中第二橫列，可看出巴菲特「滾雪球」、「長坡」在投資上的涵義。

三、現在就去投資

- ・時：2009年
- ・人：丹比薩・莫約（Dambisa Moyo），1969年非洲尚比亞出生
- ・事：在 *Dead aid* 書中，說明

　　「The best time to plant a tree was 20 years ago. The second best time is now.」

034

全球勞工退休的通病，勞保年金不足，老年不夠用

時：2019年6月13日
地：瑞士
人：世界經濟論壇（WEF）發表 "Investing in our future"
　　全球高齡財務危機嚴重，美國65歲人士的退休金僅可支應9.7年的生活，男性平均在辭世之前約8.3年，女性為10.9年，就會耗盡退休積蓄。日本的情況最糟，日本女性全球最長壽、平均壽命87.1年，男性平均壽命81年。勞工儲蓄跟其他國家勞工差不多，但常投資安全資產，導致長期獲利微薄，因此退休金只夠支應4.5年。男性平均會在離世前15年耗盡退休積蓄，女性為20年。

以複利錢滾錢說明巴菲特的滾雪球

$$\boxed{本金} \times \boxed{（1＋報酬率）^n} = \boxed{本利和或複利和}$$

$$\boxed{P} \times \boxed{（1＋R）^n} = \boxed{S}$$

principle　　　return rate　n代表　　accumulated amount

numbers

of year

項目	本金	報酬率	投資年數
1. 華倫‧巴菲特的「雪球比喻」	濕的雪	很「長」的坡道	同左，這是指「時間」的「長」
2. 投資	開源節流本金要大，會有「從山上往山下」滾雪球效果	年報酬率12%是可行的持股5年以上，縱使股票型基金買在高點，也會回本	有此一說，物理學者愛因斯坦（Albert Einstein）說：「複利是世界第八大奇蹟，複利的威力比原子彈強大，是人類最偉大的發明。」

035

巴菲特的雪球比喻

時： 2009年1月

地： 美國

人： 華倫‧巴菲特（Warren E. Buffett, 1930）

事： 在《雪球：巴菲特傳》（*The Snowball: Warren Buffet and the Business of Life*）書中，有下列名言：

Life is like a snowball.

The importance thing is finding wet snow and a really long hill.

Unit **2-7**
擬定理財策略

　　著名的廣播電臺主持人王文華有一句名言：「任何複雜的事一定能用十個字說明。」那麼大學財金、企管系大二的「財務管理」課程的核心是「把公司財務報表管理好」，剛好十個字。同樣的，家庭財務管理核心是「把家庭財務報表管理好」。

　　公司財務報表有四：損益表、資產負債表、現金流量表與業主權益變動表，前三個報表家庭也有，其中現金流量表留待後面說明。

一、損益表角度

　　對於想有「閒錢」投資的人，每個月從家庭損益表便可估算出有多少結餘（surplus），而想擴大結餘只有兩招。

(一)開源：該大的地方大

　　要是收入不高，以致去掉「必要支出」後所剩無幾，此時應考慮是否「兼差」，像麥當勞餐廳強調時薪168～205元，每週末做8小時便有1,400元，一個月四週便有5,600元，夠定期定額買基金。

(二)節流：該小的地方小

　　要是收入高（一般單身以3萬元為分水嶺）又住在家中，一個月至少結餘15,000元才合理，低於此，便須力行計畫性消費和記帳分析以改變自己的消費行為。

　　當然，開源加節流雙管齊下，力道會更強些。

二、資產負債表角度

　　每個月家庭損益表結餘（包括投資目標）資金轉列到家庭資產負債表，家庭與公司最大差別是公司可以發行股票等業主權益以募集資金，家庭「資產扣除負債等於淨值」。

(一)開源：資產管理

　　資產管理的重點在於「在可接受的風險（例如：一年虧損10%）下追求報酬」，本書簡稱穩當中報酬。資產管理便是以錢賺錢。

(二)節流：負債管理

　　在負債管理方面，主要是降低信用卡利率、房貸利率，即在相同負債金額下，少付點利息錢。

(三)生財資產vs.消費性資產：

2014年7月筆者去醫院做了簡單體檢，其中只有一項不及格，即低密度膽固醇（俗稱壞的膽固醇）超標（113，大於110），至於高密度膽固醇則合格。同樣的，家庭的資產也可分為生財資產與消費性資產兩類，詳細說明如右。

家庭損益表、資產負債表

損益表

	營業收入	開源（該大的地方大）
−	營業支出	節流（該小的地方小）
=	**家庭結餘**	

資產負債表

資金去路

▶ **資產**

(一)流動（短期）資產

1.定期存款

2.其他資產（黃金）

3.股票、基金

(二)非流動（長期）資產

1.保單

2.汽車

3.房屋

4.職涯技能

資金來源

負債

(一)消費者貸款

(二)抵押貸款

1.汽車貸款

2.房屋貸款

業主權益（淨值）

037

生財資產vs.消費性資產

1. **生財資產**

以業務人員來說，最典型的生財器具便是個人電腦，向顧客簡報、收發電子郵件。遠傳電信的5G智慧型手機強調董事長要看產品設計圖，經理很快便搞定。

2. **消費性資產**

名牌音響（尤其是床頭音響）、講究品味的汽車、重型機車，這些都無法替你賺錢，而且每過一天，這些資產殘值就減損一些。

Unit **2-8**
早投資早賺到人生四桶金

2018年9月26日，電視新聞報導，2018年有1,700位高中畢業生選擇到中國念大學，記者訪問兩位桃園市武陵高中的一男一女，其很有見地的說明為何到中國求學：更好的教學資源（師資、設備、實習機會）、工作機會。

連18歲高中生對人生都這麼有計畫、有主見，而離開舒適圈去異地冒險。但也有很多人固守陣地。這讓筆者想到在個人理財方面也是如此，套用行銷管理書籍中消費者對新商品採用時程可分五階段，為求簡化起見，濃縮成四階段，以下說明。

一、18～22歲的先知先覺者

一些家庭財務狀況較差的人，可能在高中時便半工半讀；念大學時，仍半工半讀，此時開始每日記帳。對於缺乏投資觀念的人，只知錢存銀行；稍微有投資知識的，開始定期定額買基金、存股；至於有多一些投資知識的，便開始投資股票。此處「投資能力」的重點不在於念財金系或修過「個人理財」課程，而在於是否體會「用錢賺錢才快」、「用勞力賺錢很慢」。想賺錢就會求知，可能會去參加大學證券社，或是自修、從做中學。

二、22～25歲的較早自覺者

有75%的人大學畢業後，開始全職工作，經濟獨立，才體會到「錢難賺」、「人兩腳、錢四腳，再怎麼追也追不上」。另一個原因此時才投資，是因為大學時沒打工，學費與生活費來自父母，每月沒有3,000元剩餘資金可定期定額買基金。對於出身小康家庭的人，出來上班後，便需自謀生計，此時如果是到外地工作，會比較快學會經濟獨立；為了投資，會傾向採取計畫性消費。「較早自覺者」較早踏上「投資致富」之路，也比較容易早點達到人生四桶金目標。

三、26～30歲的後知後覺者

26～30歲才開始投資的人，已比「較早自覺者」至少慢了4年，此時因：1.開始有成家的打算，結婚、買屋都需要有第一桶金；2.參加大學（或碩士）同學會，發現大家薪水差不多，但是有投資的同學已有第一桶金；3.從同事、朋友處發現。

四、31歲的「見黃河才心死的人」

套用俚語：「不見黃河心不死」，臺灣男性平均初次結婚年齡32歲，當人們去參加許多同學、朋友婚禮後，體會到關鍵之一就是「男人要有房屋」比較容易結婚，如同織布鳥，會用樹枝、樹皮等織出很漂亮的鳥巢。

投資四個啟始年齡

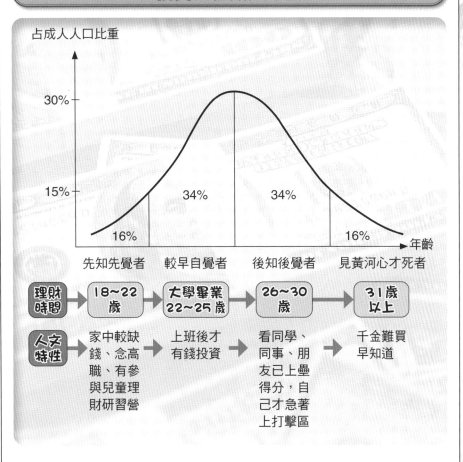

占成人人口比重

	先知先覺者	較早自覺者	後知後覺者	見黃河心才死者
理財時間	18~22歲	大學畢業22~25歲	26~30歲	31歲以上
人文特性	家中較缺錢、念高職、有參與兒童理財研習營	上班後才有錢投資	看同學、同事、朋友已上壘得分，自己才急著上打擊區	千金難買早知道

本書二目的

一、及早踏上投資致富（小富）之途
　　讓後知後覺、見黃河心才死者早點領悟，避免摸索期，不必浪費時間，能及早踏上投資致富（小富）之途。
二、了解如何穩當求取投資報酬
　　只花20小時便可「富一生」，套用女藝人蕭薔的子宮頸癌檢查廣告「6分鐘護一生」。

Unit **2-9**
臺灣家庭資產負債表診斷

你有沒有做過身體健康檢查？量血壓、驗血、驗尿、測骨質疏鬆、糞便潛血檢查等。40～65歲的人民，每三年可進行一次「公費健康檢查」，只需花20分鐘（不考慮排隊），便大約可知道自己的健康狀況。

一、家庭財富資料來源

由下方小檔案可見，每年4月底，行政院主計總處公布2年前的「國家財富」（簡稱國富），資料落後2年。

二、資產結構

資產負債表左邊是「資產」，這是指家庭「資金去路」，即家裡的錢都跑到哪裡去了，這可分為兩大類：

(一)短期資產占60.4%：「短期」資產中的「短期」是指「金融」資產，可分為兩小項，即國內、國外金融資產，兩者比率約12比1。而國內金融資產分成五小項，我們彙整成下列三小項：

1.現金與定期存款占總資產25.74%。

2.有價證券（主要指股票、債券、基金等）占總資產13.42%。

3.壽險及退休金準備占28.93%。

其中「有價證券」金額起伏較大，此主要受股票價格漲跌影響。

(二)長期資產占39.6%：「長期」資產中的「長期」是指「實物」資產，可分為兩中項，即房地產、家庭生活設備，兩者比率為9.66比1。房地產價值可分為土地依市價與公告價值計算兩種基礎，本處是依市價。有很多人會問：「臺灣房價這麼高，怎麼可能一戶房屋淨值541萬元？」這是扣掉房屋貸款，因只有300萬戶有借房屋貸款。

三、我們的診斷

平均來說，家庭在「現金與定期存款」及「壽險與退休金準備項目」上占太多比重，家庭現金定存392萬元，最好挪100～150萬元投資到有價證券上。

家庭資產負債表

時：每年4月29日左右
地：臺灣
人：行政院主計總處國勢普查處
事：公布2年前的「國家財富」（National Wealth）統計報告，包括政府、企業與家庭三群，表7家庭部門平均每戶與平均每人資產負債結構。

國富調查 上網步驟

步驟一	在「Google」下語音輸入「國富調查」
步驟二	在「全國統計資料－統計資訊網（專業人士）」處按下
步驟三	在「統計資訊網」下左邊「主計總處統計專區」第11項「國富統計」處按下
步驟四	「國富統計」在第三項「統計表」按下
步驟五	在「電子書」按下
步驟六	查「表7家庭部門平均每戶與平均每人資產負債」

2019年臺灣平均家庭資產負債表

單位：萬元

資產 小計	金額	%	負債	金額	%
(一)短期資產	935	68.62			
1.現金	191	11.08	（不含房貸）	192	11.14
2.定存	201	14.66	貸款	186	
3.壽險及退休金準備	326	28.93	其他	6	
4.有價證券	240	13.42			
5.其他	83	4.82			
6.國外資產	86	4.99			
(二)長期資產	597	39.6	業主權益	1532	88.86
1.房地產*（扣除房貸）	541	31.38			
2.家庭生活設備	56	8.22			

＝ 資產 － 負債

＝ 淨資產

家庭戶數：856萬戶，平均每戶2.75人

人　口　數：2,354萬人

*土地依市價估價

Unit **2-10**
李小明的每月投資計畫與消費計畫

　　松鼠藏橡實是動物界中少數懂得「積穀防飢」的，其他如蜜蜂、螞蟻也都是如此：先儲糧再消費。「積小錢成大錢」的關鍵在於右頁公式，其重點有二：一是每月先投資，剩下的錢再用於必要支出，最後結餘的才是「可自由運用的月薪」。以25歲李小明為例說明。

一、名目收入與實際收入

　　有些公司有給員工薪資單，以右述李小明來說，依序有三種「所得」名稱。

　　(一)50%以上的家庭、個人免繳所得稅：2019年起，個人綜合所得稅扣除額大幅拉高，一般來說，50%的個人、家庭免繳稅。

　　(二)可支配所得：這是扣完稅、費（勞工保險費、健康保險費）後，上班族實際拿到的。

二、必要支出14,300元

　　「必要支出」是指為了維持基本生活的支出，「基本」這個字跟飛機上的經濟艙或餐廳的最低消費較接近。在右表第三欄，把必要支出依生活項目作分類，其預算金額在第四欄。僅以「食」一項為例說明如下：

　　(一)一天食物花300元：早餐25元、午餐90元、晚餐90元、水果30元、零食65元（例如：罐裝綜合堅果）。

　　(二)最大差別在於房租：第四欄「住」一項，筆者沒有列出數字，差別是住在家中或在外租房子。以公式〈2.1〉來說，可自由支出月薪剩4,700元，這個就是你可用來租房子的最高金額。要是住在家中，建議你把錢孝敬父母作為貼補。

　　(三)「必要」的意思是指「最低」：這以手機費來說便很具體，最低月租費88元，一般電信公司的「吃到飽」專案月租費499元，看似只多了411元，但這只是舉例，類似情況有很多。

　　「由儉入奢易，由奢入儉難」，少數人出手大方，最常見的便是每季出國玩，相形之下，3.33億位美國人中僅有三成有護照，簡單來說，一半以上美國人從沒出過國，以他們來說，出國旅遊是「不必要支出」。

「積小錢成大錢」的關鍵公式〈2.1〉

33,464元　每月薪水（pay）

－薪資所得稅　薪水×稅率＝所得稅每月暫扣
　　　　　　　（單身40.8萬元，雙薪無子女，81.6萬元）
－勞工保險費　勞保投保26,000元×12％＝3,120元
－健保費　　　健保投保26,000元×5.17％＝1,344元（第二
　　　　　　　組、第一級）

───────────────────────────────

＝　29,000元　可支配所得（disposable income），又稱實際
　　　　　　　收入
－14,300元　必要支出（房租、水電費等）
＝　14,700元　可「自由」支配所得（discretionary income）
－10,000元　投資目標金額
＝　4,700元　自由所得（free income）

李小明的必要支出

生活項目	不必要支出（unnecessary living expenses）	必要支出（necessary living expenses）	李小明
1.食	珍珠奶茶、零食、菸、酒、吃大餐	吃飽即可	9,000元
2.衣	衣褲乾洗費用		
3.住	冷氣機電費	基本水費 基本電費 大廈管理費	1,000元 跟父母住，自己住
4.行	計程車費	公車、捷運 網路費、電話費	2,800元 600元
5.育	子女才藝補習班補習費	子女教育費	300元
6.樂	看電影、聽演唱會、卡拉OK、出國旅遊	第四臺或 MOD月租費	1,000元

Unit 2-11
未來五年現金流量預估：流量管理

有句流行話：「計畫趕不上變化」，但每個人每天都在做計畫，例如：要不要帶便當、會不會下雨（涉及要不要帶雨傘）等，《孫子兵法》〈始計篇〉第一說：「多算勝，少算不勝，而況於無算乎？」在個人、家庭理財時，現金收支預估表很重要。

一、預估的目的在於預作準備

農戶把收成的稻米（或其他農作物）扣掉家用外，便拿到市面上出售。同樣的，家庭理財也是如此，可以在當月、當年十二個月與未來五年，分別編出現金流量預估表，以提前了解今年哪個月、這個月哪天錢會不足或如何融資。大部分情況是一年大部分月分，皆有現金餘額，這便是可用於投資的資金。

二、現金流量表三個活動

在右圖三個表中第一欄現金流量項目，有三個項目，說明如下：

(一)營業活動：以個人、家庭來說，「營業活動現金流入」主要是指每月薪資等，甚至政府給的育兒津貼。「營業現金流出」主要是家庭支出（但不包括還銀行本息），其中包括「父母奉養金」。

(二)投資活動：投資活動現金流入主要有兩項，一是買基金、股票每年一次的配發現金（簡稱配息）；另一是把股票賣掉，錢入銀行帳戶。投資活動現金流出主要有兩項，即每個月定期定額買基金，與不定期（例如：領完年終獎金後）的單筆投資。

(三)融資活動：一般家庭只有「融資活動現金流出」這一項，主要是指還房屋、汽車貸款本息。「融資活動現金流入」是指向銀行貸款，錢入帳戶。

三、三個時期的現金流量預估表

一個家庭（或個人）最好有三個時期的現金流量預估表（見右頁）。

(一)某月各天現金流量預估表：每個月底做下個月現金流量預估表是「現金管理」的基本作業，像雙月月底要繳水費、電費，每月18日繳房屋貸款、22日繳信用卡卡費，這些錢平日要有預備。

(二)一年十二個月現金流量預估表：年輕人遇到每年10～12月的結婚旺季，被紅色炸彈炸到，大部分人前幾個月會開始省錢。家庭支出比較多的是2月、9月子女開學繳學費，尤其是念私立大學學費5萬元。一年各月有多有欠，最好有剩，這錢便可預作打算，屆時來個單筆投資。

(三)未來五年現金流量預估表：大部分人領的都是「死薪水」，每年隨年資，月薪增加個二、三百元，因此未來五年現金流量預估表不難做。

三個時期的現金流量預估表（請試著填入）

表一　某月各天現金流量預估表

單位：元

現金流量	1 2 3 4 5 6 7 8 9 10 11 12 13 14 15 16 17 18 19 20 21 22 23 24 25 26 27 28 29 30 31
一、營業	
(一)流入	
(二)流出	
二、投資	
(一)流入	
(二)流出	
三、融資	
(一)流入	
(二)流出	

表二　全年各月現金流量預估表

單位：元

現金流量	1月	2月	3月	4月	5月	6月	7月	8月	9月	10月	11月	12月
一、營業												
(一)流入												
(二)流出												
二、投資												
(一)流入												
(二)流出												
三、融資												
(一)流入												
(二)流出												

表三　未來五年現金流量預估表

單位：元

現金流量	2022年	2023年	2024年	2025年	2026年
一、營業					
(一)流入					
(二)流出					
二、投資					
(一)流入					
(二)流出					
三、融資					
(一)流入					
(二)流出					

大部分人未來五年現金都有剩，此時可計畫逐年調高定期定額基金投資的投資金額，例如：由每月1.5萬元增至2萬元。至於像2016年起面臨少子化的私立學校老師則不確定因素較大。

第 3 章

22～30歲理財規劃：
第一桶金150萬元

章節體系架構 ▼

Unit **3-1**
願景板

　　許多武術都有「起手式」，本書的起手式是以一位2022年6月畢業的社會新鮮人，22～30歲（2022～2030年）的理財規劃，這是以作者每學期「個人與家庭理財」課程的某一位男同學的期中報告做基礎，再加以修改，人物稱「李小明」。

一、期中報告格式與本章架構

(一)期中報告至少7頁

　　學生期中報告（本章中表頭有李小明，更改成你的名字）的來源以自2016年作者授課時的退休金規劃為例，學生依自己狀況修改而得。

(二)與本章七個單元一一對應

　　為了方便大學「個人理財」課程教學，本書把期中報告7頁拆成7個表，各在一個單元說明。

《富爸爸‧窮爸爸》(*Rich Dad, Poor Dad*)

時：1997年
地：美國夏威夷州
人：羅伯特‧清崎（Robert Toru Kiyosaki, 1947～ ）、莎朗‧L‧萊希特
事：2001年元旦，中文本在臺灣出版，2003年元旦，簡體字版由電子工業出版社出版。有目標，自我激勵再實行才能達標（財務自由）。

大學一年級學生學習個人理財課的心得

時：2019年6月19日
地：臺灣新北市淡水區
人：真理大學臺灣文學系一年級學生李小明
事：寫學習心得且授權本書使用
　　「我覺得這學期選您的課收穫很多，我數學很不好，以為本課程會很難，但其實如同您所說，以小學四年級的數學程度（加減乘除）來習作便可以。
　　因寫作了這份期中報告，讓我知道自己如何應用書（本書）上與課堂知識去規劃個人理財，讓我對未來不再感到那麼害怕。謝謝老師。」

李小明願景板

李小明人生的四個大夢

健康	學業	工作（事業）	家庭
壽命： 活到80歲以上	大學到中國當交換學生一學期 選修輔系：企管	人生第一桶金150萬元（8年）	30歲左右結婚
健康： BMI=23 少吃油炸食物 定期做健康檢查 每日步行7,000步	碩士	25歲穩定工作 30歲當上銀行分行襄理 40歲當上銀行分行副理	1～2位子女
退休後娛樂： 種花 煮飯 到處旅行	1. 證照 理財規劃、保險代理 2. 多益700分以上	50歲創副業 60歲退休 專職副業	孫子女人數無法估計

願景板、夢想板（Vision Board）

時：2006年11月

地：澳大利亞

人：朗達・拜恩（Rhonda Byrne），澳大利亞人

事：號稱史上最暢銷的勵志書《祕密》（The Secret）書中，作者建議每個人把自己的理想、夢想，用海報紙等做出來，予以具體化。

・彩色照片

・具體時間、金額等數字

・放在你臥房、書房牆上、手機、電腦當桌面，每天都會看到，稱此為「觀想」（註：藏傳佛教密宗用詞）的力量。

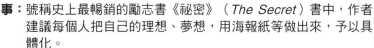

Unit **3-2**
計算你的薪資收入

圖解個人與家庭理財

李小明大學畢業後進入銀行工作，這基本是「銀」飯碗。

一、去年總體數字

勞動部「職業類別薪資調查」，以2021年6月1日公布的2020年報告來說，是在2020年7月所做的。調查工業、服務業的10,000家公司，該報告針對社會新鮮人（初任人員），本書依產業（農、工、服）、行業（食、衣、住、行、育、樂）整理排列。

二、當年及時數字

有許多人力仲介公司（104、518、1111）等人力銀行，皆提供當月「事求人」等薪資數字。

三、李小明的數字

由右表可見，李小明的薪水收入是稍微低估，每月約少3,000元，這是經常性薪資，不包括加班費和各項獎金與紅利。

(一) 為什麼只預測未來7年

這有兩個原因：

- 7年以上的可見度很低。
- 7年時，李小明30歲，三十而立，有可能結婚。

四、涵義

大學生必須先想到畢業後要從事哪一行業，甚至哪家公司，許多大公司的薪水在人力銀行網站上都查得到。許多學生須思考職業生涯計畫，在課程規劃上，會以職涯來引導，修課、打工（實習）、社團等目標導向。

050

職業類別薪資調查動態查詢

時：每年5月31日
地：臺灣
人：勞動部
事：你在Google輸入「職類別薪資調查動態查詢」會出現選單，接著點選109年度、「教育程度」選大學、「大行業」按全選、「大職類」按全選，會得到右頁上表。

2020年大學畢業生平均每人每月經常性薪資

（單位：元）

產業	行業	薪資	行業	薪資
二、工業	1.電力及天然氣	31,424		
	2.製造業	29,699		
	（一）生活		（二）	
三、服務業	1. 食：批發及零售業	29,548	金融及保險業	32,940
	2. 衣：—	—		
	3. 住：房地產業	30,218	—	
	4. 行：運輸及倉儲業	30,308	—	
	5. 育：醫療保健服務業、	30,372	專業、科學及技術服務業	30,127
	教育服務業	28,570	傳播及資通訊服務業	30,511
	6. 樂：藝術、娛樂及休閒	28,110	其他	26,676
	服務業			
	7.食住：住宿及餐飲業	28,018	支援服務業	28,536

資料來源：勞動部2021年6月職類別調查結果。

李小明年收入預估

單位：萬元

工作年資	1年以下	1～3年	3～5年	5～7年	7年以上
(1) 平均每月薪資	3	3.2	3.5	3.8	4.1
(2) 年薪 ＝(1)×12個月	36	38.4	42	45.6	49.2
(3) 稅費 ＝(2)×10%	3.6	3.8	4.2	4.5	4.9
(4) 可支配年所得 ＝(2)－(3)	32.4	34.6	37.8	41.1	44.3

資料來源：104人力銀行

投保薪水：(1) 2023～2024年勞保費費率12%；(2) 健保費費率5.17%、補充保險費費率2.11%。

(1) 平均每月薪資＝年薪／12個月

Unit **3-3**

如何了解你每個月稅費的所得薪資——臺灣的家庭所得稅與勞健保費

圖解個人與家庭理財

李小明月薪32,000元，每個月公司薪資轉帳到銀行，實際領取（簡稱實領）30,000元，公司替他預扣了薪資所得稅、勞工保險與全民健康保險費（簡稱健保費），這兩項在中國稱為五險「一金」（住房公積金）中的五險。

一、薪資所得稅

應稅所得＝薪資等收入－免稅額－扣除額

（一）以一戶來說

以單身報稅來說，年收入40.8萬元以下，免繳綜所稅；雙薪且育有兩子女的家庭，免繳。

但財政部要求各勞工的雇主每個月以薪資的所得×5%（預估稅率），從員工薪資預扣所得稅。

32,000元×5％＝1,600元

但到了第二年5月綜合所得稅申報時，財政部會把你去年每個月暫繳1,600元，一年繳了19,200元，在7月30日左右退稅給你，這是因為有右頁上表的免稅額、扣除額之故。

（二）以2020年來說

由右頁中表舉例，638萬戶申報綜所稅約50％家庭免稅；適用5％綜所稅稅率占33.37％，臺灣低稅。

二、勞工保險、全民健康保險費

勞保、健保費用是你公司向勞動部勞工保險局的「投保薪資」（一般比你月薪低二成），以右頁下表來說，30,000元，勞保費率12%包括二項，普通事故保費費率11％（2021年起）、就業保險1％，2025年會到達上限13％，健保費率47級。兩者勞工自己負擔比率在下表中第四欄。

2022年臺灣個人（家庭）綜合所得稅免稅與除稅

大分類	中分類	2021年金額
一、免稅額	1.自己 2.撫養70歲以上直系尊親屬	8.8萬元 13.2萬元
二、標準扣除額	1.單身 2.有配偶	12萬元 24萬元
三、特別扣除額	1.薪資 2.其他	20萬元 —

2022年臺灣家庭繳綜合所得稅

項目	應繳稅額（萬元）	所得稅率級距	萬戶	%
	453以上	40%	4.53	0.71
	242～453	30%	10.606	1.66
	121～242	20%	28.85	4.52
	54～121	12%	63	9.87
	0～54	5%	213	33.37
	0	0	318	79.87
小計			638.36	100

勞工、健康保險費用計算表

項目	(1)勞工保險投保薪資	(2)費率	(3)自己負擔比率	(4)＝(1)×(2)×(3)
一、勞工保險	30,000元	12%	20%	720元
二、全民健康保險	30,000元	5.17%	30%	465元

Unit **3-4**
計算你的生活支出

　　李小明每月的生活支出必須量入為出，上一個單元先做出其收入預估，本單元說明每月生活費。

一、去年參考值

　　行政院主計總處每年10月會公布去年所做的「家庭收支調查」，這是16,000戶逐層抽樣的結果，以2020年來說，詳見右頁上表。

二、每人每月平均消費金額

　　各縣市的每人每月平均消費金額，詳見右頁上表。

三、李小明的三種生活水準

　　考慮三種生活水準的支出金額，詳見右頁下表。

(一)基本生活水準：每月花9,250元。

(二)中等生活水準：這主要差別為在外租屋，房租5,000元以上，共花16,250元。

(三)上等生活水準：這比中等生活更「好」一些，每月20,450元。

圖解個人與家庭理財

家庭收支調查小檔案

時：每年10月

地：臺灣地區，不含（福建省）金門縣、連江縣

人：行政院主計總處地方統計推展中心

事：調查期間為1月～12月

　　　樣本數：16528戶（抽樣比率0.2%）

　　　抽樣方法：分層二段隨機抽樣

2020年臺灣平均每個家庭收入與消費

損益	全臺	臺北市	新北市	臺中市	高雄市
一、人員					
(1)人戶數（萬）	2360.3	264.5	401.86	281.52	277.32
(2)戶數（萬）：名目上	873.46	105.86	157.15	97.95	110.41
(3)戶數（萬）：實際	781.56	85.32	135.31	91.7	90.427
(4)(1)／(3)每戶人口	3.02	3.1	2.97	3.07	3.06
二、損益表					
(1)收入	127.42	172.3	131.98	129.85	122.47
(2)消費	82.92	115.25	81.01	89.45	84.24
(3)=(2)／(1)消費%	65.08	66.88	61.49	68.88	68.78

資料來源：行政院主計總處「家庭收支調查」第55、66頁
人口數：內政部戶政司人口統計資料。

李小明每月生活支出三種水準

大分類	中分類	基本水準	中等水準	上等水準
食	伙食費	6,000元	7,500元	9,000元
衣		500元	800元	1,000元
住		住家裡	租屋5,000元	租屋6,000元
行	1. 交通費 2. 電話費	800元（騎機車） 450元	800元 450元	800元 450元
育		0	200元	700元
樂		500元	500元	1,000元
其他		1,000元	1,000元	1,500元
合計		9,250元	16,250元	20,450元

每年成長率：5%

Unit **3-5**
知己知彼：做出你的現金流量表

有了每月營收、生活支出的預估數字，便能進一步做出8年現金流量預估表。

一、從公司現金流量表出發

三項活動

由右表可見，個人（或家庭）跟錢有關的活動有三項：

- 營業活動：「流入」是指薪資收入；「流出」是指為「生活」支付的錢，包括給父母的孝親費和給教會等的捐獻。
- 投資活動：這包括金融投資、直接投資（包括買房子自住）。
- 融資活動：「流入」代表銀行貸款撥款入帳；「流出」是指每月還銀行貸款（包括助學貸款）。

二、李小明的情況

(一)營業活動每年至少剩餘12萬元

由表可見，李小明每年約可剩餘12萬元，可用於投資和理財活動。

(二)投資活動每年流出12萬元

即每個月定期定額買臺灣的股票型基金中的統一投信公司奔騰基金。

(三)融資活動「掛零」

李小明求學期間沒有申辦學生貸款，22～30歲時也沒考慮借錢。

三、基金投資

(一)基金報酬率

1. 資料來源

每支基金的報酬率至少有三個來源：投信投顧公會、聚亨網、CMoney。

2. 八年平均報酬率13.3575%

由Unit 3-7右頁中圖可見，2012～2021年，該基金每年報酬率，8年內有二年跟著大盤跌，一年打平，5年賺，而且大賺。

(二)李小明定期定額買統一投信奔騰基金

1. 每月1萬，每年12萬元。
2. 年金終值表，R＝12%，N＝8（視為期初投資），12.3倍。
3. 12萬元乘上12.3倍得147.6萬元。依這數字作為2030年的金融資產「規模」。
4. 2030年金融資產報酬：147.6萬元×12%＝17.712萬元

(三)情節分析

考慮三種情況下的情節分析，結果詳見Unit3-6年金終值表。

1. 悲觀10%；2. 最可能情況12%；3. 樂觀14%。

李小明2023～2030年現金流量預估表

單位：萬元

年		2023	2024	2025	2026	2027	2028	2029	2030
年齡（歲）		23	24	25	26	27	28	29	30
營業	流入	32.4	34.6	34.6	37.8	37.8	41.1	41.1	44.3
	流出	19.2	20.16	21.17	22.23	23.34	24.51	25.74	27.02
	結餘	13.2	14.44	13.43	15.57	14.45	16.59	15.36	17.28
	儲蓄率	0.4	0.419	0.39	0.41	0.38	0.4	0.37	0.39
投資	流入	0	0	0	0	0	0	0	0
	流出	12	12	12	12	12	12	12	12
	結餘	-12	-12	-12	-12	-12	-12	-12	-12
融資	流入								
	流出								
	結餘								
餘額		1.2	2.44	1.43	3.57	2.45	4.59	3.36	5.28

消費率（Consumption rate）

$$= \frac{\text{營業支出}}{\text{營業收入}}$$

營業活動「結餘」＝儲蓄（saving）
＝營業收入－營業支出

$$\text{儲蓄率（saving rate）} = \frac{\text{儲蓄}}{\text{營業收入}}$$

Unit 3-6
定期股票型基金投資終點價值計算兩種情形

一、固定期間固定金額

已知：李小明每年投資12萬元（即每月投資1萬元，基金報酬率12％）

投資8年

求解：8年複利情況下，其投資「最終價值」（final value）

計算：語音輸入「年金終值」，出現如下資料

第一列R＝1～14％

第二欄N＝6～10（期）

年金終值＝1年投資金額×年金終值因子

1.當n＝8，R＝12％，年金終值因子12.3

12萬元×12.3＝147.6萬元

2.當n＝8，R＝14％，年金終值因子13.233

12萬元×13.233＝158.8萬元

3.當n＝7，R＝12％，年金終值因子10.089

12萬元×10.089＝121.068萬元

年金終值表摘錄　（視為年末才投資）

N / R	10%	12%	14%
6	7.7156	8.1152	8.5355
7	9.4872	10.089	10.73
8	11.436	12.3	13.233
9	13.579	14.776	16.085
10	15.937	17.549	19.337

二、不固定期間不固定金額——查「終值利率因子」表

已知：李小明每年不固定金額投資，由右頁表第四欄可知，第一年（2023年）投資12萬元，第二年（2024年）投資13萬元。

基金報酬率12％

投資期間　8年

不固定金額不固定期間

參考下表(1)×(2)＝(3)，得到每一年投資到終點價值（終值，此例 2030年）

以2023年來說

12萬元×2.476倍＝29.712萬元

把8年投資終值加總得到205.4373萬元

三、用Excel來算

上網，用Excel來算年金終值，更快獲得終值，但有些人不用Excel，所以本處以查表方式計算終值。終值表摘錄（年初投資）如下表。

李小明每月生活支出三種水準

n	年	西元	(1)本金(萬元)	(2)12%	(3)=(1)×(2)
1	8	2030	19	1.12	21.28
2	7	2029	18	1.2544	22.5792
3	6	2028	17	1.4049	23.8833
4	5	2027	16	1.5735	25.176
5	4	2026	15	1.7627	26.4405
6	3	2025	14	1.9738	27.6332
7	2	2024	13	2.2107	28.7391
8	1	2023	12	2.476	29.712

Unit **3-7**

30歲時，你的目標資產負債表

你的30歲願景板，必須有財力作後盾。

23歲時，你的預估資產負債表，可視為「兒童」階段的你。

30歲時，你的預估資產負債表，可視為「轉青少年」後的你。

45歲時，你的預估資產負債表，可視為「轉大人」後的你。

一、資產負債表

資產負債表，共有二種格式：

(一)T字型

此處採取T字型，即外表看起來有點像中文字的工，英文字母像T。左邊是資金「去路」，即你有多少資產；右邊是資金「來源」，二分法負債、業主權益（自有資金）。

(二)直立字型

許多公司的資產負債表為了方便以2年比較，分析增減（幅度），採取直立式，依序「資產－負債－業主權益」。

二、現況分析：2023年

(一)50%以上處境

銀行帳上有5萬元，一般都是第一預備金，以便不時之需。男生大都有部機車。30%的社會新鮮人都背負了10～30萬元的學生貸款（student loans）。

(二)李小明情況

資產中「流動資產」有存款10萬元，「非」流動資產機車6萬元。

三、財務目標：2030年

由於期間為8年，許多人會定期定額買基金，資產負債表中的資產會比2023年「一暝大一吋」，有兩種評價方式：

- 歷史成本法：以每年定期定額12萬元投資基金，8年共96萬元。
- 市場價值法：這是前述96萬元基金的市場價值，約147.6萬元，此為「紙上富貴」，但立刻出售，便有這價位。

(一)期初存款：2023年時有10萬元。

(二)2030年新增存款：在資產負債表，有24.32萬元。

臺灣集中市場年底加權指數

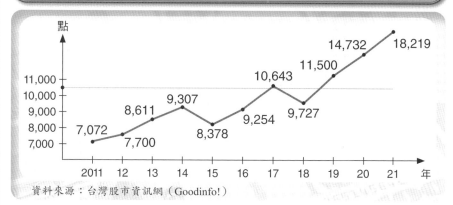

資料來源：台灣股市資訊網（Goodinfo!）

臺股指數漲跌與統一黑馬基金報酬率

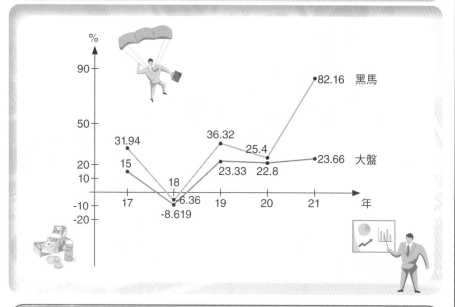

李小明資產負債表　　單位：萬元

	現況23歲 2023年			目標30歲 2030年	
流動資產	10	負債0	流動資產	存款24.32 基金96	負債0
非流動資產	6（機車）	業主權益16	非流動資產	0	業主權益120.32
合計	16	16	合計	120.32	120.32

Unit **3-8**
計算你30歲時的財務自由程度

一、一個簡單的表

右頁表很容易製作：

(1)(2)來自Unit 3～5的現金流量表「營業活動」

(5)(6)來自Unit 3～6

(7)跟(2)是同一個數字

二、財務自由程度

由右頁下方的小檔案可見，財務自由程度（financial freedom degree）的涵義。

(一)原始觀念來自財務比率分析中的流動比率

「財務報表分析」中的「財務比率分析—流動比率」是指「流動資產／流動負債」。以台積電舉例來說，2022年底（預計）有1.8兆元流動資產，流動負債0.75兆元，要付1元負債，有2.4元流動資產撐著。

(二)財務活動自由程度

由右頁下方可見，分子是「（年）財務資產×報酬率」，這財務收入簡稱被動收入（passive income），其他還有房東的房租收入、作者的版稅收入等。主動收入（active income）是指上班領薪水、做生意賺的。

三、李小明30歲的財務自由程度

(一)以30歲來說，財務自由程度65.55%

縱使打個七折（例如：預期報酬率由12%掉到8.4%），財務自由程度也有46.6%，搬回家與父母同住省掉房租夠生活了。

(二)生活可以過好一些

要是美夢成真，生活支出可以改善。

四、本書作者們說明

(一)神奇吧！傑克

大部分學生做了期中報告，異口同聲的說：「我33歲便可財務獨立了，想都沒想過。」

(二)不要高興太早

李小明30歲財務自由程度65.55%，是指單身，若結婚後要買屋、買車等，金融資產規模去掉一大部分，又邁入存第二桶金階段，財務自由程度會降低。

李小明23～30歲財務自由程度

單位：萬元

項目＼年	2023	2024	2025	2026	2027	2028	2029	2030
年齡（歲）	23	24	25	26	27	28	29	30
(1) 年收入	32.4	34.6	34.6	37.8	37.8	41.1	41.1	44.3
(2) 年支出	19.2	20.16	21.17	22.23	23.34	24.51	25.74	27.02
(3) 年儲蓄＝(1)－(2)	13.2	14.44	13.43	15.57	14.45	16.59	15.36	17.28
(4) 儲蓄率＝(3)／(1)	0.4	0.417	0.39	0.41	0.38	0.4	0.37	0.39
(5) 每年基金價值	12	25.44	40.49	57.35	76.23	97.38	121.07	147.6
年金終值倍數	1	2.12	3.3744	4.7793	6.3528	8.1152	10.089	12.3
(6) 基金報酬＝(5)×12%	—	3.0528	4.8588	6.882	9.1476	11.6856	14.5284	17.712
(7) 年支出	19.2	20.16	21.17	22.23	23.34	24.51	25.74	27.02
(8) 財務自由程度＝(5)／(6)%	0	15.14	22.95	30.96	39.19	47.68	56.44	65.55

財務自由程度

英文： financial independence / financial freedom

本書用詞： financial freedom ratio 財務自由比率

$$\frac{（年）財務資產 \times 報酬率}{（年）生活支出}$$

分子： 又稱為「被動收入」（passive income）

以上表資料，推算出李小明的財務自由程度如下：

$$\frac{147.6萬元 \times 12\%}{27.02萬元} = 65.55\%$$

懶人包、App

financial tool belt

第 4 章

理財十堂課：
第一～二堂課

●●●●●●●●●●●●●●●●●●●●●●●●●●●●●●●●● 章節體系架構 ▼

Unit **4-1**
慾望與野心Ⅰ：理財的第一堂課

　　做任何事的第一步一定是問：「為什麼做？」重要、必要的事，再辛苦也得做，本書希望能藉由23歲起每個月1萬元的定期定額股票型基金，讓你30歲起每個月多增加2萬元的投資收入。

一、為什麼要理財？

　　「為什麼要理財？」這問題跟晉惠帝問飢民：「何不食肉糜？」不一樣，全球（或全臺）1%的人擁有26%的財富，財富八輩子都用不完。但大約有七成的人，頂多只能過著「小有儲蓄」的生活。1998年以來，薪資平均上漲率0.92%，但物價平均上漲率1%。簡單來說：「什麼都在漲，只有薪水沒漲」。

　　南韓電視上的整形節目，整形前後判若兩人；以下，也用同樣的比喻，右圖實線是「投資前一般勞工的各年齡階段」正職收入；虛線部分是「投資後一般勞工的各年齡階段」理財收入加正職收入。

二、投資前：工作30年，收入1,458萬元

　　你可曾想過大部分勞工一輩子工作30年（25～55歲），收入多少？其中一個參考數字是行政院主計總處的抽樣調查，如右圖中各年齡層的年收入，這是指正職的收入，不包括兼職與額外收入。

　　一般白領勞工工作30年正職收入1,458萬元（因平均月薪40,500元×12個月×30年）。這可視為大部分人的下限，中所得勞工主要是約1.35倍，即1,968萬元。這多不多呢？扣掉下列二個大項目，約剩下658萬元，要用30年，每個月約1.8萬元。

　　(一)買房屋600萬元。

　　(二)養一個小孩從小到大（大學畢業），約需200萬元。

　　以夫妻來說，每個月1.8萬元可用，可說有點夠用而已。

三、投資後：神奇吧！傑克

　　俚語說：「馬無夜草不肥」。同樣的，多數人上班收入僅能過小康生活，想要過「像樣」生活，則需要多賺一些，這有下列兩種方式，可用生活例子說明如下。

　　(一)兼差：約有一成上班族會兼差來貼補家用，從勞力密集的開計程車（向車行租車）、上網接「論件計酬」的案子（俗稱接case），有人甚至開網路商店。平均每個月多增加5,000元收入，蠻有限的。

　　(二)金融投資：靠勞力賺錢，賺的是辛苦錢，而且金額小，可用「不無小補」形容；靠錢賺錢，賺的是腦力錢（慧眼識英雄的挑到好股票型基金），而且金額大。

慾望與野心 I：為什麼要理財？

一位大學學歷勞工各年齡階段正職收入

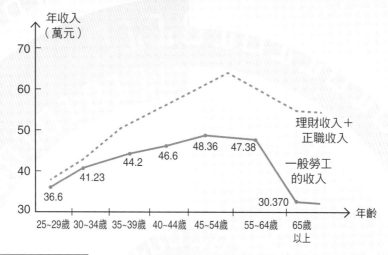

資料來源：行政院主計總處「家庭收支調查」，2019年

《富爸爸，窮爸爸》一書

- **時**：1997年
- **地**：美國夏威夷州
- **人**：羅伯特・清崎（Robert Toru Kiyosaki, 1947～）與莎朗・L・萊希特（Sharon L. Lechter）
- **事**：七版《富爸爸，窮爸爸》（*Rich Dad, Poor Dad*）提供財務商數（financial quotient）以達到財務自由，中文版，2001年高寶國際公司；簡體字版，2003年中國電子工業出版社。

Unit **4-2**
慾望與野心Ⅱ：想55歲退休，享受人生

　　人的慾望、方法都是日積月累，耳濡目染來的，教育學者說：「3歲看性格」、「10歲看一生」。同樣的，在家庭財務管理，「25歲可看一生的財富」，由右頁表可見，財務自由人士跟財務困難人士一生各年齡階段消費、投資的差別。

一、薪水差距不大，但怎麼理財卻天壤之別

　　假設上班族的薪水差距不大，最常見的說法是「30歲以下上班族，六成月薪3萬元以下。」會造成財產天壤之別的主因在於財務自由人士「先苦後甘」，而且每月定期定額股票型基金投資；財務困難人士「先甘後苦」，並且把每月結餘資金存銀行定存或買保障收益率的壽險保單，年報酬率2%以下。

二、財務自由人士：55歲成為人生勝利組

　　看人成功好似「一夕成名」，大部分影歌星都是「臺上一分鐘，臺下十年功」。同樣的，由右頁表可見財務自由人士到55歲已成為人生勝利組，但這一切來自於23歲開始上班時，便訂下理財目標，而且嚴格執行。

　　再加上「work smarter, not harder」，也就是「以錢滾錢」，花一些時間挑出長期平均報酬率10%臺股股票型基金；到了40歲甚至把投資能力升級到股票投資，去賺更高報酬率。

三、財務困難人士：拖老命工作

　　至於財務困難人士大都是「先享受後犧牲」，其結局是被生活拖著走，被銀行追著跑（每月沒定期還卡債或房貸），心中想60歲就「不想工作」了，但是為了子女學費、房貸，還是勉強做，如果健康不佳，則可說是「拖著老命做」。

人無橫財不富：過「像樣」生活的兩種方式之舉例

前文提到想要過「像樣」生活的方式有**兼差**及**金融投資**兩種，這個道理可用生活例子來舉例。

只是買腳踏車、汽車都須花錢，投資也是如此，必須一開始就「開源節流」，每個月擠出1萬元。

走路時速6公里，花了2,000元買輛腳踏車，時速20公里，但是騎久了會累、騎上坡辛苦；花53萬元買部1,500cc汽車，開上高速公路，時速110公里。靠體力上班，如同走路；買股票型基金比較像騎腳踏車，比走路快多了。買到細水長流的績優股，有點像買汽車。

財務自由與財務困難人士投資與生活差別

兩大分類	23〜30歲	31〜40歲	41〜50歲	51〜60歲
一、財務自由人士	**訂下目標** 23歲，出社會工作領第一份薪水時，訂下每月存1.3萬元，30歲投資到第一個100萬元。 • 1.3萬元/月 • 30歲賺到第一桶金123萬元	**1.31歲結婚** **2.投資** 30歲，隨著薪資的增加，每月2萬元，投入年報酬率10%的股票型基金。 38歲，跟妻子共同打拚，繳房貸之餘，訂下月投資3萬元目標，投入更穩健的投資，追求年報酬率8%的目標。 **3.買房** 35歲，投資累積到330萬元，結婚後買第一棟房，頭期款加裝潢共計支出300萬元，金融資產剩30萬元。	**1.子女快大學畢業** **2.投資** 45歲，投資經驗臻於成熟，仍有房貸，把手上343萬元的資金，拿出170萬元大膽逢低買進股票，獲利50%出場，已累積約428萬元現金。 **3.房貸** 46〜50歲，每月3萬元投資的步調，到50歲已擁有780萬元現金。同時，房貸剩150萬元。	**1.以55歲為例，子女大學畢業及在上班** **2.投資** 靠著平均年6%報酬率的穩健投資，手上金融資產達到1,000萬元以上，每年孳息60萬元，已經達到可退休狀態。 **3.房貸還完**
二、財務困難人士	**當月光族** 23歲，出社會領第一份薪水時，以滿足消費慾望為優先，買了一輛汽車，每月繳1.3萬元汽車貸款，成為月光族。 	**1.投資** 31歲，銀行戶頭幾無存款，只好每月存下2萬元。但因為疏於投資理財知識的培養，存下的錢只敢放年利率僅約1.4%的定存。 **2.買房** 35歲，手上只有80萬元存款，跟太太省吃儉用，每月存6萬元，40歲買房，貸款500萬元。		52歲，把每月所有的結餘，全部用來還銀行貸款。才不過12年的時間，已還清了房貸。 55歲，過去3年加緊存錢，也勤學投資。即使每月存下6萬元投資，達到年報酬率6%，但3年下來手上現金卻僅有237萬元，對未來退休生活的財務焦慮不已。

差別

時間是累積財富的最好朋友，也是最大的敵人。	知識能使小錢變活錢，無知則可能讓你一無所有。	懂得危機入市之道，能讓你少為錢奮鬥好幾年。

資料來源：部分整理自《今周刊》，2012年9月3日，第102〜103頁

Unit **4-3**
慾望與野心Ⅲ：至少不要拖老命工作

圖解個人與家庭理財

你問許多上班族「你有什麼雄心壯志？」有些人可能無法明確的回答你，但是一談到生活，很多人都會回答你：「我有個夢：想住在50坪房子，至少開輛豐田冠美麗（Camry）汽車、每年出國玩一次，家中有臺60吋的液晶電視。」這個中所得家庭的生活樣貌，其中單是房子，縱使在高雄市，至少也得600萬元。

一、家庭財務狀況分三類

人在生活中喜歡惡搞（Kuso）的把人作分類，例如：「月光族」、「靠爸族」、「尼特族」（NEET源自英國）、「動漫族」。在個人理財中，把人分成三族：財務自由、財務努力與財務困難人士。在右頁表第一列，這可從家庭財務報表中的損益表、資產負債表一窺究竟。

二、《今周刊》的調查

針對中壯年、壯年人的家庭財務狀況，下列調查可以讓我們有個概念。

(一)調查期間：2012年7月30日迄8月10日。

(二)調查地區：臺灣臺北市為主。

(三)調查機構：《今周刊》讀者問卷40份與波仕特市調公司網路問卷650份、聚財網網路問卷80份及臺北市社區大學理財課程老師針對其上課學生110份。

(四)調查對象：40～65歲的人，880份有效問卷。

(五)調查結果：在右表中，我們依損益表角度把營收（即個人收入）分成「投資收入」占比重，與資產負債表角度的家庭「淨資產」（或淨值，net worth），用以衡量家庭的財務狀況，分成三類。這三類是把家庭財務狀況流量（損益表）、存量（資產負債表）聯合來看。

1.財務自由家庭占14%：以家庭所得五等分類來說，家庭所得最高20%家庭，薪資收入占年收入60%以內，且淨資產1,000萬元以上，有本錢提前退休。

2.財務努力家庭占15%：這是家庭所得第二高的20%家庭，離財務自由還有一小段差距，尚在努力中。

3.財務困難家庭占71%：這是指家庭所得第三、四高與最低家庭，連過生活都有點累，因此淨資產可用「人無三兩銀」來形容。

三、前車之鑑，後事之師

在高速公路開車時，最好能看到比前車更遠的車況，如此才有足夠時間反應。同樣的，《今周刊》這個針對40～65歲人的調查，對大部分年輕人、青壯年（31～40歲）來說，有很大的參考意義。我們曾看過一項調查，大部分比利時的老人最大的遺憾是求學、工作時不夠努力，以致退休後錢少與壯志未酬。

影響所得、財富水準的因素有先天、後天等因素，不能一味的說財務困難家庭是「少小不努力」，但是對青年、青壯年人來說，要想變成「財務勝利組」或「財務失敗組」，今天就要下定決心，時間還夠。

中壯年與壯年人家庭財務狀況

財務狀況 ＼ 角度	損益表	資產負債表			
衡量指標	投資收入 財務自由程度 ＞50% 「投資收入」包括房租、股息、投資孳息等收入	家庭「淨資產」 ＝資產（房屋、汽車、有價證券）－負債			
一、財務自由人士	占14%		占21.3%		
	□100%以上	2.3%	□5,001萬元以上	1.3%	
	□71~99%	2.8%	□3,001~5,000萬元	2.8%	
	□51~70%	8.9%	□2,001~3,000萬元	5.9%	
			□1,001~2,000萬元	11.3%	
二、財務努力人士	占14.9%		占16.2%		
	□31~50%	14.9%	□501~1,000萬元	16.2%	
三、財務困難人士	占71.1%		占62.5%		
	□11~30%	24.2%	□301~500萬元	14.4%	
	□10%以下	46.9%	□0~300萬元	27.3%	
			□負債	20.8%	

資料來源：整理自《今周刊》，2012年9月3日，第104～105頁

第四章 理財十堂課：第一～二堂課

071

針對家庭財務問題，你最大的煩惱是？

單位：%

- 離退休已經剩沒多少年，存錢速度太慢，仍存不到足夠的退休金　26.0
- 兒女教育費用　15.5
- 生活開支捉襟見肘　15.4
- 房貸及其他負債壓力仍相當沉重　12.7
- 怕自己活太久，退休金不夠用　12.2
- 害怕失去工作，或已經失業　9.5
- 兒女已經完成學業，卻因薪資過低或找不到理想工作，成為啃老族　8.7

Unit 4-4
學習 I：理財的第二堂課

大部分開車的人都不會修車，一碰到小問題（例如：車燈燈泡壞掉或火星塞該換，維修費150元），直接找維修廠修理。在投資方面，絕大部分人都喜歡「數鈔票」，至於買股票、買基金這些麻煩又難懂的事，最好交給專業人士來管，可惜，「如意算盤打不響」，本單元說明「縱使富人也必須有投資常識，才能做對投資決策」，必須學習「投資常識」。

一、門檻最低的全權委託：保險公司類全權委託保單

2008年起，壽險公司銷售的投資型保單，可接受顧客的「全權委託」中的投資帳戶資金。投資型保單從自選標的進化至委託專業機構代操的類全委帳戶，使得類全委保單成為很夯的投資型保單。由右頁圖可見，2014年8月推出的摩根資產管理為玉山銀行為客戶量身打造的投資組合，單筆投資最低30萬元，讓民眾也可享有國外法人才有的代操服務，強調配息之外雙月鎖利，適合追求穩健成長及偏好收益的投資人。

此外，第一金人壽委託復華投信代操，推出富利人生變額萬能壽險，或是宏利投信與第一金人壽合作的人民幣類全委帳戶，滿足投資、保障、穩定收益三大需求，因此頗受好評。

二、投信、投顧公司的全權委託

1999年行政院金管會證期局開放「全權委託」業務，俗稱代客操作業者，資本額、獲利條件符合的證券信託、投資顧問公司可申請全權委託營業執照。金管會證期局為代操業務做了一些規定：最低門檻1,000萬元、代操業者只能收1.5%管理費、委託人不能要求投資報酬率目標。

(一)投信與金控公司旗下看的是四大基金委外肥肉：代操業者主要搶食勞保、勞退基金每年委外1,000億元的訂單，大都不會接千萬元的小顧客，因為不划算，茲說明如右頁下圖。

(二)獨立投顧公司：獨立投顧公司（例如：第四臺90～95頻道）做零售生意，想積少成多。但問題來了，基金有淨值，所以投資績效有公信力。基於個資不公開的守法考量，各代操業者的投資績效不公開，因此有錢人只能從過來人的口碑去聞香下馬，但這樣的訊息傳遞很沒效率。

三、瑞士銀行的私人銀行業務

2014年，瑞士銀行臺北分行號稱是第一家承作「私人銀行業務」（private banking）的銀行，顧客門檻500萬美元（1.5億元），銀行收顧客委託資產1%作為諮詢費。根據新聞報導，瑞士銀行提供建議，顧客還是需下決策，盈虧自負。

類全權委託投資型保單運作方式

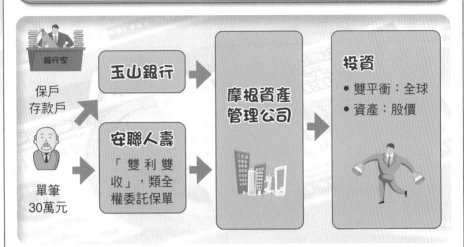

三種接受全權委託的資產管理公司的相關規定

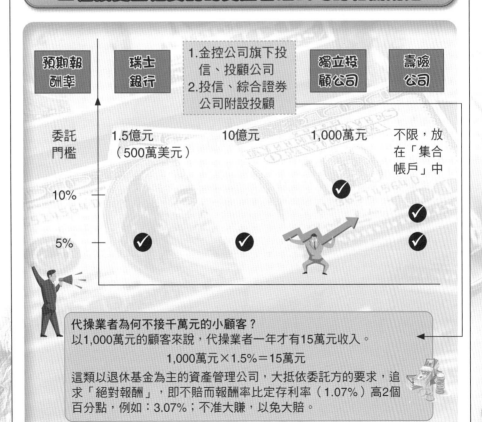

預期報酬率	瑞士銀行	1.金控公司旗下投信、投顧公司 2.投信、綜合證券公司附設投顧		獨立投顧公司	壽險公司
委託門檻	1.5億元（500萬美元）	10億元		1,000萬元	不限，放在「集合帳戶」中
10%				✔	✔
5%	✔	✔			✔

代操業者為何不接千萬元的小顧客？
以1,000萬元的顧客來說，代操業者一年才有15萬元收入。

1,000萬元×1.5%＝15萬元

這類以退休基金為主的資產管理公司，大抵依委託方的要求，追求「絕對報酬」，即不賠而報酬率比定存利率（1.07%）高2個百分點，例如：3.07%；不准大賺，以免大賠。

Unit **4-5**
學習 II：三種理財顧問皆專而不通

你有汽車嗎？2022年臺灣895萬個家庭中，約有720萬部汽車，扣掉一戶多部車情況下，約有七成家庭有車。你家有請司機嗎？70萬家公司中，最多只有0.5%的公司董事長有請司機，至於家庭則很少請司機。同樣的，個人理財也是如此，99%的家庭必須自理。

美國有此一說，有三種朋友一定要有：一是醫生，保障你活得健康長久；二是律師，保障你的權利；三是理財顧問，讓你更有錢，以享受生活。這「理財顧問」範圍很廣，包括會計師幫家庭報稅（美國綜所稅複雜）以節稅。本單元聚焦在代操業者和銀行。

一、證券公司的營業員

2015年起，金管會證期局開放證券公司可以經營財富管理業務，比較像銀行的兩種業務：集合管理帳戶與賣開放型基金。

一般來說，券商大抵會找偏重保守穩重的人來擔任財管業務的理財專員。券商營業員的專長是短線（一週以內）指數預測、個股，心態偏重短線進出，甚至一日內的當日沖銷等。

二、銀行的財富管理業務

2005年起，占銀行收入七成的貸款業務淪為殺價戰，銀行只好拚財富管理業務：賣保單、賣基金、推黃金存摺、推外幣存款，前三者就是為了賺手續費。以銀行國籍來區分其相關業者，說明如下：

(一)外資銀行的私人銀行業務：外資銀行的國外母行有二、三百年的私人銀行業務經驗，因此希望在臺灣也一展長才，金管會銀行局對外資銀行的私人銀行業務一直大力限制。

(二)本國銀行的財富管理業務：本國銀行針對定期存款金額300萬元以上的「VIP貴賓客戶」提供更深入的理財諮詢服務。在每家分行的「VIP中心」，顧客要刷該行提款卡，連線查詢顧客資格後，才能進入。電話諮詢服務則是報身分證號碼以驗證顧客資格，符合後，電話才會接給理財專員。理財專員大都會針對國內外基金提供買賣建議，而建議的來源主要是銀行總行每天的通稿；有些理專會自己下功夫作功課。

三、銀行的理財專員

愈來愈多的泛公股銀行（尤其是華南銀行）積極招募理財專員，切入外資銀行等擅長的財富管理業務。銀行的理財專員分為營業廳理財專員與VIP理財專員兩種。前者較為資淺，後者是較有經驗的理專，其差別說明如右頁圖。

三種理財專員的專長

			股票
股票			
基金	投資型保單 ＝基金＋保單 <small>尤其是高配息基金</small>	基金	基金
保單	保單	保單	
	保險公司	銀行 理財專員	證券公司 營業員

銀行的財富管理業務

外資銀行的
「私人銀行業務」

個人為對象　　　家庭為對象

門檻

以中信銀行為例
A　　　　　6,000萬元
B級家庭　3,000萬元
C　　　　　　600萬元

存款10萬美元，俗稱
「高淨值」（high net
worth）顧客。

手續費

申請戶可以把其配偶、一等血親、保險受益人或
其他親友，納入家庭會員，惟需經銀行核准，而
財富管理關係戶成員可享個人財富管理外，還可
與家人同享理財規劃的整合服務及優惠。

知識補充站

營業廳理財專員vs. VIP理財專員

1. **營業廳理財專員**：銀行為了避免扛責任，所以盡可能不推薦特定基金給顧客。但問題來了，光臺股股票型（開放型）基金145支，顧客都看到眼花，20支都不知如何挑，更何況是200支。理財專員會在電腦螢幕上陪你看每支基金的簡介、淨值走勢圖、持股明細，這些你上投信投顧公會、鉅亨網都看得到。顧客找理財專員要的就是買哪支（或「幾支」）基金、何時買賣；但顧客可能會有些失望，因為營業廳理財專員大都是年資較淺的，比較多是每天把總行視訊會議、通用稿讀熟。

2. **VIP理財專員**：能在VIP理財中心擔任理財專員，大約負責50位「高淨值顧客」；這些較有經驗的理專，是靠績效才能爬到這個位置。對基金賺錢、進出場時機，較有深入看法。

Unit **4-6**
學習Ⅲ：靠股票明牌，不如靠自己作功課

生活中許多事，人們都是「活到老學到老」，尤其是保健防老的妙方，因為人都怕死怕老。在投資方面，95%的人必須自理，那就必須像考汽車（機車）駕照般，把交通規則記住，而且現場考照（路考）也要過關，「有照駕駛」上路才比較安全。

一、免費、廉價明牌不要當真

第四臺90～95臺、財經報刊經常都有「推薦個股」，這些「明牌」往往都是小型股（資本額15億元以下），比較容易狂飆，但「大起」的另一面是「大落」。這些媒體只告訴你「何時買進」，卻不會告訴你「何時賣出」。天下沒有免費的午餐，要想買股票、基金多賺一點錢，也需要自己有投資常識，否則把推薦個股由「新興（航運）」（2105）聽成「欣欣（大眾百貨）」（2901）的事，就會一再重演。

二、《今周刊》的問卷調查

延續Unit 4-3的問卷調查，由右頁表「投入」可見，本單元聚焦於「老鳥有交代努力學習理財」占48.2%。

(一)財務自由所需資金1,000萬元：過了50歲知天命之年，想要財務自由，該擁有多少財富？37.6%的受訪者認為，扣除自住房子的價值外，至少必須擁有1,000萬元的淨金融資產，以穩健的投資報酬率6%來算，每年就有60萬元的孳息，大約是尋常家庭一年的生活基本開銷。

(二)投資常識是生活常識的一部分：問卷調查顯示多數財富自由程度已經達50%以上的人，認為自己能達到這個程度的最主要原因是「勤儉持家」；其次是「精於房地產、股票或其他投資」，占比20.7%；「正職收入比一般人豐碩」則居第三，占比16.7%。

三、用腦袋投資

時間可以讓金錢積少成多，知識可以讓金錢從呆錢變活錢。高達48.2%受訪者認為，想在50歲以後不再為錢煩惱，年輕時最應該做的事是「努力學習投資理財」；其次是「努力尋找創業機會，大膽嘗試」，比重為13.6%。這顯示出，多數人後悔理財教育啟蒙太晚。如此，等市場非理性下跌，你才會有sense（意識）危機入市！

四、贏在起跑點：兒童理財營

很多父母希望子女在小學時便具備理財常識，暑假時送去銀行辦的兒童理財營。以國泰世華銀行於2003年成立「小樹苗理財研習營」為例，說明如右圖。

人生理財的「想要」與「必要」

投入　→　轉換　→　產出（目標）

如果人生能重來，請問你會在人生哪個階段就開始重視財富累積的重要，訂好自己的生涯理財計畫？

單位：%

・出社會正式踏入職場時	51.3
・開始有固定零用錢時	30.4
・18歲時	9.5
・存到第一個100萬元時	5.1
・結婚時	2.2
・第一個孩子出生時	1.5

你認為50歲後若能不必為錢煩惱，年輕時最應該做的事是什麼？

單位：%

・努力學習投資理財	48.2
・努力養成儲蓄習慣	14.2
・努力尋找創業機會，大膽嘗試	13.6
・培養第二專長或學好外語，開拓賺錢機會	12.2
・努力工作，在職場發光發熱	10.0
・努力教育兒女，養兒防老	1.8

你建議年輕人，在50歲前必須擁有多少資產（不含房子），才不會為錢煩惱？

單位：%

・300萬元	7.0
・500萬元	17.3
・1,000萬元	33.6
・1,500萬元	11.4
・2,000萬元	11.8
・3,000萬元以上	18.9

資料來源：整理自《今周刊》，2012年9月3日，第106頁

小樹苗理財研習營

- **主辦機構：**國泰世華銀行
- **對象：**小學生
- **時間：**每年暑假，例如：8月中旬
- **課程內容：**透過情境引導、小組闖關競賽等互動遊戲，讓小朋友了解爸媽賺錢的辛苦，進而學習正確的價值觀並妥善運用自己的金錢。

- 2018年主題為「小小旅行○○○」，課程以三隻小豬、小紅帽等經典故事情節為例，教小朋友如何在有限資源中，學習判別自己想買的東西是「需要」還是「想要」，藉此達到儲蓄觀念的建立。
- 夢想實踐規劃、資金籌措，寓教於樂的活動設計，讓小朋友在輕鬆氛圍中學習金融相關知識，進一步思考並發掘自己的夢想。

Unit **4-7**
有錢人，用錢賺錢；沒錢人，用勞力賺錢

許多人都聽過這句俚語「你不理財，財不理你」，本單元用一本美、臺暢銷書加上臺灣財政部國稅局的全體家庭繳稅資料來印證」——有錢人想的不一樣。

時：2019年9月27日

地：美國紐澤西州

人：湯姆·柯利（Tom Corley,1961～）與麥可·雅德尼（Michael Yardney）二人，柯利是賽瑞懷斯公司（Cerefice and Company）總裁

事：在臺灣的遠流出版公司出版《習慣致富：成為有錢人，你不需要富爸爸，只需要富習慣》，其中一些重點如下：

	一般人	有錢人
1.致富道	好的教育跟聰明才能致富	跟智商無關
2.工作目的	賺錢過生活	自我實現
3.投資	想著如何花錢	想著用錢賺錢
4.教育子女	教子女如何存活	教子女如何富有
5.對改變	害怕改變	擁抱改變

二、臺灣所有家庭的驗證

由個人綜合所得稅申報核定資料來源，把60頁中其中一頁整理成右頁表，任何人都可看出這個表：

第一欄（損益表）結構。

第一列，八個繳稅級距中只挑四個，第一級只繳稅的中低收入戶不討論，收入第六～八級不討論，由表可見一般人藉勞力賺錢，有錢人用錢賺錢。

個人綜合所得稅申報核定資料來源

時：每年6月29日

人：財政部財政資料中心

事：公布2年前（個人綜合所得稅申報初步核定統計專冊）

2019年臺灣所得級距家庭收入來源結構表

共8級	第2級	第3級	第4級	第5級
應稅所得	0～54	54～121	121～242	242～453
一、分數（萬）	213	63	28.85	10.66
占比重（％）	33.37	9.87	4.52	1.66
二、損益表				
（一）營收	80.55	77.59	73.06	66.36
1.薪資	77.97	74.95	70.36	63.74
2.執行業務	2.02	2.21	2.3	2.29
3.營利	0.56	0.43	0.4	0.33
（二）營業處	19.45	22.41	26.94	33.64
1.股利所得	9.35	11.93	15.53	21.44
2.財產交易	0.26	0.28	0.32	0.36
3.利息	4.45	3.85	3.54	3.26
4.租賃及權利金	2.38	2.7	3.1	3.44
5.其他	3.01	3.65	4.45	5.14
金額：兆元	1.4045	0.9176	0.7186	0.46

資料來源：財政部財政資料中心表16-2綜所稅各類所得金額各級距申報額，2021年6月

Unit **4-8**
投資理財是必備的生活技能

1980年代時，聽說人生需要有三種朋友。
- 醫生：保障你健康，有健康身體，才能工作賺錢；更重要的是，享受你工作的果實。
- 律師：保障你的權益，例如：離婚訴訟時。
- 理財規劃師：協助你從租稅規劃（會計師專長）、贈與和遺產規劃（壽險顧問專長）到投資（銀行理財專員、證券公司財富管理人員），幫你擴大你的財務收入，賺更多錢。

一、從生活白癡到生活達人

2006年起，臺灣、中國的日常用語中開始流行「生活白癡」（freshman at life）一詞，包括：
- 路癡（no sense of direction）。
- 不會用洗衣機。
- 不會搭公車、捷運。

生活需要各種技能，否則會很不方便。同樣的，生活也需要懂一些普通常識（簡稱通識），所以許多大學通識中心開出三種生活技能課程。
- 健康與人生。
- 法律與人生。
- 個人與家庭理財。

二、2019年3月起，美國常春藤幾校開個人理財課程

1980年代起，美國社區大學、公立學校及州立大學開設個人理財計畫課程，以符合學生需求。像2011年的美國電影「愛情速可達」（Larry Crowne, 中國翻譯拉瑞・克勞），便是描寫拉瑞（湯姆・漢克斯飾演）上社區大學念了經濟學，學會收入、成本等後開餐館。

由右頁小檔案可見，美國東北部幾校常春藤聯盟（Ivy League），2019年3月起，跟進開了個人理財課程，認為這是大學生的必備生活知識。

美國常春藤幾校大學開個人理財

日期	大學	個人理財課程
2019.3	賓州大學	開設都市金融素養課程，邀請知名校友國家美式足球聯盟（NFL）球員科普蘭共同教授這門課。
2019.4	哈佛大學	首度為大學生開設一系列個人理財課程工作坊，總計有四堂二小時課程，內容包括債務、信用、退休計畫和其他個人理財主題。開設工作坊的哈佛教授康普貝爾表示，這些課程旨在教育學生有能力做出多種理財決定，而不只有預算規劃和儲蓄。
2019.5	普林斯頓大學	首度設立「金融素養日」（Financial Literacy Day），推出小型講座，邀請金融顧問和校友分享如何規劃預算和使用信用卡，也請金融服務業代表分享財經知識。

資料來源：整理自《經濟日報》，2019年6月9日，A7版，洪啟原

美國常春藤幾校開個人理財課

時：2019年
地：美國
人：美國許多知名大學
事：2019年起，由於大學生背負的學生貸款日益沉重和他們對未來經濟狀況的擔憂日增，常春藤名校紛紛開設基礎金融知識課程，教育學生個人理財的重要性，逆轉以往不注重這門課程的風氣。

特別專題
如何教出有理財觀的子女

　　許多父母都以為把子女（從小學到高中）送去寒暑假理財營或大學修個人理財課程，子女就會變得很有「巴菲特」風。

一、父母身教重於老師言教

　　美國有43州規定各中學須開設必修的理財課程，哈佛大學財務教授柯爾（Shawn Cole）的研究中發現，成年後的理財能力、資產累積與信用管理沒有明顯差異。父母的所得階層可能對孩子的財務知識測驗成績影響更大。

二、開誠布公的說

　　許多父母對子女的財務教育只局限於柴米油鹽。父母往往擔心跟子女談家庭收入及負債等敏感議題，會使孩子感到焦慮；要是父母一概保密而不宣，反而子女可能更擔心；另一種極端是父母如果很少跟小孩談家庭財務狀況及賺錢的辛苦，則子女成年後會對錢「毫無概念」，根本不了解信用卡及現金管理如何運作。

三、隨機教育

　　孔子說：「時然後言，人不厭其言」，許多專家愈來愈重視所謂的「即時式」教育（詳見下表），在子女準備進行一項交易之前，對他們做機會教育。逛街時，父母可以向子女解釋為何買某件商品，在經濟上比買另一件更合理，可以比較品質、價格、優點及家庭的總預算等。

年齡	3～5歲	6～10歲	11～13歲	14～18歲	18歲
理財重點	學習「等一下再買」	選擇好再買	早存錢，投資報酬率	念哪家大學，要考慮花多少錢	有錢付，才使用信用卡

資料來源：整理自美國《富比士雜誌》，2015年3月

第 **5** 章

理財十堂課：
第三～六堂課

●●●●●●●●●●●●●●●●●●●●●●●●●●●●● 章節體系架構 ▼

Unit **5-1**
勤於動腦Ⅰ：理財的第三堂課

　　有錢人跟我們想的不一樣，常見用於形容一些企業家的形容詞，例如：「他的頭腦一直在轉」、「他的生意頭腦轉得很快」等。本單元聚焦在「勤於動腦」，才會發現好的投資機會。

一、最省時的投資方式：打聽股票明牌

　　蒐集資料、分析，以決定投資哪些股票、基金、免於費時費力。因此有些人走捷徑，去向親朋打聽股票明牌，看人買什麼就買什麼。但這有兩個問題：一是明牌不準；一是明牌準，但是很少有主力會對朋友說：「我做這支股票，160元便下車」，但他擔心抬轎的人150元便下車，於是你從三、四手處聽到明牌，往往不知何時下車；主力下車了，股價可能打回原形，你白忙一場。

二、《今周刊》的調查

　　下列調查可讓我們了解一般人、富裕人士如何運用時間。

(一)調查機構：《今周刊》，委由波仕特市調公司進行網路問卷及實體問卷。

(二)調查對象：24～40歲上班族，1,213人。

(三)調查地區：全臺。　　　　　　**(四)**調查期間：2012年9月18～20日。

(五)調查結果：其中定義如下：「富裕人士」指淨資產500萬元以上者；「一般人士」指淨資產200萬元以下者。詳細調查結果請見右表。

三、富裕人士善用時間

　　時間是中性的，這有兩層意義，一是每個人每天都有24小時；二是時間本身沒有價值。人必須運用時間於工作才會有收入；用錢去賺錢，透過複利效果，時間愈久才賺愈多。富裕人士覺得時間是「稀有的資源」，必須妥善利用才能創造價值，詳見右表第三欄。

四、一般人士「虛擲光陰」

　　一般人士可能覺得下班時間是很多的、不怎麼值錢，因此想盡方法來「殺」時間，常見方式見右表第二欄。

　　其結果之一是因為疏於學習投資知識，於是採取外行人投資法，有83.6%的一般人士錢存銀行，原因是比較有保障。你進一步問他：「100萬元銀行定存，一年利息1.07萬元，你會滿意嗎？」許多大學生都不敢相信：「利率怎麼這麼低？」有200支股票股利報酬率4.2%（即定存利率的3倍）的股票，只要你上網查一下，投資收入便會增加數倍。但是你首先必須知道股票報酬率兩個來源：資本利得、股息，才知道什麼是股利報酬率（俗稱股利殖利率）。

一般人士與富裕人士的時間運用

時間管理	一般人士	富裕人士
一、工作		
(一)上班日工作時數	9.15小時	9.3小時
(二)每週運動次數	1.7次	2.8次
二、投資		
(一) 每天花在臉書的時間	81.6分鐘	76.2分鐘
(二)每天花在打電話或網路遊戲時間	51.6分鐘	31分鐘
(三)每天花在閱讀時間	40.8分鐘	86.4分鐘
(四)一年讀書數量	1.56本	3.59本
(五)投資方式（可複選）	1.銀行存款 83.6% 2.基金 46%	1.銀行存款46.9% 2.股票 61.7%

資料來源：整理自《今周刊》，2012年10月29日，第121頁

知識補充站

年輕人理財是想多賺

2015年3月根據波仕特線上市調所做「年輕世代基金理財觀念調查」，有67%年輕人的理財動機是為了超越銀行定期儲蓄利率（一年期1.07%），另外有85%的受訪者投資共同基金都是採定期定額投資基金，其中3%持有國外股票基金，受訪者選擇共同基金的方式，有47%看過去報酬率挑標的，其次是「手續費及管理費是否夠優惠」及「投資標的與市場未來潛力」。（摘自《工商時報》，2015年3月9日，C3版，黃惠聆）

Unit **5-2**
勤於動腦 II：時間要用得有價值

　　創業家致富的關鍵有二，一是比別人早嗅出商機，二是有勇氣創業、投資。同樣的，家庭財務管理中的投資致富關鍵也一樣，多學習還不夠，還要慎思明辨的勤於動腦，才能「看見未來的趨勢」；「勤」於動腦的關鍵之一，在於下班後花多少時間蒐集投資（包括投資自己）資料、分析。

一、《今周刊》的每年調查

　　從2012年起，《今周刊》每年都會做一次「高收入與一般收入家庭」的「上班族下班後習慣調查」，主要鎖定下班後的時間管理。

　　(一)調查機構：《今周刊》。　　　　(二)調查對象：網路會員。

　　(三)調查人數：1,810人。　　　　　(四)調查期間：2014年4月7～18日。

　　(五)調查對象分類定義：「高所得者」指年薪200萬元以上者；「一般所得者」指年薪200萬元以下者。「年薪」指薪水、獎金與紅利。

二、高所得人士與一般所得人士下班時間運用

　　(一)高所得人士下班時間運用：成功者想的跟一般人不一樣，高所得人士下班時間晚（主要是晚上七點到八點），且下班後會繼續工作，「整體的感覺是，高所得人士上下班不分，且時間的運用更精準；而這樣長期養成的習慣，讓他躋身贏者圈（winner's circle）。儘管下班晚，但高所得人士中有45%還是積極運用時間，想辦法累積財富。主要包括看書，其次是看電視、做投資理財功課（有51%花1小時，有20%花1～2小時）、參與社會活動。再問到會關心的投資理財訊息是哪些？可以發現高所得人士嗅聞市場趨勢的雷達是三百六十度轉動，除了臺股外，美股、歐股、中國股市、海內外基金市場的變動、匯率包括在內。

　　(二)一般所得人士下班時間運用：一般所得人士在下班後時間只有38%覺得「可好好經營與利用」。下班後最常做的事是：上網、看電視。有四成的人完全沒有在做投資理財的功課。

三、我們的推論

　　要怎麼收穫就要先怎麼栽，一分耕耘，一分收穫；同理，二分耕耘，二分收穫；不耕耘，沒收穫。

　　(一)每2年學會一項第二專長：要拚出就業能力差異化，關鍵就在下班後的時間管理。

　　(二)時間是人找的：要是你有時間看電視，你就有時間閱讀。這句話也可以換成是：要是你有時間逛臉書，你就有時間吸收投資理財資訊；要是你有時間上網，你就有時間為未來的工作預作準備。一般人常說的沒時間，不過是藉口罷了！

一般／高所得上班族下班後的時間管理

項目	一般所得上班族	高所得上班族
一、下班時間（下午）		
1.5~6點	20%	27%
2.6~7點	18%	35%
3.7~8點	25%	19%
4.8~9點	8%	7%
5.9點以後	24%	9%
6.其他，不一定	5%	3%
二、下班時間管理態度		
1.可好好經營與利用	38%	45%
2.無所謂	25%	33%
3.只想好好休息	34%	20%
4.辛苦了大半天，下班就是應該吃喝玩樂	3%	2%
三、下班時間		
1.看書	41%	52%
2.看電視	50%	43%
3.做投資理財功課	25%	34%
4.上網	60%	31%
5.運動	23%	30%
6.繼續工作	11%	23%
7.參與社團活動／學習課程	13%	21%
8.與朋友餐敘	16%	19%
9.培養第二專長	11%	13%
10.打電玩	11%	3%
四、每日做理財功課的時間		
1.半小時	41%	19%
2.1小時內	44%	51%
3.1~2小時	12%	11%
4.2小時以上	3%	19%

資料來源：整理自《今周刊》，2014年5月5日，第181～184頁

Unit 5-3
勤於動腦Ⅲ：戒除滑手機成癮

經濟學說人有兩項資源：時間、人力資源（主要是就業所需的職場能力）；富人子女額外有「先天稟賦」，即父母饋贈，但占不到人口5%，不是本書重點。

一、時間就是金錢

2011年美國科幻電影「鐘點戰」（In Time）貼切的描寫「時間是金錢」，在未來，時間變成唯一貨幣，父親出門上班，月薪10,000小時，女兒出門上課，搭車需要付1.5小時，父親轉8小時給女兒，以便能搭車上學、吃午餐。擁有百年「時間」的人，可說富人。每個人的左小臂下植入綠色冷光顯示器（類似皮夾、悠遊卡、提款卡）功能，可顯示你擁有的「時間」數量。

俗語「愛錢如命」，在電影中每個人則是「愛時間如命」。許多沒打工的大學生，體會不到為了賺時薪168元的辛苦，覺得「來日方長」，時間好像用不完似的。縱使畢業後上班，月薪28,800元，每月工時160小時，平均時薪180元，時間的機會成本不高，去兼差也賺不多。下班後時間多，用手機上臉書打卡、按讚，上電腦玩遊戲，其三才是看電視，變成多數年輕上班族打發無聊的方式。

二、美、中、臺手機上網時間

時	2019年2月5日	2022年2月16日
地	加拿大溫哥華市	德國漢堡市
人	社群管理平臺Host Suite	Statista
事	2018年每日上網時間 全球平均：6小時42分	16歲以上成年人每天手機使用時間 第3季
美	6小時31分	3小時34分
中	5小時5分	2小時9分
臺	7小時39分	3小時55分

三、善用時間去賺錢

理財第一個要具備的「早知道」在於：把時間當作朋友，否則時間將成為敵人。由右圖可見，有兩種善用時間的方式，一是學習投資知識，一是鑑識專家李昌鈺建議的每天比別人多1小時學習。

在羅伯·博任（Robert C. Pozen）《時間，愈用愈有價值》（天下文化，2013年7月）一書指出，在年輕的時候，你能花在每一件事情上的時間是比較足夠的，一旦當上了主管，你能花在每一件事情上的時間，會隨著管理的幅度變大而更少。上班族必須在年輕時持續累積技能，以供未來所需。套用《自慢》系列作者城邦集團執行長何飛鵬的主張：「隨時學習備用知識」。（《商業周刊》，149期，2015年1月，第18頁）

上班族善用時間自我學習

投入	轉換	產出

平均每天至少1小時

人一天24小時,扣掉週間白天、每天晚上睡覺時間。

1. 上班時間,還有晚上
2. 週末

投資分析
1. 自修投資知識
2. 做功課

了解行情、投資選股

財務投資
1. 股票、股票型基金(第9、10章)
2. 房地產(第11、12章)
3. 其他

財務淨利潤

即「人無橫財不富」

學習
1. 自我學習
2. 外部學習

本業、人力資源投資
1. 提升英文能力
2. 考重要證照
3. 其他(培養第二專長)

1. 升官發財
2. 轉行

兩種善用時間的方式

1. 學習投資

投資需要專門知識,需要花時間去學,想知道哪支股票、哪支基金值得買,必須花時間「蒐集資料、分析」(俗稱做功課)。趁年輕時,學會投資此一「一技之長」,替自己多賺一些財務收入。

2. 鑑識專家李昌鈺建議每天比別人多1小時學習

華人之光的鑑識專家李昌鈺在臺灣念中央警察大學,1960年代不那麼注重英文教學,他畢業後在派出所工作;後來去美國念碩士、博士,因英語程度差,為了趕上進度,他比美國同學每天多花1小時讀書。每天1小時,看起來不多,一年就有365小時,足以在四個科目有所突破。

《時間,愈用愈有價值》

- **作者**:羅伯・博任(Robert C. Pozen)
- **出版公司**:天下文化公司
- **出版時間**:2013年7月26日

Unit 5-4
看見未來的趨勢：理財的第四堂課

　　如果教授、公司主管給你15天寫一份報告，下列三個日期你會挑哪一個時機：1.愈早寫完愈早交，以便有出入還可以修改；2.跟著大家交時，一起交；3.最後一天才交。我們相信大部分的教授、主管都喜歡愈早交的人，因為顯得積極、有自信。對學生、職員來說，早一點交報告，可以卸下心中一顆石頭，寫不好情況下，有充裕時間可修改；寫得好情況下，剩下時間可以去做其他事。投資也是如此！

一、理財的危機意識25歲起

　　1980年（X世代）、1990年（Y世代）、2000年（Z世代）以後出生的人，由於臺灣經濟已入佳境，父母財務狀況佳，再加上生得少，子女生活好過，比較難體會「錢難賺」，由下列調查可看出。

　　(一)調查機構：《30》雜誌委託遠見民調中心；網路調查。

　　(二)調查對象：臺灣北、中、南20〜45歲的人，樣本數1,000人。

　　(三)調查期間：2013年11月。

　　(四)調查結果：在子女25歲以後父母（或親友）金援大幅減少，所以大部分覺得沒那麼多錢可花，體會如果想維持想要的生活水準（主要是指享樂），甚至達到第一桶金目標，就必須自助，即透過投資以賺取財務收入。（整理自劉子寧，「20〜29歲世代理財大調查」，《遠見雜誌》，2013年11月28日）

二、贏在起跑點：愈早投資愈好

　　許多人都知道「贏在起跑點」的道理，父母從子女小時候便想要設法抽籤上好的幼兒園、小學、國中，如此才能進明星高中，以求進「臺成清交」這些名校；畢業後進台積電、台達電等大企業。5歲起，小孩的前途就慢慢分別出來。

　　在投資方面，一般來說，由於有利滾利的複利效果，美國股神巴菲特以「滾雪球」來形容，一開始往下坡滾動時，滾得慢，而且雪球小；滾到一半，雪球已到中等規模，滾到山坡下半段時，已呈超大雪球。由右圖可見，在已知情況下，比較23、25歲起定期定額買股票型基金，為了方便心算起見，每年投資10萬元。

　　(一)李小明先知先覺投資，23歲時投資：套用「年金未來值表」，23歲定期定額投資，30歲時投資7年，倍數10.089倍，以年投資10萬元來說，此時已有：10萬元×10.089倍＝100.89萬元，其餘同理可推。

　　(二)慢先生後知後覺投資，25歲起投資：從25歲時定期定額投資，30歲時投資5年，倍數6.3528，以年投資10萬元來說，此時已有：10萬元×6.35倍＝63.5萬元。同樣是30歲，李小明已有100.89萬元，但慢先生才63.5萬元，幾乎只有李小明的一半。

　　(三)到了50歲時：李小明基金價值比慢先生多出360萬元，令人難以置信。

圖解個人與家庭理財

23、25歲定期定額基金投資的差別

已知

定期定額股票型基金投資
年報酬率12%
每年投資10萬元（每個月8,300元）
即年金未來值問題

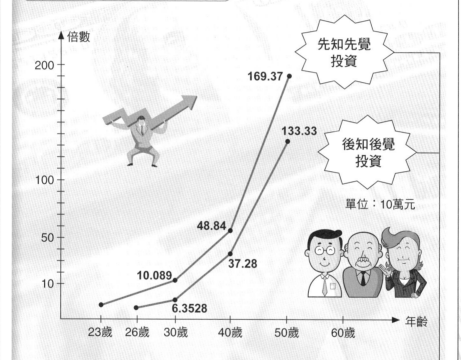

倍數

先知先覺
投資

169.37

後知後覺
投資

133.33

單位：10萬元

48.84

37.28

10.089

6.3528

23歲　26歲　30歲　40歲　50歲　60歲　年齡

091

李小明與慢先生到了50歲時

在23歲先知先覺投資的李小明到了50歲時的基金價值是1,693.7
萬元，而25歲後知後覺投資的慢先生則為1,333萬元，兩個相差
360萬元。

這個結果有點令人難以置信，慢先生只不過比李小明慢3年，
少30萬元投資，怎麼27年後，差360萬元。

Unit **5-5**
遠離負面的人與事Ⅰ：理財的第五堂課

2005年時有個著名的廣告，父子搭火車看著窗外景物，兒子看到汽車、房屋等，爸爸都會問兒子：「喜歡嗎？爸爸買給你。」

大部分人都忘了這是什麼公司的廣告，但這句廣告臺詞已成為流行詞。透過這個廣告來說明要有錢投資，首先必須遠離負面「人」（主要指酒肉朋友與購物狂）與「事」，後者主要指「想要」和炫耀性消費。

一、想要vs.必要

人的慾望無窮，大部分人對產品與服務都是多多益善，也就是「錦衣玉食」、「穿金戴銀」的生活。但是每個人的時間、金錢都是有限的，買了這個就無法買那個。

由右頁圖我們可以用目標圖來區分必要消費、炫耀性消費與浪費三種，說明如下：

(一)必要程度：買東西，針對該商品對自己的必要程度可區分三種：必要（必要程度60%以上）、有點必要（30～60%）、不必要（30%以下）。

如何區分「必要程度」的高低，以一個月為期，如果沒該商品則生活很不方便，那就是「必要」；如果「有點不方便」，則屬有點必要；要是對生活沒什麼不方便，那就是「不必要」，本單元稱為「想要」。例如：絕大多數人都幻想有個麵包機，可以自己做麵包，吃得健康且比較便宜，但洗麵包機很麻煩，因此許多人買了以後只用三次，便裝箱「束之儲藏櫃」。

(二)商品售價：許多商品（例如：香水、沐浴乳、洗髮精、面膜），名牌貴在打廣告（明星代言費千萬元以上），所以消費者付高價只是用來「買廣告」，針對必要消費中的高價購買，稱為「炫耀性消費」。

二、如何避免衝動性購買

人在衝動時最容易出現「不必要消費」，這常發生兩種情況：

(一)在家裡：看電視中的購物頻道，被購物專家「三吋不爛之舌」說得心癢癢的，於是花2分鐘打電話去買，就這樣浪費錢了。

(二)在商店、百貨公司逛街：震耳的音樂、搶購人潮，往往會像漩渦般把我們拉近，「搶購」了一件200元的衣服，穿二次後縮水褪色，便丟到「舊衣回收箱」了。

避免衝動性購買方法如下：

(一)極端方式：不看購物頻道、不上網路商城，有些人不申請信用卡，就是為了避免透支。

(二)一般情況：許多人皮夾內只放500元，夠用三、五天，沒有多少錢可以「卯起來」瞎拚。

想要與必要之區分

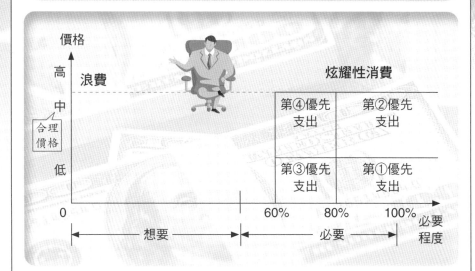

價格

高

中

合理
價格

低

浪費

炫耀性消費

	第④優先 支出	第②優先 支出
	第③優先 支出	第①優先 支出

0　　　　　　　　　　60%　　80%　　100% 必要
　　　　　　　　　　　　　　　　　　　　　　程度

←—— 想要 ——→←—— 必要 ——→

銷售人員誘導顧客衝動性與炫耀性商品的購買話術

衝動性商品銷售的話術

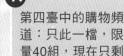

1. 第四臺中的購物頻道：只此一檔，限量40組，現在只剩5組。

2. 百貨公司衣服專櫃：本款衣服已絕版，剩下2組。

3. 商店店員說：「本檔特惠價只到今天，明天恢復正常售價。」

炫耀性商品銷售的話術

1. 汽車公司業務代表對富豪說：「自古香車載美人」，要把正妹，首先要有名車，美國的街頭實驗也證明開名車搭訕正妹成功率八成。

2. 穿了這「三宅一生」等的衣服，恰巧可以襯托出你的氣質，正所謂「人要衣裝」。

093

Unit 5-6
遠離負面的人與事 II：炫耀性消費

圖解個人與家庭理財

省錢的關鍵在於區分「想要」與「必要」，縱使是「必需品」，接著還是會有「炫耀性消費」的問題，「炫耀」是人的本性之一，其一是為了展現能力（炫耀性消費是為了展現財力），以追求配偶或純粹只是虛榮感。

一、生活是自己在過，不必打腫臉充胖子

法國米其林的餐廳評等標準大抵是一顆星＝很好吃；二顆星＝很好吃＋裝潢好；三顆星＝很好吃＋裝潢好＋好視野，例如：香港東方文華酒店。花錢去二顆星餐廳吃飯，有一半的餐費是吃「裝潢」；2014年7月，一家米其林一顆星香港茶餐廳「添好運」在臺北市開幕，第一天要排隊4小時才吃得到。電視新聞報導在該店的附近有5家港式飲茶，品質相近，更便宜。迷信米其林餐廳也是炫耀性消費。

二、花小錢仍維持生活品味

面對「什麼都漲，只有薪水不漲」的悶經濟又不願生活品質打折，B⁺消費型態應運而生。不再要求最好，從A退到B，花少錢同樣讓日子也有小滿足，「Better is enough」。2012年6～8月，消費者生活型態研究顧問公司「東方線上」與政治大學企管系教授別蓮蒂，隨機研究200位消費者生活型態，發現物價飆漲，民眾因薪水凍漲必須控制開銷。這股被迫控制開銷的潮流讓很多人自省，以往盲目追求流行，以為只要花大錢買精品、吃名店就是好生活，卻忘了檢討適不適合自己。

(一)食：1986年次的業務員黃奕安單身未婚，以往下班後就會犒賞自己，花大錢吃大排長龍的名店。「每月拚死拚活，存款簿上的數字沒有增加，不知花到哪裡，真的很可怕！」他說客戶愈來愈難拉，賺不到獎金，薪水也沒漲，不景氣只能靠自己節省比較實在。黃奕安開始學習記帳，發現每月花在餐飲支出太大，尤其是排隊名店菜單價位高得嚇人，「這才發現自己吃的是名氣！」而開始捨棄名店，每天在街頭巷尾尋訪平價小吃，意外發現，花同樣錢可以吃得更豐富多元。

(二)美妝產品：1989年次的陳雅筑對開架化妝品一向不屑一顧，「那麼便宜的東西能用嗎？」一次「掃貨」下來，刷卡動輒數萬元。她發現錢不夠，於是開始認真研究美妝部落客的發文，平價化妝品也要貨比三家，外表依舊光鮮亮麗，還成了精打細算的部落客，有公司不斷提供試用品，「荷包不變瘦反而增胖。」

生活中的炫耀性消費

生活項目	炫耀性消費	務實消費
一、食	以一瓶150元的法國礦泉水來說，比汽車的汽油還貴。在家裡，花5萬元買逆滲透機來濾水。	從飲水機出來的「水」就夠好了。
二、衣 (一)名牌包	幾個名牌包搭配服裝，帶著去上班、參加宴會，正可以突顯自己的財力、品味，未婚女性還可吸引男性注意。	以出國來說，可以租名牌旅行箱，七天才1,000元。名牌包也有出租的。
(二)珠寶	鑽石、黃金有保值功能，是很好的投資工具，而且平常可穿戴，以突顯自己的衣著品味。	鑽石、黃金只是石頭、金屬，想要進行投資，可以買股票、基金。
三、住 (一)豪宅：臺北市是指7,000萬元以上，其他縣市4,000萬元以上，一般指70坪以上。	家是人的最後堡壘，打拚這麼久、這麼辛苦，應該砸大錢買豪宅以犒賞自己。	以3人（父母與一個子女）來住，35坪已夠，太大的房子，很多地方（例如：房間）都用不到（例如：客房），那就是浪費。
(二)百萬裝潢 （例如：沙發50萬元）	裝潢費正突顯屋主的財力、品味（尤其是畫、古董及水晶燈），自己住起來舒服，外人看了也羨慕。	房子是自己住，只要有家具等便可，「裝潢」（例如：天花板、酒櫃）又不能用，一般人家裡一年難得有幾次訪客來。
四、行 (一)雙B名車	開雙B名車，有面子、可飆車到時速200公里，煞車可急煞，安全性較高。	車子是代步工具，只要安全、能開即可。一部400萬元以上的汽車在許多地方可以買間公寓。
(二)重型機車	騎重機是一種休閒的生活型態，露天騎車可以享受速度感，即風從耳邊吹過。	騎任何機車都沒有運動效果，而且任何機車都是「肉包鐵」，比1,200cc汽車安全性低太多。
(三)自行車	花16萬元買高檔自行車（例如：公路車、窄輪胎），宣稱要參加「鐵人三項」、要環島一周。	一般來說，在量販店3,000元的腳踏車大都只能作買菜車。要作為假日路騎的車，8,000元的腳踏車便夠了。
五、育	買高檔高爾夫球場的年費，宣稱可運動、交友（認識權貴）。	各縣市都有公立的國民運動中心（像臺北市大安運動中心），一次只需100元，經濟安全。高爾夫球場也有平價的。
六、樂	參加高檔旅行團，住六星級飯店、吃米其林三星級高級餐廳。	平價旅行團就夠了，住三星級飯店、吃當地人的在地美食，更能享受「入境隨俗」的感受。

Unit **5-7**
遠離負面的人與事III：他的故事，你的抉擇

　　2011年，導演九把刀（本名柯景騰）的「那些年，我們一起追的女孩」，票房破12億元，紅到香港、中國大陸；拍片等只花了5,000萬元。票房大賣的原因是「喚起大家共同的記憶」，即高中生的戀愛。尤其該片是導演九把刀的真人真事，片中女主角沈佳宜（陳妍希飾）一時變成高中女朋友的代名詞。

　　真人真事比較能引起共鳴，電影賣座、書暢銷。本單元以一個「個案診斷」來說明「後知後覺」的理財。

一、他的故事，你的抉擇

　　《工商時報》週末理財專刊版中常用真人的案例，再附上理財專家的建議，其中2013年9月21日C5版的一則報導，筆者用來做上課講義。

> **小　　浩**：1987年生，工作滿3年，跟父母同住，每月把薪水花光，成為月光族。被同學買屋刺激到，想要買間1,000萬元的房子；詳見右頁表第二欄。
>
> **理財顧問**：未來資產亞洲新富基金經理林翠萍，她對小浩的建議詳見右頁表第三欄。

二、筆者淺見

　　本個案的理財顧問分析得很精彩，本處僅提供淺見——買房1,000萬元不實際。以自備款三成來說，還有700萬元房屋貸款，每月還本息3.5萬元以上，而小浩的每月結餘才2萬元。小浩能負擔的房貸金額400萬元，加上300萬元自備款，小浩應買700萬元的房子。

小博士解說 沒錢買屋只好出國花掉，離投資更遠了

　　萬事達卡公布調查，發現臺灣民眾存錢目的，用於國外旅遊的比重大幅增加10個百分點，甚至超越購買房產，顯示對於買房的失望，離投資更遠了。

臺灣民眾儲蓄主要原因

項目	2014年(%)	2013年(%)	增減幅度	項目	2014年(%)	2013年(%)	增減幅度
投資	54	52	+2	消費電子產品	23	30	−7
退休	53	62	−9	汽車／摩托車	18	22	−4
國外旅遊	52	42	+10	大型家電	12	14	−2
購買／裝修房屋	39	42	−3				

資料來源：萬事達卡，2014年12月3日

小浩的理財目標與專家建議

| 問題解決 | 民眾（小浩）的需求 | 理財專家的建議 |

一、問題

月光族

小浩很喜歡追逐新奇的事物，吃得開心，穿得帥氣，想買就買，把薪水用在出國玩樂、各種課程費用及購買音樂器材上，根本不在乎錢財，是典型的月光族。

小浩認為只要有知識、有頭腦、有動能，就有賺錢的能力，所以不斷追求物質生活的狂熱，造成富不過30天、窮不了一個月的窘狀。

因為小浩跟父母同住，缺少生活的磨練，不知道賺錢辛苦，踏入社會又缺少理財鍛鍊，因此造成小浩不曉得如何管理開支，養成賺多少、花多少的習慣。

人類的慾望是永無止境的，月光族必須弄清楚什麼是必需花費，什麼是非必需花費，不然往往落得每個月支出比收入多。

小浩的交際圈往往是影響消費的最主要原因，接近有良好消費習慣的朋友，遠比結交以消費為時尚的朋友來得好，會更有理財成功的勝算。

跟家人旅遊的次數可以減少，成熟的消費是一種藝術，存小錢才能發揮積沙成塔的效能。

二、理財目標

在一次大學同學聚會時，曾經跟小浩一同吃喝玩樂的同學，竟然悄悄地存頭期款要買房子了，小浩的心裡受到很大的震撼。在邁入工作的第四年，似乎不能再像以前那樣恣意花錢，應該要為人生的財務做全盤的打算，第一個目標就是想要擁有房子。

鎖定離臺北市交通較為方便的新北市捷運宅，以預算1,000萬元的房子為目標。該如何尋找投資標的才能順利達成呢？

建議小浩，平時要做好記流水帳的習慣，剛開始存錢並不容易，要克服心理對物質慾望的誘惑，在購物前一定要有計畫，絕對不買計畫外的物品。

三、理財

扣除生活必需支出之後，每個月約有2萬元的資金可運用，小浩希望4年能從月光族變成蝸牛族。

小浩薪水是固定的，很少有額外獎金。跟父母討論過，4年內先靠自己累積200萬元作為購屋頭期款，父母願意贊助100萬元補助自備款。

(一)計畫性投資

小浩顯然很了解自己的生活開銷，而決心要好好存錢理財買房，並從每個月存下2萬元來努力，這就是一個好的理財開始。建議小浩買精品不如買定期定額基金。

小浩的年紀不大，風險承受度也較高，投資報酬率可設定在12%的股票型基金，未來每月投入2萬元定期定額，需要6年才能達到累積200萬元的目標，那麼很快就可以擺脫月光族，邁入有殼一族。

(二)兼差

建議小浩如果要再提前達成買房目標，除了公司固定薪水的工作之外，就要趁年輕時兼個外快，不但能提高收入，還可以減少跟朋友胡亂消費的機會，一舉兩得。

資料來源：整理自《工商時報》，2013年9月21日，C5版，孫彬訓

Unit **5-8**
遠離負面的人與事IV：
抗拒一夜致富的誘惑

「錢不是萬能，但沒有錢萬萬不能」，這句俚語貼切說明「錢」的功用，Unit4-1～4-3中強調「慾望與野心」，通俗的說便是「愛錢如命」，這只是說明有強烈動機才會有強力執行；並不主張人要「不擇手段」賺錢，也不主張「貪得無厭」（變成守財奴）。

一、 快錢不容易、守不住

有人說香港社會風氣之一是想賺「快錢」（quick money，即一夜致富），因此賽馬，去澳門賭賽狗、拉Bar賭博。

臺灣的電視新聞對於女明星、女藝人有了男友或出嫁，皆會以「男友身價10億元」、「丈夫身價百億元」、「開千萬元超級跑車」的千篇一律方式處理，卻不問她對社會做了多少貢獻。對女明星參加晚宴，大都強調她帶了8萬元的名牌包，穿了10萬元的名牌衣。針對名人的婚禮，大都以花了2,000萬元辦世紀婚禮來形容。

在「只笑貧，不笑娼」的社會，人們羨慕有錢人，卻不管他的錢是否乾淨。但是「快錢」真的能長久嗎？我們將快錢人士分為三類，包括走私人士、上班族（採購人員、業務人員）、一般人（搶劫、標會倒會、詐騙集團、販毒、賣淫），把快錢作法及最後得到的下場整理分析如右頁表，就可以明白快錢大都「來得快，去得也快」（easy come, easy go）的道理了。

二、錢太多有害

有錢看似「只有好處，沒有害處」，撇開錢財露白會遭綁匪綁架不談。由右頁表可見，有錢的後遺症不少。

(一)大魚大肉易患大腸癌：癌症是十大死亡原因之首，癌症第一名是大腸癌，得病原因是「吃太好」（即大魚大肉），心血管疾病（例如：中風）、痛風等也都是因為精緻飲食與飲酒過量。

(二)富不過三代：富人的第二代大多勉強能守成，但第三代完全沒吃過苦，花別人（祖父）的錢都不會心疼，賭博、玩女人，而把錢敗光，留太多錢（註：送一間公寓大廈算人之常情）給子孫，往往「愛之適足以害之」。

三、錢夠了就好

從31歲成家到辭世，一生約只需3,000萬元即可以過得像樣，2,000萬元即可以過基本生活。

幾種快錢之彙整

人士		作法	結果
一、走私	人士	走私香菸、洋酒、香菇等高關稅產品。	二艘走私船便有一艘被海巡署逮到，得不償失。
二、上班族	1.採購人員	洩露採購案底價，以收取供貨公司給的回扣。	2014年6月，前桃園市副市長向建設公司索取數千萬元賄款，最後東窗事發，2015年3月判刑19年。
	2.業務人員	捲款潛逃。	
三、一般人	1.搶劫	搶銀行、銀樓。	街上監視器太多，循車逮人，破案率百分百。
	2.標會	惡性倒會，捲款潛逃。	捲走3,000萬元以上大都逃到中國大陸，很容易被臺灣在當地黑道分子「黑吃黑」。
	3.詐騙集團	主要是電話詐騙，以法院書記官名義要求凍結某人銀行帳戶。	臺灣跟中國、菲律賓、馬來西亞警方聯合打擊。
	4.販毒	主要是販售三級毒品（安非他命等）。	差者染上性病（梅毒），最差者被騙（乾洗），甚至被打被殺。
	5.賣淫	美其名稱為「援助交際」（簡稱援交）。	絕大部分人都很難過正常生活（結婚生子女）。

兩種金錢觀

金錢觀		後遺症	說明
一、把錢當目的	1.為了炫富	採取「為富不仁」方式，例如：賄賂官員，以取得政府標案。	美國蘋果公司創辦人史蒂夫·賈伯斯（Steven Jobs）說：「我創業從來就不是為了錢……，我認為有錢是很棒的，因為它讓你有能力做很多事……，（但）我不常把錢放在心上。」
	2.為了創立企業帝國，企業的評價，主要在於對社會的貢獻，不在於其身價	小心「富不過三代」，留太多錢給子孫，往往「愛之適足以害之」。	奇美集團創辦人許文龍表示：「子孫無德，你給他100萬元，是害了他（例如：不工作）。子孫有才，也不用你給他100萬元，他自己會賺到。」
二、把錢當工具	錢是用來過生活的，錢夠用即可	花太多時間在賺錢，誤把財富當成成就，可能賠了健康，犧牲家庭。	佛家教誨中最有名的比喻「渡河」，很貼切說明人跟錢的關係。金錢好比是用來渡河的船，少數人花了一輩子時間在造船，把船愈造愈大，卻忘了渡河。另一些人造好了船，也渡過了河，卻把船背在身上走路，弄到寸步難行。真正造船、渡河、輕鬆上路的人，少之又少。
		以奢華生活炫耀自己的事業上成就，活在別人眼光中，失去自我。	在耶穌會傳教士的「神操」中，有這麼一段試煉：如果有一筆鉅款突然來到你身上，你應如何自處？標準答案不是欣喜若狂，但也不是避如蛇蠍，立刻把它捐出來；而是平常心，仍然專注於你所應為之事，然後把錢用於其所當用之處。

資料來源：下半部部分整理自金惟純，「金錢是功課」，《商業周刊》，1299期，2012年10月，第20頁

Unit **5-9**
勇於冒險 I：理財的第六堂課

　　理財較難的便是買股票型基金、買股票，因為一不小心，碰到股市大跌，你就會虧損，許多人月薪才3萬元，但買基金1萬元，一天有可能跌5%，賠500元，把一天工作8小時收入賠掉一半。怕賠錢而不敢踏入股票投資的第一步。

一、你敢高空垂降嗎？

　　2014年，一則電視新聞報導彰化縣秀傳醫院為了訓練新進員工使用火災垂降梯，因此要求員工從14樓醫院頂以纜繩垂降，有些員工嚇到哭。如果是你呢？

　　2002年時，筆者去澳大利亞旅遊時，生平第一次垂降，才三層樓（10公尺）高度，硬是不敢。直到看到歐巴桑與她媳婦及念小學的孫女都垂降後，而且笑嘻嘻的排隊「想再玩一次」，筆者才不怕丟臉的垂降一次，「只要不往下看，沒什麼好怕的」。

二、恐懼是人的本能

　　99%的人都懼高，恐懼從高空跌下而死亡，人類280萬年的演化歷程，許多事情塑造人的DNA，恐懼是其中一大項。人會擔心餓死，因此人是少數會「積穀防飢」的動物。

　　「投資可能會有虧損」，虧損的結果可能是「衣食無著」，再加上電視新聞上偶爾會播出有人向地下錢莊借錢玩股票、期貨，因投資失利，不堪黑衣人暴力討債以致走上絕路。造成有些人對股票投資有壞的刻板印象，把股票投資跟賭博劃上等號。為了避免「十賭九輸」，那就不碰股票投資。

三、賭博跟投資是兩件事

　　「老鼠老虎傻傻分不清楚」，這句俚語沒道理，老虎跟獅子才不容易區分，老鼠跟老虎不是同一掛的。投資學教科書認為賭博跟投資是兩碼事，詳見右頁圖。

　　實際上，每個人每天都在冒險，例如：吃，「病從口入」，吃得不健康（三高），易患大腸癌、糖尿病，因此很多人注意養生；再如行方面，騎機車車禍風險最大，其次是開車，搭公車、捷運、火車風險較低，但火車怕「追撞」、「出軌」，出險就會多人遭殃。

　　我們認為股票型基金、績優股投資跟坐捷運、火車比較像，風險很低，是可接受的風險。

四、不懂的股票不投資

　　美國股神巴菲特不投資科技類股（2013年投資IBM、蘋果公司是唯一例外），他表示是因為看不懂科技股的技術、市場，甚至公司。

　　我們同意「不懂的就不要投資」的投資原則，以右頁圖中的傻瓜投資術「股票型基金」、「定存概念股」來說，只需各花2小時，讀本書第9、10章，就有個譜了。

賭博跟股票投資的差異

項目	賭博	投資（以臺股為例）

一、結果

1.沒有詐賭情況
輸贏大都靠機率。
輸的機率最高50%，即「比大比小」，但大部分賭博，贏的機率極低無比。

2.在詐賭情況
莊家靠「假骰子」、「假撲克牌」，先讓賭客贏小錢吃到甜頭，之後再贏賭客大錢。

臺股絕大部分情況處於長期上漲趨勢，因此股票投資贏的時機很大，簡單的說，以指數而言，只要10年以上，便會「不賠」（1990年指數12,682點崩盤例外）。

職業賭徒	二種傻瓜投資術

二、專業所需門檻

在2008年美國電影「決勝21點」中，職業賭徒的專長是「算牌」，這需要很強的記憶力與推理能力，需要一年半載密集練習。

1.股票型基金
以買股票型基金來說，「他（基金）聰明，你傻瓜」，只要挑對基金即可。

2.定存概念股
以買定存概念股來說，年報酬率5%以上。

Unit 5-10
勇於冒險 II：只冒可接受的風險

　　你敢高空彈跳嗎？我不敢，但是我敢坐電梯。你敢吃日本有證照廚師做的河豚料理嗎？我可能要等到別人吃了一段時間沒事後，才敢吃。

　　我們每天生活都在冒生命危險，由於我們的生活技能再加上小心，才能化險為夷。

一、立即過敏有害食物不吃

　　每個人的體質不同，15歲以下、50歲以上的人，因免疫力較低，容易好發蕁麻疹，所以有些常見含過敏原的食物最好不要吃（詳見右頁上圖X軸）。有些人有痔瘡（一種肛門擴約肌的血病）毛病，不能吃重辣食物（詳見右頁上圖Y軸）。蕁麻疹發作時間約1小時，痔瘡發作要6小時。因此有這兩個老毛病的人，在飲食時會忌口，以免「病從口入」，「跟自己過不去」。

二、只玩「賠得起」的投資

　　投資中所指的「勇於冒險」，不是「暴虎馮河」的匹夫之勇，也不是「初生之犢不畏虎」的無知之勇，而是「可接受的危險」。

　　投資的重點在於「控制虧損在可接受範圍」，例如：一年虧損20%以內，小傷但不至於血本無歸。所有鳥從小就學會色彩繽紛的毛毛蟲大都有毒，碰不得；人也一樣，再渴也不會喝海水，喝過量甚至會因鹽分傷到腎臟，而危及性命。

三、如何判斷可接受的投資風險

　　有什麼方法可判斷投資工具（俗稱金融商品）的風險高低呢？我們用右頁下圖來說明。

　　(一)Y軸——投資期間：股票有個特色：「緩漲急跌」，因此縱使你買到大盤最高點，以美股來說，約5年就會回本。反之，投資期間愈短，上漲、下跌機率各一半，不易猜對，即風險更大。

　　(二)X軸——金融商品複雜程序：分成三級。

　　1.複雜程度高：這需要機構法人、大學投資學教授才搞得懂。

　　2.複雜程度中：這需要證券分析師、證券公司高等業務員、銀行VIP理財專員對你上課才可以搞懂。

　　3.複雜程度低：銀行理財專員就可以三言兩語講清楚、說明白。

　　對於筆者來說，有幾種投資商品很複雜：美國的「信用風險交換」（CDS）、巨災債券、複雜的選擇權交易方式（例如：牛熊式、跨勒式策略）、有些國家股票型基金（像土耳其）等。對於不懂的，就不投資，像美國股神巴菲特不投資科技類股（IBM、蘋果公司例外），他說：「我搞不懂高科技類股」。

健康不傷身的食物

痔瘡

過辣
食物

麻辣火鍋

不過辣
食物

安全飲食範圍

肉：不新鮮蝦蟹
蔬菜：南瓜、香菇
水果：芒果
冰酒：冰、酒

過敏原　　蕁麻疹

一般投資人的可投資範圍

投資
期間

			金融商品複雜程度
長（一年以上）	一、股票型基金 二、股票 (一)金融類股	美國結構債	亂邦勿居
中	(二)傳統類股 (一)、(二)、(三)績優股中的定存概念股	人民幣TRF	法拍屋戶的不點交
短	三、操作方式 1.股票期貨、選擇權 2.當日沖銷	(三)高科技類股 1.新興：生技、網路等 2.傳統：3C	危邦勿入
	低	中	高

□是一般人可接受風險投資區塊

第 **6** 章

理財十堂課：
第七～十堂課

章節體系架構 ▼

Unit 6-1
努力 I ／理財的第七堂課：
先享受，後犧牲

　　許多股市專家都說：「股票投資致勝之道在於克服自己的人性弱點：貪嗔癡戀」。同樣的，在個人理財最重要的是克服「小錢沒關係」，甚至經常以「喝杯咖啡、輕旅行」的小確幸來犒賞自己。本單元把Unit 4-2文中財務自由人士與財務困難人士的淨資產以右頁圖方式表示，以說明「先犧牲，後享受」的人有福了。

一、發現心中的魔鬼

　　理財是種消費行為，賺10塊，花9元，只有1元可投資（包括買房）。對於剛上班的人，一個月拿到2.8萬元，覺得錢很大，很好用，尤其是住在父母家中，省了每個月1萬元房租，每天幾乎有1,000元可用。如果沒有看遠一點（男生31歲結婚，女性29歲結婚），每週唱一次卡拉OK、每兩週看一次電影，每個月一次輕旅行，過小確幸生活，等於口袋裡有個破洞，錢逐漸漏掉。

二、理財勝利組大都延遲吃棉花糖

　　在此給你下列二選一：「今天吃一顆蘋果，明天吃二顆蘋果」或「明天吃二顆蘋果，後天吃三顆蘋果」。第二個選項的缺點是今天沒得吃，而且必須看別人吃；但是「忍慾」的回報很大。

　　這是《先別急著吃棉花糖》一書的核心思想，「先忍著」，例如：少消費，把薪水省下來用於年報酬率10%的投資。10、20年後，賺最多，便可以享受「想都沒想過」的生活。

三、以家庭儲蓄率來劃分成二組

　　每年9月，行政院主計總處公布「家庭收支調查報告」，以2021年公布的2019年來說，平均家庭儲蓄率20.34%，以此為標準，再劃分兩群：高儲蓄率人士、低儲蓄率人士。

　　(一)財務困難人士「先享受，後犧牲」，儲蓄率10%：財務困難人士在22～30歲時因為想先享受，賺10元花9元，主要項目如下：

　　1.不想通勤花太長時間，因此把薪水四成花在租套房，由於要求單趟通勤時間30分鐘，因此只好在市區（商業區）附近30分鐘車程租房子，房租一定高。

　　2.買車：對於住在父母家中的人，由於省了房租，很容易就把錢花在買車，尤其2019年有幾家汽車公司強調「5.8萬元頭期款，首年每天58元」就可以把車開回家，買車變得很簡單。但第二至四年，每個月繳車貸2萬元。這還不考慮養車的費用。以正常汽車貸款來說，約占月薪50%。

　　(二)財務自由人士「先犧牲，後享受」，儲蓄率38%：財務自由人士跟財務困難人士消費率為相反，說明如右頁圖。

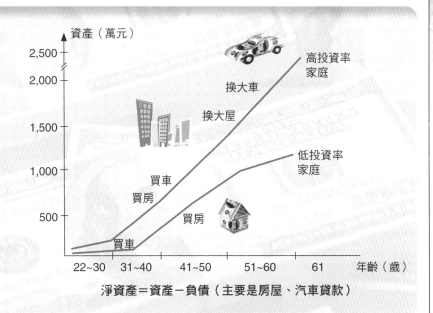

財務自由與財務困難家庭的淨資產

資產（萬元）

- 高投資率家庭
- 換大車
- 換大屋
- 低投資率家庭
- 買車
- 買房
- 買房
- 買車

2,500
2,000
1,500
1,000
500

22~30　31~40　41~50　51~60　61　年齡（歲）

淨資產＝資產－負債（主要是房屋、汽車貸款）

方向對，肯在作，雖不中，亦不遠矣

　　據說網路家庭（PChome）公司董事長詹宏志說：「只要方向正確，夠努力，成功不知以何方式在什麼時候會到臨。」這句話給我們很大啟示，看別人成功好像很快、很容易，但是自己就很慢、很難。

　　成功人士覺得自己的成功很慢也很困難，只是外人不明白罷了。

　　生在一般家庭的人（占人口數90%），求學、工作、創業的起跑點都不如富家子弟，但是只要努力，尤其是投資方面，要想成為小富是很可能的。在職場升遷看學歷、學校與人脈、運氣，投資則看你願意「捨得」，先犧牲10年（23～33歲）的享受，集中資金投資，「寧可辛苦一陣子，不要辛苦一輩子」。

Unit **6-2**
努力 II：寧可先苦後甘，贏在起跑點

有句順口溜「知道，就是做不到」，以突顯「知易行難」，在投資也是如此。

一、想著目標就不覺苦了

在迪士尼樂園，怎樣的遊樂設施最好玩？答案是排隊45分鐘的遊樂設施，在等待過程，你會看到別人玩得很快樂，會有所期待。在等待45分鐘中，你會跟人討論甚至認識陌生的外國人，完全忘記等待的無聊，至於等1小時以上，大部分人會失去耐心。對隨到隨玩的遊樂設施，往往因太容易得到，玩完了，而沒時間培養期待心理，喚起快樂程度較低。

二、人生先苦後甘

由右頁表可見，從心理實驗可知。

(一)人是可吃苦的，只要有希望：有些大學男生想買筆電或繳學費，因此去打工，有希望就不以為苦。理財的苦在於「節流」（勉強可說「自討苦吃的過苦日子」），但是其果實是甜美的，例如：買按摩椅給父母、給自己買汽車以免騎機車日晒雨淋。

(二)寧可辛苦一陣子，不要辛苦一輩子：這句話是筆者的座右銘之一，理財可讓你早點過好日子，包括早點退休或創業。早做晚做都要做，那還不如「長痛不如短痛」。早點理財，看見同輩還在「吃好、穿好、玩好」，有些人可能會覺得自己很笨（例如：自虐）。這跟伊索寓言中的「辛勤工作的螞蟻，愛玩的蚱蜢」一樣。早點理財的人有好報，即人生四桶金；蚱蜢的下場則很辛苦，想當螞蟻或蚱蜢，全在一念之間。

蚱蜢夏天快活，冬天凍死

時：西元6世紀

地：希臘

人：伊索（Aesop），可能只是化名，或是許多作者之一

事：在寓言故事中，蚱蜢（grasshopper）夏天唱歌、玩樂；螞蟻努力儲存食物。冬天下雪，蚱蜢餓死、螞蟻好過冬。

人對痛苦的耐受狀況

項目	說明

一、有希望就能吃苦

痛苦跟心理預期有關,如果受苦後,情況會好轉,那麼這個苦可以忍受。傷得愈重,期待復原之心愈強,愈能忍受痛苦,所以重傷者比輕傷者能吃苦。

美國杜克大學做了一個心理實驗,受試者包括癌症末期患者,這些人受過多次化學治療的痛苦,但是他們的疼痛臨界點及忍耐度竟然比輕傷者還低。對癌症末期病人來說,痛苦只代表他們的病情更加重,離死亡更近了,所以痛苦變成難以承受的恐懼,就一點也不能忍受了。

推論

做學問也是如此,十年寒窗的苦讀,要是沒有「一舉成名天下聞」的希望作後盾,這個苦大概也是吃不下來。

人相當有適應力,讀書痛不痛苦端看他追求知識的熱忱、對自己的期許,和未來能不能施展抱負來決定。

二、長痛不如短痛,一鼓作氣

痛苦有一個特點,即是愈是痛苦的事,愈是要一鼓作氣把它做完,一旦中間停頓了,再做時,痛苦會更深。

實驗對象分三組,去聽震耳欲聾的聲音。
A組: 聽5秒
B組: 聽40秒
C組: 受試者聽30秒噪音,中間休息5秒,然後再聽5秒鐘。

以難忍受度來說,依序為C、A、B組:
C組: 適應被中斷了,再聽噪音時,覺得完全不能忍受。
A組: 瞬間巨響,一般人不悅。
B組: 忍受噪音的時間是A組8〔30＋5＋5(休息時間)〕倍長,評分卻比A組好。因為,他們的大腦已開始適應噪音,「入鮑魚之肆,久而不聞其臭」,就不這麼痛苦了。

資料來源:整理自洪蘭〈不能人上人,誰知苦中苦?〉,《天下雜誌》,2014年3月18日

Unit **6-3**

努力Ⅲ：寧可苦一陣子，不要苦一輩子

很多女人沒有「天生麗質」，但是透過化妝，有沉魚落雁之妙；透過保養更成凍齡的「美魔女」，因此美國保養品牌赫蓮娜公司創辦人（Helena Rubinstein）說（1872～1965）：「只有懶女人，沒有醜女人。」同樣的，在理財方面也是如此。

一、愛迪生說：「天才是1%的天分，99%的努力」

美國職美籃球的「籃球大帝」麥可・喬丹的豐功偉績，說明身高（198公分）不是一切；火箭隊的姚明身高226公分，有「移動長城」之稱，但表現一般。

喬丹投籃準確率高，原因是自主管理，在每次球隊練習之前，他先自行投籃500次，對我們門外漢來說，投籃100次，手就舉不起來，更不要說500次，或者參加球隊重力訓練。

二、高所得的人士

延續Unit 5-2的《今周刊》調查，由右頁表可見，人生工作40年，高所得人士前25年（25～49歲）努力，後15年與退休後20年共35年享受。「苦」25年、「甘」35年，1比1.75，蠻划算的，詳見右頁表第三欄說明。

高所得人士善用時間與金錢，下面有個跟平常我們所聽聞的不一樣的戲劇化說法。

在2014年2月11日，全球第一富有的人——美國微軟公司創辦人比爾・蓋茲（Bill Gates）參加社交網站紅迪（Reddit）的「隨你問」（Ask me anything）單元，回答網友五花八門的提問，有人問蓋茲如果看到地上有100美元會怎麼辦？他回答會彎下腰把它撿起來，捐給慈善機構（整理自ETtoday, 2014.2.11）。

三、一般所得人士

一般所得的人甚至所得後半段的上班族，自認「上班跟下班要均衡」，下班後較偏重「享受生活」（單身或家庭生活）。較少花時間投資自己或投資財務，其結果是工作職位晉升較一般，偏財也較少。

到了50歲以後還須風塵僕僕，踽踽於途，工作前20年輕鬆，但50歲以後到辭世的30年較累，詳見右頁表第二欄說明。

四、短痛vs.長痛

高所得人士「短痛」以換取長期利益，一般所得人士「長痛」，這差別在於「短痛」這20年，你必須夠努力（包括先節儉以便早期投資），才能脫穎而出。

賺少的人與賺多的人的人生比較

人生工作三階段	賺少的人 ↓ 先甘後苦 比重	賺多的人 ↓ 先苦後甘 比重
1.25〜34歲	一般人50歲前只想當一隻休息的兔子，下班後九成的時間都花在個人休閒與家庭上。	有錢人50歲前像一隻努力不懈的烏龜，下班後花七、八成的時間在相關「投資」上，以提升個人核心能力，創造財富為主。
(1)個人	80%	10%
(2)家庭	10%	10%
(3)工作	10%	80%
2.35〜49歲		
(1)個人	60%	10%
(2)家庭	30%	20%
(3)工作	10%	70%
3.50~65歲	50歲後，因為職業及財富漸現窘境，只得花費大把時間在兼差上，形成「工作」比重高達80%。	上半生努力，因此50歲後，下班時間可均衡分配至事業、個人與家庭，享受生活。
(1)個人	10%	30%
(2)家庭	10%	40%
(3)工作	80%	30%

資料來源：整理自《今周刊》，2014年5月5日，第180〜181頁

知識補充站

人生第一桶金「是腦袋，不是口袋」

2014年12月《30》雜誌月刊第74頁文章的標題很令人注意，對個人理財來説，這代表兩個涵義：

· 先充實職場腦袋，一生薪資才會高。

· 先有理財腦袋，口袋（荷包）才會滿。

Unit **6-4**
努力Ⅳ：身體力行

有少數強調「傻瓜投資術」，強調買對股票（例如：小資女年報酬率40%的5支股票）、基金，就可以「放牛吃草」、「（像飛彈）射後不理」。汽車的自動駕駛要到2025年才會上路，股市狀況比路況複雜，還是需要投資人做功課，調整資產配置（主要是持股比重）、股票與基金種類。

一、減肥不是靠說，而是身體力行

減重的原理很簡單：「吃得少，出得多」，成人每天吃1,800大卡，消耗2,200大卡，久而久之，三個月後，每天燃燒一些脂肪，人就慢慢瘦下來（註：7,700大卡折算體重1公斤）。

為了控制一天只吃1,800大卡，所以必須知道一碗飯300大卡等簡單知識，然後每餐記飲食日誌，才知道一天吃了多少卡路里，進而檢討。

為了達到每天消耗2,200大卡，於是至少要慢跑30分鐘或快走1小時。靠抽脂、吃減肥藥都只有一時效果。為了避免復胖，減重必須持之以恆，連生活方式（主要是飲食、運動）都必須配合。

二、投資致富跟減重一樣

投資致富跟減重一樣，必須身體力行。筆者在大學教了8年「個人理財」，非常強調「認知→態度→行為」一氣呵成，也就是「即知即行」，因此2017年以前，學生的期中報告至少在下列兩者中二選一，上者兩者皆選，2017年採取第一方案。

(一)消費計畫與記帳：減重較難的是「少吃」，在理財中這便是「開源節流」中的節流。對於沒什麼收入（打工收入）的人來說，還沒養成「吃好、玩好」的消費習慣；這種人比較容易學會消費自制習慣。但是對於已經習慣「吃好、穿好、玩好」的人來說，由奢入儉難，至少需花兩個月，每週檢討一次，才能逐漸減少「敗家」消費行為，踏上理財之路。

(二)投資：「少吃多動」才能減重，理財中「開源節流」的開源比節流重要，所以學生可選擇挑選一種：一是比較偏重應付老師要求的學生，將之稱為「下焉者」，大都會去銀行開「黃金存摺」帳戶，買1公克「紙」黃金；二是在學期第二週聽老師推薦股票、基金，便照表操課，則稱「中焉者」；三是少數積極的人，學會分析股票、基金之道後，會往老師「推薦股票、基金」外去探索，此為「上焉者」。

三、Just Do It！

容易做的事，往往不會大成功。理財跟減重一樣，是會辛苦的（省吃儉用代表不能恣意吃喝玩樂）、傷腦的（了解股票、基金），但是其果實是甜美的。把投資致富的美夢化成手機中的貼圖首頁（例如：夢想中的房屋、汽車），作為驢子前的蘿蔔，引領你前進，就會忘記累了。

減重vs.投資致富

	人減重	投資致富

一、進

1.事先規劃

每日1,800大卡。最好有減肥餐（早、午餐），自己準備，外食時，要把餐點計畫好。

擬定「採購單」（shopping list），才不會買不必要的，也不會買貴。

2.事中照表操課

3.事後檢討

每餐記錄，即記記飲食日誌。

每天記帳，以便檢討目標達成率，尤其是有沒有超額支出（簡稱超支）。

二、出

每天消耗2,200大卡，對上班族正常消耗1,600大卡，吃1,800大卡，為達2,200大卡目標，必須做「運動」。

社會新鮮人「賺多」（28,800元／月）「花少」（16,000元內），儉以用於買基金。

學生三種投資方式

1. 上焉者

少數積極的人，學會分析股票、基金之道後，會往老師「推薦股票、基金」外去探索。初學乍練，跌跌撞撞，有好有壞，花錢學經驗，最難忘，進步也較快。

2. 中焉者

在學期第二週聽老師推薦四支股票、三支基金，便照表操課。詳見Unit6-5的例子。

3. 下焉者

比較偏重應付老師要求的學生，大都會去銀行開「黃金存摺」帳戶，買1公克「紙」黃金。
　　1英兩 1,900美元，1英兩＝31.10公克
　　1美元約27.8元臺幣，大抵可說1公克黃金1,700元臺幣

Unit **6-5**
努力 V：實踐是唯一的真理

阿拉伯神話故事《一千零一夜》中，獲得神燈就可以實現三個願望，阿拉丁因而致富。許多民間故事都有類似的情節，例如：「聚寶盆」、「會下金蛋的雞」（成語殺雞取卵）。

可惜，本書無法送你「點石成金」的魔杖，但是如果你願意 "buy" the book（套用 by the book，照表操課），成果往往超過你「所求所想」。

一、羅傑斯的建議

美國量子基金共同創辦人羅傑斯（Jim Rogers）是投資界傳奇人物，他精闢的投資見解每每令人讚佩，以下精選他的十四句投資箴言，詳見右頁表，本單元著重在其「努力做功課」等。

吉姆・羅傑斯（Jim Rogers）

出生：1943年

現職：Beeland Interest 公司董事長

經歷：1970年代美國量子基金共同創辦人

學歷：美國耶魯大學學士、英國牛津大學深造

貢獻：1998年編製「羅傑斯國際商品投資指數」

著作：《資本家的冒險》（商周出版，2010年1月）

《投資大師羅傑斯給寶貝女兒的12封信》（遠流出版，2008年7月）

二、期中報告二選一：記帳或投資

人類的行為是三階段的「認知→態度→行為」，絕大部分大學課程都是老師教導學生「觀念」。但是筆者認為「個人理財」課程既然是生活技能課，那跟音樂、體育、電腦課程一樣，必須以改變學生的行為作教學目標。學生的期中報告占40%，至少二選一。

其一是記帳三個月（一學期四個月），並且分析改變哪些「不必要支出」行為。

其二是投資報告，包括買黃金1公克、保單、基金、股票。最厲害的是2014年2月開學，第二週筆者報了四支股票明牌，有位陳同學2月27日、3月3日，各花了186.5元買了一張統一超商（股票代號2912），於5月20日241.5元、6月9日238元各賣出一張；用37.3萬元，三個月賺了10.65萬元，季報酬率28.55%，年報酬率114%。念音樂系的她修課原因是想學股票投資知識，這是她的股票初體驗，她股市老手的媽媽都好羨慕她的超強投資績效。

依報告的格式，她在PowerPoint中有列出集保摺與銀行存摺的相關資料。她只是許多「臨淵羨魚，不如退而結網」的學生之一。

羅傑斯的投資建議

管理活動	說明

一、規劃

1.慾望與野心 ➡️ 我曾窮過，不喜歡那種處境。我不想再變窮了。

2.學習 ➡️ 以2003年出生的人（例如：羅傑斯的女兒）來說，「我所能給的、最明智的技能，就是學會說中國普通話。」羅傑斯看好中國的未來，認為教女兒學中文是最佳禮物。

3.勤於動腦 ➡️ 「走自己的路」，別總是模仿其他投資人，對自己用心的決策要有信心。

4.看見未來趨勢 ➡️ 「今天大家都知道的事情，10～15年後不再是如此。」凡事都會改變。對眾人一面倒相信的事，要懂得逆向思考。
「股市多頭讓人們自以為聰明。」投資人在大多頭市場盲目追高，但這也給真正的聰明人機會。
「設法投資緬甸，20、30年或40年後，你會變得非常富有。」羅傑斯看好緬甸的長期投資展望。
歷史上，有時是金融人士掌權，有時是企業家得勢。關鍵是要研判出什麼是大勢所趨，然後朝那個方向前進。
「如果世界經濟改善，大宗商品是非常好的投資標的；即使未改善，大宗商品仍是不錯的投資標的。」在各國中央銀行大量印鈔票之際，商品價格總是會上漲。

5.遠離負面的人與事 ➡️ 「印度不適合投資，旅遊倒是很棒。」羅傑斯認為印度的經濟制度很糟，必須開放零售市場並讓貨幣自由兌換。
「我不知如何放空哈佛或史丹福大學。」羅傑斯認為泡沫無處不在，連美國大學教育和歐洲足球隊都是。

二、執行

6.勇於冒險 ➡️ 「要賺大錢，就忍住不要分散投資。」致富之道是找出優質標的，集中資源押注，但要確定押寶押得對，否則可能變成破產捷徑。

7.努力 ➡️ 「若你希望成為幸運兒，做好功課。」投資不可能老是靠運氣，必須有基本面支撐，這需要勤做功課。
「最成功的投資人其實大部分時間都按兵不動。」謀定而後動，投資前先做足功課。

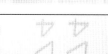

資料來源：整理自美國 " Business Insider "，2014年8月19日

115

Unit **6-6**
誠信Ⅰ／理財的第八堂課：
計畫性支出與記帳

　　為什麼要記帳？這跟寫日記的道理類似，我問你：「上個月15日晚上你在哪裡？做什麼？」99.9%的人回答不出來，因為沒有寫日記（至少行事曆）。

　　花錢的記憶則更短，我問你：「上週三你花了多少錢？花在哪些項目上？」99.9%的人回答不出來，因為沒有記帳，至少沒有蒐集發票、信用卡簽單。此外，許多商店（自助餐店、文具店）不開發票。

　　不記帳，就不知道錢花到哪裡去，就沒法檢討自己的支出，有哪些是浪費（即不必要支出）、哪些買貴了。

一、記帳很容易

　　由於有信用卡帳單、智慧型手機（針對信用卡支出以外項目，例如：10款記帳APP，像Moneybook）的協助，記帳、彙整變得很容易。

　　(一)信用卡帳單：信用卡每期帳單載明消費金額、消費時間、地點及項目等資料，是協助記帳好幫手。再者，有愈來愈多銀行提供卡友消費分析彙整服務，可輕鬆了解資金運用流向，審視家庭開銷。以國泰世華銀行為例，提供「全年消費理財分析服務」，持卡人每一次消費資料，都會彙整至個人的信用卡帳戶中，每季終了後，持卡人可利用網路銀行MyBank服務，查詢上季每月支出狀況及消費類別比例，方便日後帳務管理。有些銀行也會提供持卡人「消費簡訊通知服務」，有些是不限金額一律免費寄發手機簡訊，有些是簽帳達一定金額以上，才有免費簡訊服務。有些銀行也提供電子郵件通知的服務項目。

　　(二)智慧型手機：六成的大人有智慧型手機，其中有記帳APP，大學生下課、上班族空檔時，簡單滑一下螢幕便可快速記錄剛剛花了多少錢吃午餐、買飲料。APP每月彙整，做圓餅圖都很快。

二、支出檢討

　　寫日記的目的主要是「吾日三省吾身」，筆者從高三起開始寫日記，並且把每日支出記在該日日記上，40年來未間斷。

　　(一)跟預算限制比：我們以每月實際支出跟預算限制（即計畫性消費）比較，以了解哪些項目超標，進而分析原因，操之在己的則設法改善，例如：太貪吃，則宜戒口。

　　(二)跟上個月比（趨勢分析）：跟上個月支出相比，大抵可看出趨勢，例如：「食」一直超支，是否太放縱自己滿足口腹之慾，滿足了今日的「小確幸」，卻犧牲了未來理財的大理想（例如：留學、買汽車或買房）。

每月生活支出明細表（請試著填入）

日期	食	衣	住	行	育	樂	小計	備註
1								
2								
3								
4								
5								
6								
7								
8								
9								
10								
11								
12								
13								
14								
15								
16								
17								
18								
19								
20								
21								
22								
23								
24								
25								
26								
27								
28								
29								
30								
31								
小計	5,500	1,000	8,200	3,400	300	600	19,000	單位：元
占支出比重（%）	28.85	5.26	43.16	17.89	1.58	3.16	100%	

Unit **6-7**
誠信 II：對自己誠實

　　小學課本中「周處除三害」，西晉時代周處魚肉鄉里是鄉親眼中的第三害，他痛改前非。在家庭投資方面，自己的消費缺點往往有害於投資。

一、企業分三等，理財一樣

　　有些著名企業家（像華碩董事長施崇棠）把企業經營管理能力分成三等：一流企業，解決明天的問題；二流企業，解決今天的問題；三流企業，解決昨天的問題，俗稱救火。同樣的，我們可以延伸到家庭財務管理：一流理財：解決明天的財務問題；二流理財，解決今天的財務問題；三流理財，解決昨天的財務問題（例如：卡債）。

二、一流理財人士

　　俗語說：「由奢入儉難」，為了預防「惡習難改」（old habits die hard），因此最好慎始。

　　2014年8月中旬，中國大陸北京市公安人員逮捕港臺兩位男星吸大麻，從兩位名字中各取一個字稱為「房東案」，連續一週的電視新聞密集報導，也談及過去數位因吸毒斷送前途的藝人，其中有個關鍵：毒癮很難戒除。美國大文豪馬克・吐溫（Mark Twain）說：「戒菸不難，我戒了1,000多次」，戒菸、減肥都不難，持之以恆的成功才難。同樣的，每月省吃儉用以維持定期定額投資，也很不容易。

　　像華碩董事長施崇棠為了節省時間，永遠只喝開水，因為不用花時間思考喝咖啡或其他飲料與找飲料。其他生活能愈簡單愈好，以節省時間用於正事。

　　把注意力導向明日理財甜美果實，就不會覺得今天看到別人吃霜淇淋，自己是否要跟進，浪費時間在「天人交戰」。只要想通了，就會「樂知好行」。

三、二流理財人士

　　二流理財人士採取事後控制，先做了再來改錯。很多人都是「邊做邊學」、「邊學邊改」，總得花一段時間，才能「不經一事，不長一智」，有時付的代價蠻大的，例如：太晚投資，以致趕路趕得很辛苦。

四、三流理財人士

　　有些人認為從小寫日記會養成持之以恆的精神，大部分念小學時皆有寫暑假日記。許多人是在8月30日開學前寫回憶錄，可見，天天做瑣碎事許多人視為「畏途」。上班後，天天記帳也煩；其實一般上班族支出項目一天約3筆：車費、午餐費、買飲料費，約30秒就記完了。

　　三流理財人士想從月光族晉升為月餘族，第一步是記帳，才能找到錢花到哪裡去，找到漏洞，才能止漏。

118

節流與開源

一、節流

富人不記帳 ➡ 記帳可以改變你的浪費行為，但這是「後知後覺」的作法，往往是犯錯再來改錯。
在Unit 6-6中，我們強調計畫性支出，即列在「採購清單」尚且符合採購金額的才會買，這是「先知先覺」的作法。

二、開源 ➡ 定期定額投資，持之以恆不容易。

三種理財習慣

項目	三流人士	二流人士	一流人士
一、以知行來說	困知勉行	—	樂知好行
二、以自我管理為例	—	後控（feedback control）	前控（forward control）
(一)消費、投資行為	23~30歲大抵是月光族，甚至是卡債族（銀行定義是指單一銀行卡債餘額20萬元以上）。	透過記帳，以分析自己的金錢支出，藉以改善自己的消費行為。	計畫性消費、計畫性投資。
(二)紀律	31歲起，才「浪子回頭金不換」。	23歲起，尤其是男生體會到投資才有錢結婚、買房甚至創業。	從小養成自我管理習慣。

《打造有錢腦》

- **作者**：午堂登紀雄（日本人）
- **出版公司**：平安文化
- **出版時間**：2014年3月31日
- **主張**：為什麼錢差不多，有人可以不斷累積財富，有人卻時常為了金錢而傷神？影響關鍵就在於擁有了富有腦，還是貧窮腦。「兩種腦最大的差別在習慣。」想要把貧窮腦改變成富有腦，拉大財富格局，不是模仿富人的思維就好，而是練習他們在變成有錢人過程中的習慣，然後每天實踐這些習慣。

Unit **6-8**
美國18～40歲的人省吃儉用

　　臺灣年輕人普遍低薪，而有53萬人背負學生貸款。美國在高學費政策下，大學生、大學畢業後至30歲，約六成過苦日子。這分成兩個重疊世代。

- ·Y世代（Generation Y），又稱千禧世代（Millennial），是指1980、1990年代出生的。
- ·Z世代（Generation Z），是指1990年以後出生的。

一、問題

(一)老年人的墳墓

　　俗語說：「美國是兒童的天堂，青年的戰場，老人的墳墓。」以美國401K退休儲蓄計畫來講，65歲退休夫婦的年收入中位數不到8,000美元，不足以維持退休生活，且個人負債比例也相當高。

(二)2008～2009年，高失業率與減薪

　　有些人擔心2008年金融海嘯歷史重演，那時（2009）失業率9.6%，而且有25%的人薪水被減薪。

二、學生貸款是沉重負擔

　　美國一般父母認為18歲以上子女是大人了，要生活獨立。念大學需自費，公立大學一年學費2.1萬美元起，再加上生活費，大學生普遍打工，收入低、錢不夠花。在學的2,000萬位學生中，六成申辦學生貸款，大學生大都生活條件不佳。

- ·時：每季第二個12日，4月時公布去年數字
- ·地：美國
- ·人：聯邦準備銀行紐約分行
- ·事：公布的「家庭信用貸款」（Report on Household Debt & Credit）報告，學生貸款約1.5兆美元（2000年才0.3兆美元），約4,470萬人，平均就學貸款3.35萬美元。

三、解決之道：財務自由，提早退休

　　年輕人愈來愈有危機意識，想方設法「提前退休」，詳見右頁小檔案。

(一)年輕人錢少，只好晚結婚與買房

　　以2015年來說，美國商務部普查局（Census Bureau），18～32歲的人口中，有2,400萬人與父母同住，比2005年比例增加8個百分點。2006年，美國電影「賴家王老五」（Failure to launch），35歲的男主角（馬修·麥康納飾）便是類似寫照。

(二)上策：用錢賺錢

　　肥FIRE便是較聰明方式，既能維持現在生活水準又能替退休後做準備，是較聰明的方式。

美國年輕人的「提前退休」作法

年齡	18～55歲	56歲以上
一、上策	賺財務收入。俗稱「肥FIRE」，即生活水準平常，花比較多時間去懂金融投資，以賺取財務收入。	—
二、下策 	省吃儉用。俗稱「瘦FIRE」。1980年次的華盛頓西雅圖律師豪爾（Sylvia Hall）目標是在40歲退休，為此必須在2020年前存到200萬美元。他極省，每月伙食費75美元，休閒娛樂盡量不花錢，借用朋友的網飛（Netflix）帳號來看線上節目，把拿到手的薪水70%都存下來。	退休後到星巴克當兼職人員（每週工作時數15小時），以便有公司的醫療保險。

財務自由，提前退休運動

（financial intendance, retire early, movement）

時：2010年起
地：美國
人：1980年代以後生的人
事：儲蓄率50%以上，以便有老本，提前10年退休
　　2010年，Jacob Lund Fisker的書 *Early Retirement Extreme*
　　2011年，部落客Mr. Money Mustache 的文章

部分摘自英文維基百科，FIRT movement

Unit **6-9**
面對挫折的能力：理財的第九堂課

哪種人最不值得信賴？可能是「只讓你看到他（或她）的優點，而沒有缺點」的人，這人造假得太嚴重了，「好到不像真的」（too good to be true）。每個人都有缺點（或能力不足），多少都會失敗而有挫折。理財也是一樣。

一、屢敗屢戰，大不容易

屢戰屢敗會讓人懷疑自己的能力，甚至有些人就放棄，「放棄是最容易的決定」，要堅持下去，需要面對挫折的能力。投資而虧損，讓我們有機會從錯誤中學習，由於輸的是自己的血汗錢，所以較會仔細檢討，從中記取教訓而不二錯。

投資是一輩子的事，也就是這一輩子都是你的投資機會，只要有本錢，還是有翻身的機會。重點是不要放棄自己，認為「自己不是（投資）這塊料」。

二、勝敗乃兵家常事

在2010年播出的中國版電視連續劇「三國」中，曹操（陳建斌飾）在西元208年赤壁大敗後，虎將許褚因部屬全部陣亡而痛哭不已，將士士氣低落。曹操要人擊鼓集合，他說：「如果以一戰來論輸贏，那我早該被拖出去斬首了，勝敗乃兵家常事。」這番話讓我們貼切了解「勝敗乃兵家常事」的真諦，球是圓的，不到最後一秒，不知輸贏。

全球職棒的打擊王是日本人鈴木一朗（主要在美國紐約洋基隊，2019年3月退休），其全壘打數已破世界紀錄，但是其打擊率0.353，即上場100次，只有35次擊出安打，另外62次都出局，只是安打中常擊出全壘打。

美國職業籃球中芝加哥公牛隊的經典球員麥可·喬丹，有籃球大帝之稱，其投籃命中率0.55，投籃100次，進球55次；幾乎有一半球沒進籃。2015年起，加州舊金山市的金州勇士隊控球後衛沃德爾·史蒂芬·柯瑞職業生涯投籃命中率0.477，3分球命中率0.436。

三、投資就是「贏多輸少」

同樣的，以股票投資為例，只要出現下列情況就很棒了，不要有挫折感。

(一)買10支股票，7支賺錢：以擲硬幣來說，猜中正反面機率各一半，能超過一半就不容易了。而買10支股票，7支賺錢，準確率七成，有Pro的味道。

(二)買10次，7次賺錢：同一支股票（例如：台積電）一年內買賣各10次，有7次賺錢，可見你抓得住漲跌的節奏。

(三)3次大賺，7次小賠：縱使「買10支股票，只有3支賺錢」，或「買10次股票，只有3次賺錢」，要是「3支股票賺錢遠大於7支股票賠錢」，那也不用感到挫折感，有賺就好。

德股飆，德國人驚驚沒得行

一般人對德國股市不熟，簡單的說，德國法蘭克福指數（DAX）在2014年11月以前，跟臺股（9400點）相近。直到歐洲中央銀行宣稱要推出歐元版量化寬鬆（QE）貨幣政策，才起飆。2015年第一季便突破12,000點，上漲22%，以2009年2月最低點來算，上漲2倍。

德國股票協會（Deutsches Aktieninstitut）的數據顯示，德國2014年只有13%的民眾持有股票或股票基金，2001年19.4%；52%的美國家庭持有股票，英國也有18%。

法蘭克福市立動物園員工史達爾說，她沒買任何股票，以後也不會買；那些很有錢、禁得起賠錢的人，才玩得起股票，我根本不相信股票。

德國民眾長期偏好低風險，喜歡把資金存在銀行，以及買保險，他們懷疑任何有炒作意味的商品，詳見下表。

法蘭克福大學金融學教授哈克托擔心，德國民眾不願買進股票，可能會擴大貧富差距。德國社會有一部分人從近幾年來的多頭市場中獲利頗豐。財富差距正在擴大，對社會構成不良影響。

摘修自《經濟日報》，2015年3月22日，A8版，鍾詠翔、林佳賢

2018年德國人資金布局

時：2019年4月28日
地：德國
人：德國聯邦統計局
事：

德國家庭資產表

單位：萬歐元

存放與壽險	4	房地產	29.54
證券	1.69	消費性貸款、教育貸款	0.3
其他	01.5	淨資產	5.54

資料來源：文山，「普通德國家庭到底多有錢？」，msn新聞，2019.4.29

Unit **6-10**
堅持下去的紀律Ⅰ：理財的第十堂課

在河邊釣魚，看別人釣中魚，許多人都會懷疑自己是否選錯地點、魚餌；有可能別人釣中魚是因為他來得早，時間到了。一般人認為釣魚最足以培養人的耐性。同樣的，業餘投資人買績優股、買股票型基金，耐心跟財富成正比。

一、千里之行，始於足下

《伊索寓言》書中龜兔賽跑的童話故事有個重點，即賽跑比較像馬拉松賽跑（42.5公里），人生22歲工作後，以平均壽命80歲來說，還有58年，可說是「人生馬拉松」。這麼長期間，只要持之以恆，可以完成許多事。以投資來說，透過「利滾利」（「利」指的是投資獲利）的複利效果，7年以後就可以看出顯著差別。

二、三木谷浩史對業務人員的期許

日本網路百貨商場樂天公司董事長三木谷浩史強調業務人員要抓緊業績，每天進步、退步1%，一年就具天地之別，詳見右頁表。我們用這個例子來說明：今天多投資1元與多消費1元的差別竟是千倍，可見複利的驚人效果。

三、錢滾錢比較像竹子成長

西班牙身兼管理學教授、經濟學者和暢銷作家等多重身分的亞歷士‧羅維拉（Alex Rovira）在《這一生都是你的機會》（圓神出版社，2005年3月）書中，有下列這則發人深省的小故事。

縱使不是農夫也知道，所有的好收成都需要的必備要件是優良的種子、適當的施肥以及持續的灌溉。栽種日本竹子更是奇特了，耐心不足的人是絕對種不成的。把竹苗種下後，需常施肥，而且要勤灌溉；竹苗整整7年都沒有動靜。碰到這種情形，經驗不足的農夫大概會以為自己播了壞種。然而就在第7年，僅僅六個禮拜內，竹子不但長出來了，而且短時間內就長到30公尺高；竹子是生長速度最快的植物，有些品種甚至一天可長30公分。難道竹子的成長只需要六個星期嗎？

當然不是！事實上，它需要7年的成長時間，只是集中在最後六個禮拜長高了。前面7年的成長是無形的，在土裡默默地吸取養分、向下扎根，這片密實的根網，蓄積的能量終於在最後六個星期內爆發，奮力向上竄高，足以支撐又高又壯的枝幹！

投資也是如此，需要付出時間和耐心。定期定額投資就像栽種竹子一樣，選擇優良的標的，每月不間斷地扣款，所投資的單位數累積愈來愈多，在時間複利的效果下，以期追求累積財富的機會。定期定額投資也要有紀律，持之以恆地扣款，不能因為短期的市場波動，而隨便調整投資或任意停止扣款。

滙豐銀行對退休理想的建議

2018年12月18日，滙豐銀行公布「未來的退休生活」調查結果，此結果詳見下表。此調查起自2005年，調查全球15國，14,100人。其中臺灣上班族把薪水30%用於儲蓄（含投資），僅次於香港（31%）。原由之一是為補充勞工保險退休金的不足（一般估計退休期間有18年，不夠花期間為7年）。

投資之道

1. 75%的人以勞工保險退休金、存款當作退休生活主要資金來源。
2. 43%的人有額外替退休財務作準備。
3. 28%的人認為不擔心退休後錢不夠。

對退休後生活憂慮

1. 擔心錢不夠養老（72%）。
2. 擔心健康照護費用高（67%）。
3. 擔心負擔不起安養機構的費用（64%）。
4. 擔心無法過舒適生活（64%）。
5. 擔心須仰賴親友協助才能過生活（40%）。

《這一生都是你的機會》

只要你願意真誠面對自己下定決心，改變態度為自己創造機會並堅持到底，你一定能擁有充滿幸福、創意可愛的人生！

差之毫釐，失之千里

125

主張人：三木谷浩史（日本樂天公司董事長）

公　司：日本最大的網路購物商場

主　張：每天進步1%和每天退步1%，即1.01和0.99的差異，兩個數字沒有多大的差別，但乘上時間，用一年來看，結果竟是千倍的差別。

1.01的365次方＝37.8
0.99的365次方＝0.03
37.8／0.03＝1,260倍

每天放鬆1%，一年就貶值完了；每日進步1%，一年會成長37倍。

Unit **6-11**
堅持下去的紀律 II：如何有始有終

你小時候有沒有存錢到「小豬」撲滿？如果有的話，結果如何？這對你現在的儲蓄、投資行為有什麼影響？投資致富的關鍵有三：「早開始」（start early）、「選標的」、「不間斷」。本單元說明「如何有始有終」。

一、你跑過5,000公尺嗎？

你跑過100公尺跟5,000公尺（或3,000公尺）嗎？是自己跑還是跟別人賽跑？跑100、5,000公尺的差別在於，跑100公尺靠的是速度，可以一鼓作氣跑完。5,000公尺有多長？400公尺跑道的操場，要跑12圈半；用走的需要1小時又20分鐘。跑5,000公尺，一般人約須18分鐘，國軍舊時及格時間是16分鐘內。

二、自己跑5,000公尺時

你只要跑過一次5,000公尺，你會體會到跑到第九圈（3,600～4,000公尺）時，腿很沉重，碰到撞牆期，此時須靠意志力把腿拉起來，等過了撞牆期，體能略恢復，又幾可維持原速度。

大部分選手都會碰到這撞牆期，一旦你不知道，以為自己很差，很容易選擇放棄。你多看幾次比賽錄影，大致會發現碰到撞牆期，幾乎所有選手的速度都放慢。只要體會到人同此心，你是正常的，就不會輕言半途而廢。

三、跟選手跑5,000公尺時

跟其他選手跑長跑，有人會想超越你，一旦你被超越，會擔心是否被甩在後面，縱使你排名第二、三名，排名第一的有時會跑快些，以拉大跟隨者的距離。

長跑需要耐力與呼吸調節，忽快忽慢的配速對體能不利；老經驗選手按自己的節奏跑，他看的是只要花14分鐘到終點，便有機會進前三名。至於跑的過程中，有人加把勁超越，但因配速不當，往往會後繼乏力，最終還是被你超越。

四、投資30年

大部分人從23歲開始投資，至少到53歲，歷時30年。如同跑5,000公尺甚至馬拉松比賽，要想成功跑完，最重要的是恆速，但這必須抗拒兩個誘惑。一是別人買投機股而大賺，讓你買定存概念股看似緩慢；投機股有快速致富的好處，但其缺點是「暴起暴跌」。穩穩的賺，晚上睡得安穩，不用在意碰到金融海嘯，跌深會反彈，5年就回到原狀。另一是自己倦怠的心，每個月定期定額買基金，持續10年不容易，更何況是30年。其中一個誘惑是「慶功宴」，覺得自己賺多了，必須犒賞自己，於是贖回部分基金，去買2,000萬畫素單眼相機、出國旅遊，這些不屬於計畫消費。

微軟創辦人蓋茲成為全球首富的關鍵：投資

一般人都以為比爾・蓋茲（Bill Gates）能長期成為全球首富是因為持有美國微軟的股權。但2008年蓋茲退休，幾乎把全部股份售出，夫妻成立「蓋茲及梅琳達基金會」，1995年成立美國瀑布投資公司（Cascade Investment），這是家庭財務管理公司，由原50億美元的委託規模，2019年漲至492億美元。

・瀑布投資公司創辦人比爾・蓋茲夫婦
拉森（Michael Larson）在1994年獲得比爾・蓋茲聘為專屬理財師，1995年擔任瀑布投資公司投資長，專為蓋茲及後來的「蓋茲及梅琳達基金會」打理財務，負責「以錢滾錢」，讓蓋茲夫婦能放手投注在慈善事業上，2021年8月，蓋茲夫婦離婚。

・投資哲學
瀑布投資公司擁有482億美元的持股，側重在例如：加拿大國家鐵路（CN）、美國知名汽車零售公司AutoNation、美國四季旅遊集團等標的上，突顯「重視價值、買進長抱」的取向。
1995～2014年，替蓋茲夫婦基金會帶來11%的複合報酬率，比標準普爾500指數報酬率高一個百分點。

部分摘自《工商時報》，2014年10月5日A4版，李鐏龍，What Bill Gates Investment look like？; Wall street survivor, 2016, p. 7

127

《先別急著吃棉花糖》（*Don't eat the marshmallow*）

- **時**：2005年9月6日
- **地**：美國
- **人**：喬辛・迪・波沙達（Joachim de Posada, 1947～2015）與愛倫・辛格（Ellen Singer），前者是巴西人
- **事**：《先別急著吃棉花糖》（*Don't Eat the Marshmallow…Yet: The Secret to Sweet Success in Work and Life*）中文版，臺灣2006年3月7日方智出版
  這是美國加州史丹福大學的心理實驗，一人一房一塊棉花糖，願意等15分鐘再吃棉花糖，就可以再獲得一塊棉花糖，追蹤調查事業等方面的成功。

第 **7** 章

必要消費，
聰明支出

章節體系架構

Unit **7-1**
三種支出方式對每月投資金額的影響

《自己是最大的敵人》O. S. Marden著（喬木書房，2004年9月），過生活也是如此，你想「今天省一點多作投資，中壯年可以享受」，那就過右頁表中理財族的支出方式。你想「今朝有酒今朝醉」、「活在當下」的及時行樂，那就成為月光族，沒錢作金融投資，中壯年時擔心被解僱，退休時勞保退休金極低的苦日子，「活在當下」就「犧牲未來」，底下說明之。

一、已知情況

已知三位上班族，皆27歲，在同一公司、同一部門上班，所以薪水皆一樣（每月平均實拿29,000元，即把年收入除以12），而且皆租屋、搭捷運上下班。

三位的重大差別在於消費型態，而這影響每月投資金額，進而影響30歲、40歲時的金融資產金額。

二、李小明是「理財族」，每月投資1萬元

李小明希望每月最少投資1萬元，在月可支配所得29,000元情況下，只剩下19,000元可以過生活。由右頁表第二欄可見，其省「吃」儉「住」的情況。一般人最大支出依序為住、吃，在這兩方面「節流」比較有大效果。

李小明房租8,200元，占月收入28.3%。竅門在於住在新北市（新店區、永和區或蘆洲區等）的捷運站附近500～1,000公尺，房租是捷運附近打八折。

李小明早餐，在家中吃，泡杯牛奶，吃三片吐司。在辦公桌內放咖啡罐，同事叫外送手搖飲料時，他則泡咖啡喝。

三、「小」先生是「小確幸族」，每月投資4,000元

「小」先生是小確幸族，這族的特色很多，較鮮明的有二，每月多支出2,500元。

(一)食的方面：每天喝一杯手搖飲料（內含8顆方糖），喝在口裡，幸福在心裡。

(二)樂的方面：每兩週看一次電影、唱一次卡拉OK。花錢多的還有房租。

四、「月」先生是「月光族」

至於「月」先生則是月光族，這族特色是「愛吃美食、愛買愛玩」。

(一)吃的方面：吃大餐，即可安慰自己工作辛勞，而且更可以跟同事、朋友、同學炫耀自己的閱歷。

(二)樂的方面：二個月聽一次演唱會、三個月國內旅遊（夏天墾丁、冬天賞櫻），一年出國一次，平均每個月花4,000元。

生活中的每個項目都求「好」，因此支出比理財族、小確幸族多；錢不夠，有父母可伸手就伸；其次就是刷卡（信用卡、現金卡預借現金）。

三種生活方式與每月結餘

項目 ＼ 支出方式	理財族	小確幸族	月光族
一、食	**6,150元**	**7,820元**	**9,740元**
1.早餐	15元×30天	30元×30天	50元×30天
2.午餐	80元×30天	同左	同左
3.晚餐	80元×30天	80元×26天	80元×26天＝2,080元
4.水果（每日）	30元×30天	同左	同左
5.週末大餐	—	385元×4次＝1,540元	715元×4次＝2,860元
二、衣	**500元**	**1,500元**	**2,000元**
	添購上班服裝，主要是平價奢華時尚的佐拉（Zara）、優衣庫等。	同左，但數量多一些。	喜歡上網買過季的名牌衣服、包包，注重衣著品味。
三、住	**9,150元**	**11,500元**	**17,300元**
1.房租	8,200元 住在新北市捷運站500～1,000公尺。	10,000元 住在新北市捷運站旁或捷運共構宅。	14,000元 住在公司附近小套房
2.水電費	950元 夏天時房間做好防晒隔熱。	1,500元 偶爾開空調。	3,300元 夏天開冷氣，冬天開電暖器。
四、行	**1,460元**	**1,780元**	**1,780元**
1.搭捷運	定期票每月1,280元	同左	同左
2.手機費	5G基本費180元／月	5G吃到飽500元／月	5G吃到飽500元／月
五、育	**—**	**—**	**—**
六、樂	**700元**	**1,200元**	**4,600元**
1.第四臺	600元／月	同左	同左
2.跟同事、朋友聚會娛樂	100元／月	卡拉OK 300元×2次／月＝600元	(1)二個月聽一次演唱會，平均每月1,000元。 (2)一季國內玩一次，平均每月1,000元。 (3)一年出國一次，平均每月2,000元。
小計	**17,960元**	**23,800元**	**35,420元**
每月結餘	**11,040元**	**5,200元**	**−6,420元**

Unit **7-2**
什麼是該花與不該花的錢

　　在資金有限情況下，錢要花在刀口上，套用三國時代劉備所說：「勿以善小而不為，勿以惡小而為之」；同樣的，理財的佳言是：「勿以錢小而不存，勿以小錢而亂花。」理財的錢來自生活中不亂花錢而省下來的。

一、想要與該買的差別

　　一般來說，人的消費行為，可依右頁圖中的理性程度、金額，至少分為三類。

　　(一)選購品：選購品大都金額大或涉及人的健康與面子等，因此要不要買、買什麼款式、花多少錢買，至少都花數天一一決定。這消費行為會很理智，所以這類產品稱為選購品。

　　(二)便利品：你渴了、餓了，很多人都看哪家便利商店比較近，方便就好；消費金額60元以下，貴也貴不到2元，損失微小。

　　(三)衝動性購買：你走在街上，碰到商店花車上有限量特價的衣服199元，再加上熱鬧音樂、店員的「只有今天，賣完就沒了」，最後結果有8個人圍觀甚至爭相購買。許多人都會湊熱鬧的圍過去，如同被集體催眠似的，拿出錢包就買了。

二、冷靜下來，就不容易衝動

　　「衝動性」購買的重點在於「衝動」，每個人衝動性購買商品不同，也就是罩門不同。只要謹守「三天原則」，任何消費皆「緩三天」，大都會避免衝動；至於出國只來此地一遊，最好事前訂下採購單或結匯現金金額，花完就算了，絕不刷卡。

三、三招避免衝動性購買

　　最浪費錢的便是衝動性購買，因為往往買了用不到的東西。因此，至少有三招避免衝動。

　　(一)不看：常見衝動性購買的零售管道便是電視購物，購物專家找人代言、發表使用心得，把產品講得好似靈丹妙藥。再加上限量30組，電視播出只剩10組、5組，逼得有些人搶打電話。根據筆者的經驗，女裝、電視宣稱今年只此一檔，但兩週後又再上檔。旅遊商品（例如：礁溪二天一夜之旅），直接打電話去旅行社詢問時，電視購物臺30組，但旅行社常態推出，銷售條件跟電視購物臺差不多。

　　(二)不聽：服裝店店員的銷售口條是：「本桿衣服特價到五折，賣完為止」，絕款、最低價，往往會誘導人購買，以免向隅。明天過後，你可能發現那桿衣服還在，但是變成三折。

　　(三)不帶信用卡：出門時，錢包帶400元（另有1,000元放在錢包另一層，以便急用），重點是不帶信用卡。帶的錢有限，縱使衝動性購買，損失也有限。

人們常見的消費行為

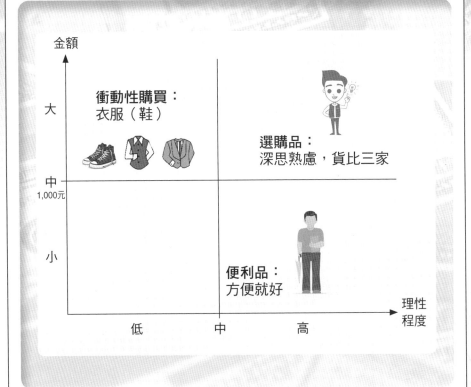

金額

大

衝動性購買：
衣服（鞋）

選購品：
深思熟慮，貨比三家

中
1,000元

小

便利品：
方便就好

低　　　　中　　　　高　　　理性程度

133

美國富人不靠名車擺闊

時：2009年9月18日
地：美國
人：史丹利（Thomas I. Stanley, 1944～2015）博士，數家大學教授
事：在書中《別再裝有錢》（或別再裝闊，*Stop acting rich... and start living like a real millionaire*）John Wiley & Sons公司發行，身價1,000萬美元以上的富人；2009年平均購車價格4.2萬美元，約130萬元臺幣，主力車款是日本豐田汽車。2006年華倫・巴菲特花5.5萬美元買凱迪拉克汽車，這是他花最多錢的一次。富人把擺闊的錢省下來去投資賺錢。

Unit **7-3**
在該買與不該買之間

　　人們消費動機往往是複雜的，有時不容易去區分對還是不對；也就是黑與白之間存在很大的「灰色漸層地帶」，很難硬一刀切。例如：月薪3萬元的上班族女生花錢置裝，買8萬元包包，看似炫富。但如果她的動機是「人要衣裝」，去釣金龜婿，那她的消費行為便是機關算盡的理性消費。

一、想買與該買之間

　　本單元處理介於「理性」（該買）與「衝動」（想買）的消費問題，以家中家具來說明如下：

　　(一)該買——做自己：房子是自己在住，住起來舒服最重要。其中要點是不要怕這個燈太貴，以致不讓子女用Wii玩遊戲。

　　(二)想買——用別人當藉口：少數中所得家庭花200～300萬元做房子的室內裝潢，又是水晶吊燈、又是萬元地磚（例如：一坪5萬元），把客廳、廚房弄得媲美阿聯的帆船飯店。如果你是企業家經常有客戶來訪，這錢值得花。否則，大部分人基於隱私等考量，上門的都是朋友，何必擺闊給親友看？

二、無法想像的巴菲特生活

　　美國股神巴菲特財富880億美元，全球第三富有，他在三方面的支出，平民到令人不敢置信。

　　(一)食：巴菲特每年最貴的一餐是跟微軟創辦人比爾・蓋茲吃牛排，一客50美元，而且把吃剩的打包帶走。

　　(二)住：他還住在1960年29歲時買的平房裡，五房三廳，後來為了需求，才加蓋二房。像這樣的臺灣企業家至少有兩位，一是奇美集團創辦人許文龍（筆者去過他在臺南市的平房家）與和碩董事長童子賢，1994年在臺北市北投區立德街公司旁的公寓，1,200萬元買的。

　　(三)行：走路5分鐘上班，很少開車，汽車是豐田冠美麗，10年以上老車。

三、看風景而不搞派頭

　　搭飛機去美國紐約市，經濟艙4萬元、商務艙12萬元、頭等艙25萬元，才13小時，忍一下就過了，就可以省8萬元。全球前十大富豪中有兩位富豪是搭經濟艙，一是瑞典宜家創辦人坎普拉（Ingvar Kamprad, 1926～2018），一是美國沃爾瑪百貨創辦人山姆・沃爾頓（Samuel Moore Walton, 1918～1992）。

　　同樣的，出外旅行住六星、五星級飯店大都是浪費的，套用陸客對來臺觀光的體會順口溜「起得比雞早（為了趕車），睡得比狗晚」，也就是在飯店、房間的時間很有限，五星級飯店的許多免費設備用不到。反而是平價旅館房間比較實在，因為出國就是看風景、吃異國美食，而這些都在飯店外面。

想買與該買之間

想買：消費性資產	該買：生產性資產

一、食 → 果汁機、麵包機、蔬果機是三種最用不到的廚具，大部分婦女只有買來的第一個月使用，之後便束之高閣。

燜燒鍋是很實用的烹飪工具，可省瓦斯50%以上，且又省時。

二、衣 → 上班族女性（OL）花3～5萬元買名牌包，帶去上班，看似犒賞自己，但容易遭同事嫉妒。

西班牙的佐拉、日本的優衣庫等服裝，照樣穿得出「平價奢華」的質感。

三、住

(一)住家 → 花200～300萬元買套奢華家具、室內裝潢。

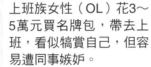

家具以實用為主，除非你是公司董事長需在家中宴客、談生意。否則日子是自己在過，不需要奢侈裝潢搞派頭。

(二)出外旅行 出外旅遊，住五星級飯店，大部分是浪費，因為通常很晚才會回飯店睡覺。

住平價旅館就夠了，旅館只是睡覺、洗澡的地方。

四、行 →

(一)汽車 上班族開雙B名車，會讓黑道盯上，會讓公司董事長誤會「A」錢，才有錢這麼「愛現」。

汽車是代步工具，1,800cc的國產汽車（例如：豐田、Altis、日產的New Sentra）67萬元，平價又實用。

(二)機車 騎重型機車，以享受生活。

機車是很危險的代步工具，能不騎就不騎。

住五星級飯店，大部分設施用不到
出外旅行在飯店、房間的時間很有限，雖然五星級飯店有許多免費設備（主要是運動中心、三溫暖，甚至游泳池），但因早出晚歸也用不到。平價旅館的房間至少都是7坪的標準房，只是沒有其他免費設備，也沒有餐廳，但對自助旅行的背包客來說，這沒什麼不方便，走出旅館，外面都是餐廳；出國就是看風景、吃異國美食，而這些都在飯店外面。

Unit **7-4**
最聰明的消費方式：不買跟借
——X與YZ世代的消費型態比較

你家有沒有儲藏室？儲藏室的東西是否愈積愈多？2020年臺灣平均家庭房屋面積44.9坪，每人平均15.4坪，還撥個3坪小房間當儲藏室，有什麼東西該儲藏呢？冬天時把夏天用的電風扇收起來；夏天時把冬天用的棉被收起來（可放在可掀式床座裡），還有什麼？

一、三個月不用的東西，大抵不會再用

人們有蒐集東西的本能，大部分東西都是買來的，往往都是看電視（尤其是購物頻道），一時興起便買了。電視廣告只會宣傳商品的好處，不會告訴你其缺點，很多人買了後，用了第一次後便後悔了，從此把東西打入冷宮。

二、三種層次的消費方式

我們把消費方式分成三種層次，從什麼是浪費、偶爾的可租可借，到先求有再求好來談。

(一)第一層次，即用不到的便是浪費：每年母親節時，電視新聞臺總會應景的做個「媽媽最不想要的東西」排行榜，大都是果汁機、蔬果處理器，倒不是因為家裡已有很多個，而是不好清理，還不如買現成果汁。像RO逆滲透淨水機一座5萬元，其最大功能便是把自來水中的氯濾出，飲水機加熱後氯便揮發了，也有同樣功能。像百萬音響主要是擺派頭給別人看，絕大部分人的耳朵沒那麼「利」，3萬元的音響就好用得嚇嚇叫了。三件式沙發與茶几是最占空間的浪費，三件式沙發指的是三人座、二人座、單人座各一個，一般家庭較少有很多朋友來；朋友來時，主人可坐餐椅，讓客人坐唯一的沙發椅（三人座）。

(二)第二層次，即偶爾用的可租可借：至於偶爾用的東西可以向朋友借或是向商店租。

　1.高檔旅行箱：筆者不主張出國旅行用高檔旅行箱，因為「財露白」，容易招惹小偷、搶匪。要是硬要擺派頭，用租的便可，既便宜，而且每次出國皆可租不同形式。

　2.高檔腳踏車：風景區幾乎都有出租腳踏車，租金便宜。

(三)第三層次，即先求有再求好：德國家具強調工藝，沙發、衣櫃金額皆高，以7萬元衣櫃來說，紐約設計家具中心有賣。你可在新北市五股區家具店看到山寨版，衣櫃只要2萬元。衣櫃放在臥房，只有自己在用，幾乎沒有向親友炫耀的機會，何必多花5萬元買德製呢？許多婦女喜歡對開式冰箱，因為可以裝700公升，尤其是蛋糕、西瓜。對小家庭來說，500公升容量冰箱就很夠用了，主要是蔬菜不適合冷藏七天，因此你必須一週買一次菜，冰箱夠大即可。

X與YZ世代的消費型態比較表

生活方面	1980年以前出生的（X世代為例）	1990年出生（Y、Z世代）

一、食

1.家裡吃	自己煮、勤儉持家	Uber Eat外送、宅配到家、排隊美食
2.外食	吃小館，尤其吃到飽	
3.其他		

二、衣

1.衣服	平價	租名牌
2.鞋	耐穿	穿名牌（包括球鞋）
3.珠寶	買名牌手錶，擺派頭	租珠寶

三、住

1.房	買房	租屋
2.家具、電器設備	買大型家具	租家具、買小家電

四、行

1.汽車	國產汽車	搭計程車（Uber）、租車、搭捷運、重型機車（18萬元以上）
2.機車	50～125cc	
3.通訊		
・手機	4G手機	5G手機
・市內電話	有，甚至有傳真機	不用

五、育

1.子女	1～2位	1位以下，甚至不生
2.寵物	養魚、鳥	養貓星人、狗兒子、貓女兒
3.書款	一年2,000元購書款	看「臉」書

六、樂

1.電視	第四臺	中華電信MOD
2.廣播	廣播電臺	思播（Spotify）
3.電影	華納威秀、國賓電影院	網飛（Netflix）

七、旅館與餐廳

1.電視	三星級飯店、國內旅遊、出國旅遊	民宿、Airbnb（出租民宿）
2.廣播		
3.電影		

Unit **7-5**
如何把錢花在刀口上

大部分人都聽過「把錢花在刀口上」，2012年，臺灣開始流行這個觀念，似乎就是「錢花在刀口上」的運用版。

一、最簡單的「CP值」

「CP值」（capacity-price ratio）這個字的本意是「價值／價格比」（value / price ratio），最常見的最簡單例子便是電視新聞中的報導，常用同一品牌的洗衣精、乳液來舉例，算出大、中瓶裝，1mℓ得花多少錢，愈低愈好。

在右頁表一中，我們為了跟右頁表二討論連戲，所以用右頁表一品牌的飲料來舉例，以求品質相同，差別只是容量大小。由右頁表可見，按一下計算機（或手機中的計算機功能），會發現A款包裝，一元可買到12cc；B款包裝，一元可買到10cc。同樣一元，A款包裝較便宜，所以勝出。

在品質相同情況下，人們的消費決策準則是「貨比三家不吃虧」。

二、主觀的CP值

人們消費的目的是讓自己「爽」一些，經濟學稱為「追求效用極大」，「爽」、「效用」都是個人感受；也就是「CP值」中的「功能」（capacity）變成「主觀值」。

在右頁表二上的「已知情況」，這是許多人常見的「錢不夠用」情況，即想完全解渴解餓，必須喝兩瓶水、吃兩個麵包，得花100元，但手上只有50元。

由右頁表二可見，李小明想讓50元發揮最大效用，三種消費方式中，依序如下：

1.買一瓶水、買一個麵包，總效用190。

2.買兩瓶水，總效用170。

3.買兩個麵包，總效用150。

李小明會挑方案一，因為最「爽」（有吃有喝）。

每個人的財富、所得皆有限，在消費決策時，便需要把成本（產品壽命週期成本）、效用算清楚，如此自然會理性消費。

小博士解說　**經濟學者大都是「小氣鬼」**

2012年美國《華爾街日報》一篇專欄指出，經濟學者都是「小氣鬼」。原因如下：

．在餐廳點菜時只點夠吃的，不會裝闊。

．不買彩券，因為輸多贏少。

把錢花在刀口上

表一 客觀的CP值

量價	A款	B款
(1)容量	300cc	250cc
(2)售價	25元	25元
(3)＝(1)／(2)	12cc／元	10cc／元

已知情況：

李小明既渴且餓，身上只有50元：

1. 包裝水一瓶25元，300cc。
2. 麵包一個25元，200大卡。
3. 必須把50元花光，以解渴解餓。

表二 追求效用極大的消費決策

商品	第一件效用值	第二件效用值	小計
1.水	100	70	170 不渴， 但仍很餓。
2.麵包	90	60	150 不餓，但吃完 麵包後更渴。
小計	190 有點渴、 有點餓。	—	

Unit **7-6**
買冷氣：產品壽命週期成本

　　你去水果攤買香蕉，這攤一斤25元、那攤30元，八成的人會在這攤買。香蕉是消費品，吃完就沒了，但家電、家具等都是耐久品，決策準則是「產品壽命週期成本」（product life cycle cost）。

一、產品壽命週期成本

　　衣服套裝（例如：西裝）是一般人常見的耐久品，其產品壽命週期成本，包括採購、使用成本。套裝的使用成本是「乾洗費」，每次約150元。至於家電、汽車的使用成本就複雜多了，詳見右頁上表。

二、零元手機，電信公司賺月租費

　　2006年起，電信公司推「零元手機搭門號」促銷專案，看似手機免費，可是月租費1,500元，綁約2年，提前終止還有違約罰款。

　　電信公司替買方先付款給手機公司（例如：蘋果公司、三星電子），再從2年月租費把手機售價、通訊費用賺回來。所以對買方來說，「零元手機綁約」等於分期付款買手機。其實電信公司、大的通訊公司（例如：震旦通訊）推各種資費方案，都算得很精，不會讓你抓到空隙。

三、變頻冷氣，買方「先苦後甘」

　　跟「零元手機綁約」相反的耐久品付款方式，便是「先苦後甘」式的，即採購成本高，使用成本低，常見情況便是冷氣，由右頁下表可見。

　　(一)採購成本：同家冷氣公司8坪大的冷氣機，變頻冷氣機（俗稱分離式冷氣）4萬元，比窗型冷氣機（即不是變頻）2萬元貴2萬元，看似應買窗型冷氣機；但是窗型冷氣噪音較大（約40分貝）、變頻冷氣噪音較小（約20分貝）。

　　(二)用電成本：變頻冷氣機一個月耗電費300元，一年夏天用五個月，使用8年，電費1.2萬元；窗型冷氣機電費則3.2萬元。

　　(三)產品壽命週期成本：由此例可見，變頻冷氣機、窗型冷氣機在使用8年時，兩者產品壽命週期成本52,000元。但只要8年內，用冷氣機時間超過五個月，或每天用冷氣時數時間較長，那麼變頻冷氣機就划算。

四、你家換用LED燈泡了嗎？

　　2013年3月，筆者嫌客廳用6盞60燭光省電燈泡太耗電，以每個售價300元，換成LED燈泡，用電只有省電燈泡三成，壽命3萬小時；省電燈泡壽命7,000小時，售價130元。6盞LED燈泡1,800元、省電燈泡780元，只貴1,020元，約2年便把電費減少，把這1,000元省回來。

冷氣的壽命週期成本

家電與汽車等耐久品的產品壽命週期成本

耐久品	採購成本	動力成本	維修	保險費	其他
一、家電					
1.冷氣	✓	電費			
2.冰箱	✓	電費			
3.手機	✓	✓			月租費
二、汽車	✓	油錢	5,000公里一次維修 ・洗車費	・汽車保險費 ・汽車燃料稅 ・汽車牌照稅	住家、辦公室停車費

8坪冷氣機——窗型vs.變頻

	窗型	變頻
(1)售價	20,000元	40,000元
(2)用電成本	800元／月×5個月×8年＝32,000元	300元／月×5個月×8年＝12,000元
(3)＝(1)+(2)	52,000元	52,000元

Unit **7-7**
買新車：三個不需考慮因素

人一生上班期間收入約1,500萬元，其中35%（525萬元）花在買屋，另有8%（約60萬元一部車，前後買二次）花在買汽車，再加上後續費用，房子、車子約占人一生收入43%。因此本書花較大篇幅聚焦討論。一開始，我們採刪去法，先說明「不該考慮因素」。

一、採購成本一：面子不重要

車子是用來開的，純從財務角度考量，僅需考慮汽車的安全性與汽車壽命週期成本。但有人會考慮突顯社會地位與品味兩項因素，說明如右頁圖。

二、採購成本二：殘值不重要

許多人購車以豐田汽車為首選，原因是「保值性較高」，其次是雙B汽車，美國汽車保值性最差。縱使二手汽車行情也印證上述看法，但本書的看法是「汽車殘值不重要」，即不需考慮。

(一)6年內換車，差一點而已：當考慮6年換車時，佳美（Camry，中國稱凱美瑞）可賣38萬元（殘值現值31.825萬元）、C牌可賣25.5萬元（殘值現值21.356萬元）；佳美殘值多12.5萬元，但殘值現值僅多10.4萬元。但買車時，佳美車價高10萬元。

(二)10年以後換車，沒差：車齡7年以上，殘值（包括殘值現值）小，兩車的殘值差距極小；14年以上時，殘值皆為0。

三、使用成本中的用油費用不重要

許多汽車公司大力宣傳「我家的汽車最省油」或是「柴油價格比汽油低，開柴油汽車比較省錢」，本書認為：「油耗不重要」。由右頁下表可見，為了簡化起見，假設同一汽車公司推出三種動力車款。

(一)油電混合汽車一年省8,225元油錢：由表可見，油電混合動力汽車，每年油錢14,275元，比B款汽油汽車22,500元油價，省8,225元。但前者售價107萬元，比後者高25萬元，不考慮其他因素，開油電車要開30.4年，省的油錢才夠把25萬元超過的車款省回來。依據純電動車、氫動力車的發展，最快得到2027年，這些環保（中國大陸稱生態）汽車的產品壽命週期成本才會低於汽油汽車。

(二)柴油汽車一年省7,160元油錢：由表可見，柴油汽車引擎效率較高（油耗16公里）、油價較低，比B款汽油汽車年省7,160元油價，但前者售價92萬元，比後者高10萬元，不考慮其他因素（註：柴油汽車震動幅度較大），開柴油車要開13.97年，省的油錢才夠把10萬元超過的車款省回來。

(三)汽油汽車油耗差不多：至於汽油汽車，A車款較省油，每年油錢只花2萬元，B車款最耗油，每年油錢2.25萬元，A車款比B車款每年油錢省2,500元。在其他因素不變下，以汽車10年殘值0情況，A車款宜在82.5萬元以內，才值得買。

買新車：三個不需考慮因素

1. 面子不重要

(1)買雙B汽車，以突顯社會地位：高檔汽車或許可突顯財富、身分，但財露白情況，往往也提高家人被綁架、汽車失竊等風險。

(2)買罕見車款，以突顯品味：罕見車款（年銷1,000輛以下），維修費用極高。

2. 殘值不重要　　　　　　　3. 油耗不重要

已知 2,000cc 日系汽車

A款 豐田 佳美	95萬元
B款 裕隆日產 Teana	90萬元
C牌	85萬元

現值因子

N R	3%
6	0.8375
10	0.7441
12	0.7014
16	0.6611

求解：殘值價值與殘值現值

單位：萬元

車齡	冠美麗			C牌		
	(1)殘值因子	(2)殘值＝車價×(1)	(3)殘值現值＝(2)×現值因子	(1)殘值因子	(2)殘值	(3)殘值現值
6年	0.4	38	31.825	0.3	25.5	21.356
10年	0.2	19	14.138	0.1	8.5	5.96
12年	0.1	9.5	6.66	0	0	0
16年	0	0	0	0	0	0

已知情況： 2,000cc汽車價格，詳見第一欄平均每年行駛12,000公里；油價：以95無鉛汽油每公升25元為基準，高級柴油23元。

車種	(1)油耗：每公升油行駛公里	(2)一年用油＝12,000公里／(1)	(3)油價	(4)＝(2)×(3)
一、油電混合動力汽車 車價107萬元	21公里／公升	571公升	25元	14,275元
二、柴油汽車 車價92萬元	18公里／公升	667公升	23元	15,341元
三、汽油汽車				
(一)A車款	15公里／公升	800公升	25元	20,000元
(二)B車款 車價82萬元	13.33公里／公升	900公升	25元	22,500元

註：冠美麗沒有柴油版，本數字為舉例用，另油電動力2018.5停售

Unit **7-8**
買汽車的安全下限

在「CP值」的消費決策準則中，「功能」（capacity）最難量化，尤其是涉及健康、生命時，有時有些消費者可說「跟生命過不去」。本單元說明，大至買汽車，小至買手搖飲，生命安全才是硬道理，命都不在了，省4,000元、4萬元油錢還有意義嗎？

一、生命無價

開車上路，等於是隨時跟自己、別人的生命在冒險。雖然電視新聞中幾乎每天都有血淋淋的死亡車禍畫面，但許多人都認為「我是例外」、「不會輪到我」。

「開車」最大不可控制因素是他車衝撞，這包括後者追撞、過路口時被闖紅燈汽車（尤其是救護車）側撞，最後是被逆向超車的車對撞。一般國家安全檢驗標準大都是時速50公里，偏重市區道路，日系車全部及格。但像德國、瑞士等高速公路大部分路段皆未限速，5秒鐘緊急煞車、車身（籠形車身等）的要求就很高。

二、日系汽車省油的關鍵

汽車為了省油，常見方式有兩種：提高引擎效率（例如：2,000cc輸出167匹馬力）與減輕車重。在引擎技術相差無幾情況下，大都走向減輕車重一途。

(一)歐美汽車以鋁合金降低車重：跑車使用碳纖打造鈑件、歐美高檔車使用鋁合金（最著名的是電影「鋼鐵人」中奧迪A8車款），這兩種材料的價格比鋼鐵高50%以上，因此汽車減重的目的在於「馬力不變情況下，提高極速到300公里與3.6秒加速達到100公里」。

(二)日系汽車以薄鋼鈑減輕車重：日系汽車走低價搶市場，所以車身只好採用鋼鈑，為了減重以省油，因此只好採用輕薄鋼材，以2,000cc汽車來說，同樣鋼鈑車身，日系汽車約1,450公斤，比美國汽車輕100公斤以上。有時，看著電視廣告宣傳汽油汽車一公升可以跑18、23公里，大都是1,200、1,300cc的小車。這種車只有在市區跑才安全，一旦上高速公路，出車禍就「不成車形」，無法保住乘客安全。由Unit7-7可見，除非是計程車，否則汽車的油耗高低，對一年油價影響約4,000元。不要說人命，人的一隻手、腳因車禍而傷殘，至少住院、復健等，皆遠超過4,000元或4萬元。因此，建議買車最好符合右頁圖標準：引擎容量1,800cc以上、鋼材車身、車重1,500公斤以上（鋁合金、碳纖除外）。

三、便宜要有理由

「一分錢一分貨」這句俚語八九成正確，因此你在下列兩種通路看到「俗到好像不要錢」的商品時宜提高警覺，一是網路商店售價便宜三成以上；二是實體商店，尤其是右頁表所示「食」案例業者的說法，你更該謹慎之。

買汽車的安全下限

鋼材車重

基本安全門檻

1,500
公斤

小車輛
相對不安全

1,800cc　　　引擎排氣量
　　　　　　　（cc數）

「俗到好像不要錢」的兩種通路

1. 網路商店售價便宜三成以上

比商店貨便宜三成以上的網路商店報價，大抵有兩種情況，一是網路詐欺（尤其是團購）；一是小偷偷的貨，便宜銷贓。

2. 實體商店

由下表可見，以賣吃的東西，「便宜到離譜」，這時你該擔心吃了一定會傷身。

食	業者的說法	說明
·50元、80元 快炒店	因為產地（漁港）直營、直接採購，所以進貨價低廉。	大部分的魚都不新鮮，因此用三杯：糖、醋、油炸等烹調方式以壓住味道，你可以點川燙、清蒸方式，才吃得出魚的鮮味。
·10~20元 500cc飲料店	號稱從南投縣鹿谷鄉直接進高山茶，所以茶成本低。	這些都是由食用色素泡出來的，才會這麼便宜。
·一隻200元的土雞，一斤60元的豬肉	號稱大量進貨，所以原料便宜。	這些往往是病死雞、病死豬的肉，豬無法送到合法屠宰場去通過衛生檢驗，只好私宰。

Unit **7-9**
買汽車付款方式

　　2021年汽車銷量45萬輛，比2020年45.74萬輛少，許多汽車公司衝銷量祭出「低頭款」（頭期款，第一年日付79元）的罕見低價門檻方式搶市，尤其是針對30歲左右的年輕人。有些銀行也推出低利率汽車貸款。輪到你，該如何決定付款方式與資金來源呢？

一、現金折扣

　　公司做生意，因為金額大，所以針對顧客付現的往往便宜2%，俗稱「現金折扣」。在消費行為中，因為金額小，較少有現金折扣，但是汽車銷售因總價高，所以汽車公司往往會給買車的人（車主）5～10%的現金折扣。

二、表面上：自有資金付現最便宜

　　由右頁表可見，對汽車公司來說，客戶有下列兩種付款方式：

　　(一)付現，顧客享有10%現金折扣：即付85.5萬元。「現金」有兩種來源，一是全部自有資金，一是全部銀行汽車貸款。

　　(二)利用汽車公司的「零利率」分期付款方式，但沒有現金折扣：以右頁表第二欄來說，車價95萬元。

　　從表面上看來，汽車貸款情況下，5年還貸款109.2萬元，看起來比自有資金95萬元或汽車公司「零利率」95萬元高。但這是「只知其一，不知其二」。

三、結論：銀行貸款買車最划算

　　如果考慮兩種付款方式的機會成本，那結果是向銀行貸款買車比較划算，詳見右頁表第三欄。

　　(一)自有資金買車的機會成本：花95萬元買車，等於放棄把95萬元單筆投資買基金的機會，為了跟其他兩種付款資金來源相比，計算買車4年的機會成本，即118萬元。簡單的說，少賺了8萬元。

　　(二)銀行車貸：你向銀行借95萬元去付車款，每月還車貸18,200元；要是把這筆錢定期定額買基金，5年後值138.75萬元。

　　(三)汽車公司「零利率」分期付款專案：買車付25萬元頭期款，尾款70萬元分5年（60期支付）。對車主來說，共放棄兩項投資收入，即頭期款25萬元的單筆投資，與每月13,000元的定期定額投資。

　　(四)正確的財務槓桿：這個付款資金來源問題，不考慮機會成本情況下，很容易求解。即右頁圖，指向銀行借汽車貸款，資本成本3%，可賺到10%的現金折扣。

買汽車付款方式

已知2,000cc汽車，定價95萬元，2022年元旦購買
假設

- **現金付款折扣10%**
- **定期定額基金投資報酬率12%**

付款方式	車款（2022年）	機會成本 （2022年底）	說明

一、付現

(一)全部自有資金　　95萬元　　95萬元×1.7623
＝167.42萬元　未來值利率因子

N\R	12%
5	1.7623

(二)銀行貸款　　95萬元
貸款利率3%
貸款期間5年
每月還本息
18,200元　18,200元×12月
×6.3528＝138.75
萬元　未來值利率因子

N\R	12%
5	6.3528

**二、利用汽車
銷售公司
零利率分
期付款專
案**　95萬元
頭期款25萬元
尾款70萬元
分5年支付
每個月13,000元　25萬元×1.7623＝
44.06萬元

13,000元×12月
×6.3528＝99.1萬元
合計143.16萬元　

0利率

買汽車正確的財務槓桿

現金折扣
＝10%

定期定額
投資

$R_\ell = 3\%$

汽車貸款利率

Unit **7-10**
如何合理降低汽車使用成本

　　「買車容易、養車難」，這句話道盡買車後的財務壓力，汽車使用成本中最大的是停車費，因各地停車費差距甚大，因此本單元討論如何「合理」降低汽車使用成本時，只考慮動力成本（即油錢）及維修成本兩項。

一、正廠說，其他修車廠說

　　正廠在賣汽車時賺錢有限，透過售後服務賺「細水長流的錢」。許多車主洞悉正廠的心思，因此不太相信正廠的建議（右頁表第四欄），而會聽其他修車廠（右頁表第三欄）的話。但臺灣有十二家汽車公司，再加上進口車代理公司，正廠要在售後服務中競爭算激烈，大都只能賺個長期合理利潤，因此一般情況下，最好「聽正廠的建議」去做。

二、合理降低油錢

　　一般2,000cc汽車每月油錢約2,100元，約占家庭支出5～8%，占比重高。所以許多車主都想盡方法「合理」降低油錢，如右頁表中常見的重點有五。

　　(一)好的駕駛習慣：車子從啟動時，輕踩油門，緩慢加速；在高速、快速道路，維持時速80公里恆速；這是最省油的駕駛習慣。探索頻道曾有1小時節目說明恆速最省油。

　　(二)冷氣：筆者的車，冷氣占油耗7%；夏天時車內溫度46℃，用遮陽板約可隔絕七成陽光，比隔熱貼紙三成高。上車後，搖下兩個前座車窗、空調先開送風花3分鐘排除熱氣，再開冷氣到26℃，最容易降低車內溫度。

三、合理降低維護成本

　　(一)預防重於治療：「事前一針，勝過事後九針」這句俚語貼切說明汽車定期保養的重要性，「保養」主要是換引擎、變速箱、方向機柱的機油，以讓重要組件正常運作。以5,000公里保養一次，正廠一次2,000元來說，一年12,000公里車程，約4,000元，這是必要花的錢。

　　(二)輪胎：一般輪胎約可用3年或3萬公里，2014年7月全球創67年高溫，臺灣南部常出現汽車輪胎太薄，以致不耐行駛時摩擦生熱而起火，造成火燒車。一般標準胎一個約2,000元，3年才花8,000元換4個輪胎，金額不高。許多車禍都是因為輪胎爆胎，汽車失速或失控所造成，在高速公路上往往造成連環追撞的死亡車禍。輪胎好像鞋子，太薄的鞋底，讓你的腳很容易被路上石頭、異物刺傷。

四、合理降低修護成本

　　汽車用品中有幾項是高金額的消耗，一是輪胎，一是冷氣機的壓縮機，正廠約6萬元，一般耐用年數11年。一旦壞了，必須更新，由右頁表可見，你有多種選擇。

圖解個人與家庭理財

合理降低汽車成本的方式

大項	小項	一些省錢的說法	正廠的看法
一、動力成本 油錢	1.速度		恆速，時速80公里巡航最省油。
	2.加速		輕踩油門。
	3.車重	把備胎卸下，可減輕40公斤。	那碰到爆胎情況下，就沒備胎可用。
	4.冷氣	夏天上車時，先噴降溫劑，2分鐘後再開冷氣。	用遮陽板隔熱效用最佳，上車後先用2分鐘排掉車內熱氣，再開冷氣。
	5.油錢	自助加油，每公升省2元；用指定信用卡，每公升省1.5元。	
二、維修成本	**(一)維護**		
	1.保養	(1)一般保養廠比較便宜。 (2)可以10,000公里保養一次。	(1)保固期間一定要在正廠保養。 (2)每5,000公里保養一次。
	2.輪胎 	(1)量販店的廉價輪胎。 (2)把前輪輪胎換新，把原前輪輪胎挪到後輪。 (3)用落地胎。	(1)輪胎以新胎較佳，3年以上老胎，橡膠氧化，輪胎公司以低價售出。 (2)為了安全起見，最好一次4個輪胎全換，一個約2,000元。 (3)落地胎不知放多久。
	3.油精	→	每個月一瓶，約150元，可保護引擎。
	(二)修理		
	1.冷氣壓縮機 2.其他	(1)可用正廠修護品（即二年品），售價是正廠新品50%。 (2)用臺廠二級品，但最好用大廠產品，不要用名不見經傳的小廠產品。	(1)二手品一般沒保固，耐用期間無法預期。 (2)保固期間3個月。

第 **8** 章
人生風險管理

章節體系架構 ▼

Unit **8-1**
一生的保險規劃 I

每天《工商時報》、《經濟日報》至少有一篇保險（壽險、產險）的新聞，分工情況細到讓人目不暇給，例如：單親媽媽保險規劃、在家工作（SOHO）族保險規劃。

一、人身保險的種類

詳見下表。

二、康健人壽的調查

人生以家庭、自己健康狀況來說，共有右頁表中的五個時點，每往前一個階段，便應該加買一個保險項目，也就是一生至少得五次調整保單項目，俗稱「保單健檢」。本章依你的各十年級距，依序於各單元中說明。

三、平均每人2.5張保單，保額不足

以2022年1月31日，保險事業發展中心公布統計資料（資料來自2021年壽險公會），以死亡理賠來說，平均理賠金額57萬元（1,219億元除以21.41萬人），明顯的不高。保費繳得多（6萬元），理賠不成比率，主要是買儲蓄險。

人身保險的分類

大分類	中分類	小分類
一、死亡保險	意外險	1. 死亡險 2. 傷害險
二、生存保險	(一)意外傷害保險 (二)醫療保險	1. 重大疾病險、癌症險 2. 醫療保險、門診、住院醫療 3. 長期照護險
三、生死合險	(三)其他	1. 儲蓄險：兒童 2. 教育基金、年金

本書不建議買「投資型」保單原因

占20%原因

前2～3年保戶繳的資金中，有二成左右支付保險業務人員佣金、壽險公司費用與利潤

占80%原因

1. 金融控股公司的壽險公司會以旗下投資信託公司的基金為首選，常不列報酬率前十名
2. 獨立壽險公司會挑退佣較高投信公司的基金

一生的保險規劃

年齡	22~30歲	31歲	40歲	50歲	60歲
一、對象	自己	太太 子女		自己	自己
二、保險種類	意外險 醫療險	投資型保單（本書不建議）	重大疾病險 癌症險	1.長期照護險 2.退休年金險（本書不建議）
本章相關單元	Unit 8-2 Unit 8-4	Unit 8-5 Unit 8-6		Unit 8-7 Unit 8-8	Unit 8-8 Unit 8-9 Unit 8-10

2020年臺灣各年齡層人壽保險比率

項目	說明
1. 投保比率	$\dfrac{1{,}636.1萬人}{2{,}356萬人}=69.4\%$ ・男性＝67.46% ・女性＝71.77%
2. 保險金額	19萬元
3. 年齡分布	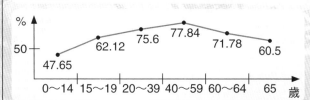

年齡分布圖：
- 0～14：47.65
- 15～19：62.12
- 20～39：75.6
- 40～59：77.84
- 60～64：71.78
- 65：60.5

Unit 8-2
一生的保險規劃 II：意外險保額

保險的本質有二：一是投資；一是風險移轉，花錢消災，即花「保費」去博得保險公司的理賠金額。

一、保額夠了即好

你開的汽車有幾個備胎？大部分人的汽車皆有一個，備胎的功能是「以備不時之需」，一個備胎約40公斤重，平常載著也增加車重，會耗油的。

同樣的，向壽險公司買保險，每年需繳保險費用，對自己有一定負擔，保費高會排擠投資、生活費用金額。正常人，約10年才會出險申請理賠（主要是住院險），平常時用不到，繳的保費就沒「回報」。因此，投保保險金額（簡稱保額）夠了就好。

二、單身5倍，成家10倍

多少保額才算適當？南山人壽新益通訊處專員劉詩潔表示，取決於兩項因素，一是你的收入狀況；二是你的家庭狀況。

由右頁圖可見，口訣是「單身5倍，成家10倍」，以成家時保額是年薪10倍為例來說明，以李先生31歲結婚，33歲時太太生下一女，年薪60萬元為例，此時意外險保額如下：

60萬元 × 10倍 = 600萬元

萬一李先生意外而辭世，李太太、李小妹靠這600萬元，至少可以過15年，即每年花40萬元，一個月3萬元。這還不考慮600萬元的理賠金的投資收入。

以意外險繳費期20年來說，等子女成年前，意外險的繳費期早就滿了。

三、2018年平均保額128.8萬元

行政院金管會保險局2006年開始推動「提高國人保險保障方案」，鼓勵壽險公司多銷售保障型的保單，保險局依據相關指標，給予新種商品送審件數增加的優惠。2018年新保單平均保額128.8萬元，2017年119.6萬元。

簡單的說，每個成人約有2.5張保單，但是保額不足。壽險保額這麼低，主要是因為偏好購買「拿得回來」的保單，也就是具有還本、儲蓄功能的保單。不過，這類保單的保費費率比較高，民眾買得起的保額，當然就比較低。

單身／成家的意外險保額

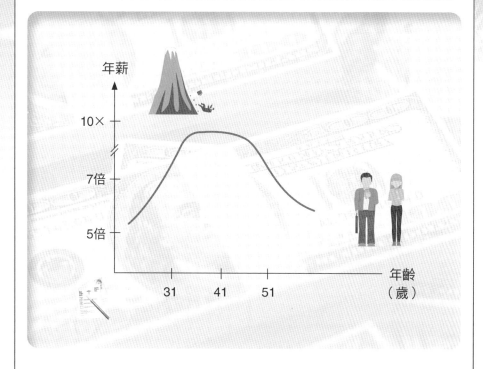

 知識補充站

意外險的職業分類

2015年3月起，意外險採用新「臺灣地區傷害險個人職業分類表」。民眾投保意外險的比率極高，主要就是看準保費費率低、保障高的特色。產險、壽險公司受理的依據是依職業類別，共分成6類，一旦職業類別愈高，保費費率就愈高。
內勤上班族工作風險最低，屬於第1類職業類別、風險最低，投保100萬元意外險保額，年保費約1,100元。

意外險職業分類狀況

類別	工作性質
第2類	行動咖啡車工作人員、寵物美容師、採訪記者、轉播車司機
第3類	快遞人員、乩童
第4類	訓犬人員、捕狗大隊、八家將
特別費率	民航機試飛員
拒保職業	特技表演人員、消防員、爆破部隊、跆拳道及拳擊選手

資料來源：壽險公會

Unit 8-3
單身時的保險規劃 I：意外險

買保險的目的可用旅行平安險（詳見Unit 8-6）來舉例，你一個人去香港玩「三天二夜」，在機場買旅平險，保費一天150元，三天共450元，意外險保額1,000萬元，最好沒事回來。

一、不要買儲蓄險

保險公司的專長不在於投資，而在於集眾人的錢，以「多賠少（即少數出險的人）」。最典型擅長投資的金融公司是證券投資信託公司（俗稱基金公司），因此，我們認為保險跟投資要分開，也就是不要買任何儲蓄險（包括子女教育險），儲蓄險常隱身在壽險保單中，最容易判斷的是「繳費期滿，每5年可領回20萬元紅利，直到投保人過世。」

儲蓄險的保障收益率頂多只有1.3%，極低，還不如自己買基金，最少一年賺7%。

二、意外險的相關規定

想要在有限預算，做出聰明的保險規劃，年輕人應把握的第一個原則就是從「基礎保障」著手，在經濟條件可負擔的範圍內，把基本的壽險、意外險、醫療險先備齊。

(一)「意外」出險才理賠：意外險是一次性理賠，因意外造成殘疾所產生的醫療費用或殘廢定額給付。死亡時的理賠，由右頁圖可見，人發生意外險機率在0.1%以下，但損失金額大。

(二)傷殘給付與失能給付：年輕人投資資金不多，不幸遇到意外事故致使收入中斷，就可能陷入經濟困境，甚至造成家庭更重的負擔。因此投保的意外險中，一定要包含傷殘給付或失能給付，至少能保障休養復原期間的生活無虞。

(三)保費費率：由於各職業的風險不同，所以意外險費率主要影響因素是被保險人的職業，以第一類（行政內勤人員）費率較低；有些職業因屬高危險群（例如：軍人、警察），甚至會被拒保，詳見Unit8-2。

三、意外險要意外死亡才理賠

意外險的保單條款所定義的「意外事故」是指「非由疾病引起的外來突發事故」，且保險公司會去探究意外事件與死亡的因果關係，再決定是否符合理賠條件。

首先是除外責任（即不保項目），即保險公司為界定意外險的理賠範疇，避免保單理賠風險無限上綱，都會明列除外責任的事故項目（詳見右頁表），保險公司不負理賠責任。再來是《保險法》規定，在訂立保險契約時，要保人對於保險公司的書面詢問，必須誠實告知。

發生風險比率

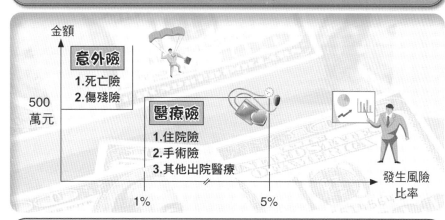

意外險、壽險保障範圍與除外責任比較

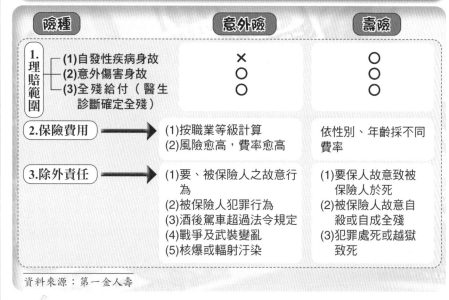

險種	意外險	壽險
1.理賠範圍 (1)自發性疾病身故	×	○
(2)意外傷害身故	○	○
(3)全殘給付（醫生診斷確定全殘）	○	○
2.保險費用	(1)按職業等級計算 (2)風險愈高，費率愈高	依性別、年齡採不同費率
3.除外責任	(1)要、被保險人之故意行為 (2)被保險人犯罪行為 (3)酒後駕車超過法令規定 (4)戰爭及武裝變亂 (5)核爆或輻射汙染	(1)要保人故意致被保險人於死 (2)被保險人故意自殺或自成全殘 (3)犯罪處死或越獄致死

資料來源：第一金人壽

157

投保人誠實告知

《保險法》規定，在訂立保險契約時，要保人對於保險公司的書面詢問，例如：要保書上有詢問欄明確記載「過去五年內是否曾因肝炎、肝內結石、肝硬化、肝功能異常等，接受醫師治療？診療或用藥？」必須據實說明，如果故意隱匿或過失遺漏，甚至是不實說明，讓保險公司減少對於危險的估計，契約訂定兩年內，保險公司是可以主張解除契約。保險公司無須返還先前已收受的保險費。投保時客戶必須簽署一份健康告知書，為避免日後爭議產生，要保人一定要誠實以告，才能真正保障自身的保險權益。根據金融消費評議中心統計，2018年處理的保險理賠類申訴3,000多案件中，有8件是屬於「違反告知義務」，比重排名第三高。

Unit **8-4**
一生的醫療險規劃

夏天時，3C量販店很難賣電暖爐；晴天時，商店很難賣雨傘，一旦大雨滂沱，就可能被淋個落湯雞。保險是晴天買傘的未雨綢繆。

一、全民健保只是白飯，商業保險才是主菜配菜

對於沒有住院、開過刀的人來說，很難體會「既然有了全民健保，為什麼還要花錢向保險公司買醫療險？這不是浪費錢嗎？」講兩件事，讓你知道醫療險的重要性。

(一)健保不給付：在健保制度改革和同病同酬（DRGs）制度陸續實施下，愈來愈多醫療項目（例如：一些癌症新藥）不列入健保給付；相對地，自費項目就會增加。

(二)Y軸──手術自負額：許多大手術都有二成手術費用自負額，以30萬元手術來說，病患須負擔6萬元，對大部分人是個負擔。

(三)X軸──健保四人房：以住院來說，健保標準給付是四人房，白天陪伴、訪客吵，晚上病患痛吵，其他病患不得安寧。透過醫療險中的住院保險金給付，你可以升等到雙人房甚至單人房。根據衛生福利部中央健康保險署統計，平均每次住院天數約11.4天，住院期間想要較好的療養環境，即使是雙人病房，在健保的補助下，每天仍需自行負擔1,000～2,500元。

二、一生的醫療保單規劃

每個人一生花費醫療支出，大概800萬元，八成以上由全民健康保險給付。人生在不同階段對醫療保障需求不同，詳見右頁圖。保醫療險須每隔10年重新檢視手上醫療險保單，醫療險僅理賠醫院內進行醫療行為的費用，正常的整型不算醫療行為。

醫療險愈早買愈好，尤其是新生兒從零歲起投保，就能在成長階段開始享有全方位的醫療保障。

民眾在選擇慢性疾病保險時，有財務上的考量，可選擇含有失能保障的定期壽險，一旦有餘裕，再選擇終身壽險做充分的規劃，或是財務能力允許之下，增購重大疾病險來防範。

三、保險公司

醫療險是一種責任險，因此兩種保險公司皆有銷售。

(一)壽險公司：醫療險是人壽保險公司的基本收入，因此保單商品極多樣化。

(二)產險公司：產險公司也有推醫療險，例如：華南產險推「寶貝計畫」專案，泰安產險有「健康寶貝」兒童醫療險，新安東京海上產險有一張「快樂兒童」醫療保險的專案商品，年保費1,000～2,000元。

臺灣全民健保

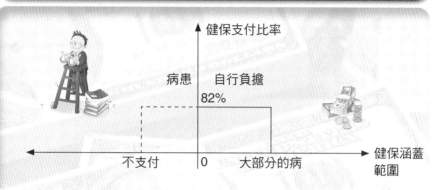

健保支付比率

病患　自行負擔
82%

不支付　　0　　大部分的病

健保涵蓋範圍

各年齡層的每年醫療費用

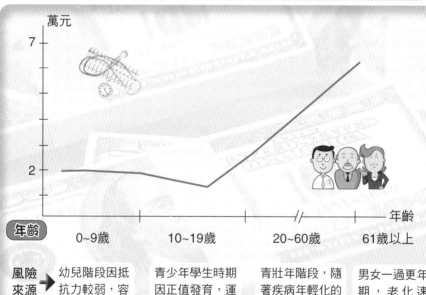

萬元

7

2

年齡

	0~9歲	10~19歲	20~60歲	61歲以上
風險來源	幼兒階段因抵抗力較弱，容易得到病毒感染、呼吸道及消化系統疾病。	青少年學生時期因正值發育，運動量大增，伴隨而來的就是各項運動及意外傷害的發生。	青壯年階段，隨著疾病年輕化的趨勢，也要格外注意癌症等重大疾病提早到來。	男女一過更年期，老化速度加快，抵抗力變差，「老病」連在一起。
保單險種建議	日額型醫療險，尤其可加強住院日額、加護病房。	意外傷害保險	含身故給付終身醫療險	重大疾病及特定傷病醫療險

資料來源：衛生福利部

Unit 8-5
單身時的保險規劃 II：醫療險（或健康險）

在《水滸傳》中，景陽崗打虎英雄武松貧病交迫，有幸蒙小旋風柴進收留醫治，讓人體會到「英雄最怕病來磨」。本單元說明人生中第二重要的保險——醫療險。

一、重大疾病年輕化

由於年輕人疏忽保健，因此高血壓、中風、糖尿病等老人疾病，有年輕化趨勢。對於喜歡三高（高油、高鹽、高糖）飲食的人，往往健康會出現三高（高血酯、高膽固醇、高血糖），疾病風險較高。未雨綢繆之道有二，一則是像TVBS 56臺週末晚上9點到10點鄭凱云主持的「健康2.0」節目，幡然醒悟，改吃健康飲食；一則是強化風險理財，即購買醫療險。

二、醫療險的保險範圍

意外險中的醫療給付是保障被保險人意外（例如：車禍），而醫療險的保障主要是正常情況，即「人吃五穀雜糧，哪有不生病的。」由右頁上表可見，醫療險保障項目（範圍）有三，即住院、手術及出院療養。

三、醫療險理賠金額

醫療險理賠金額可分為右頁下表中的兩類，其中「帳戶型」在本處簡單說明。

為避免保險公司財務負擔過大，終身醫療險都設有整體理賠上限，俗稱「帳戶型」。不論給付項目為何，保戶可領金額，合計最高就是這麼多；保險公司通常以住院日額的給付倍數來表示總額上限。

以住院日額1,000元、累計總理賠金額3,000倍為例，這張終身醫療險，合計住院日額、特定病房、手術醫療、身故保險金等各類給付，總金額不超過300萬元。

小博士解說　保單健檢

保單健檢是把保單當成「健康」檢查的對象，依序有幾個重點：

・what：買的保單是否涵蓋重大危險來源。

・how much：保險金額是否足夠。

・who：受益人是否變更。

・which：其他。

醫療險保單內容

理賠範圍	住院	手術	出院療養
一、基本保障			居家療養保險金 500元／日
(一)帳戶型醫療險	醫療險主要是針對「住院」才有給付。	1,000元×手術倍數	
(二)意外險	意外醫療對於因意外導致的門診就醫也有提供給付。 保費費率較高		
二、延伸保障	1.加護病房保險金 例如：2,000元／日	手術看護保險金 3,000元／次	救護車運送保險金 2,000元／次
	2.燒燙傷病房保險金 例如：1,000元／日		

醫療險理賠金額

理賠金額	日額型	實支實付
一、對被保險人涵義	日額型則按被保險人實際住院日數，依保險契約條款約定給付保險金。 **缺點** 住院治療自費的醫材需求，例如：心臟支架、心臟節律器等各項醫材，費用往往數萬元，定額給付可能不足以支應。	實支實付型以填補被保險人因住院醫療期間產生的醫療費用為目的，具有補償性質。 實支實付的醫療險附約，限額內依醫材實際使用費用給付，利用附約以較經濟的保費，就能獲得更多保障特性，加強醫療保障。 2014年2月起，醫療險新保單急診室理賠改以「實支實付」。
二、對保險公司涵義	醫療險保單幾乎都設有給付上限，當所有項目的給付金額加總達到上限時，這張保險契約即行終止。	同左 例如：住院天數一般也會限制180天或365天。

Unit 8-6
結婚後保險規劃

結婚前的單身男女是「一人吃飽，全家吃飽」，婚後，雙方皆必須為對方、子女設想。

一、保險種類

新婚人士規劃保單時，首重壽險和意外險保障，透過定期壽險及意外險的功能，讓夫妻雙方擁有低保費與高保障，避免風險造成家庭夢想中斷。

二、保險金額

意外險保險金額隨家庭狀況而調整，詳見Unit 8-2。

三、受益人

右頁表中的「受益人」是個敏感項目，你有下列兩種選擇：

(一)明著寫「受益人」：明寫受益人時，最好包括配偶、子女與被保險人父母分配比率。

(二)只填寫繼承權人：只填寫繼承權人時，這保單便是依民法中的繼承編去走，有爭執時由法院判定。

小博士解說 旅行平安險

各類旅平險比一比			2022年1月
項目	旅行業責任保險	信用卡附加旅平險	旅行綜合保險
說明	依《發展觀光條例》、《旅行業管理規則》規定，業者須於行程出發前為團員投保。	須以信用卡支付八成以上團費或公共運輸工具全部票款。	民眾自行向產險公司投保。
保障期間	旅遊期間	僅保障搭機或固定路線的大眾運輸工具期間	旅遊全程
保障內容	・旅遊團員意外死亡 ・旅遊團員傷害醫療 ・善後處理費用 ・旅行文件遺失	・旅平險意外死亡及殘廢 ・旅行不便險 **以下項目大多無附加，視卡別而定。** ・傷害醫療 ・海外突發疾病 ・海外緊急救援服務	・旅平險意外死亡及殘廢 ・傷害醫療 ・個人責任險 ・海外突發疾病 ・旅行不便險（含行李遺失等八大項） ・海外緊急救援服務
保額	保額最低意外死亡200萬元、傷害醫療10萬元	保額依各家信用卡卡別等級而有所不同	可依自身需求調整，保額10萬至1,000萬元

資料來源：華南產險公司

婚後丈夫的保單調整

 項目 **丈夫方面**

一、保險金額

保險金額調高

多數新婚家庭的保額不足，可用定期壽險來彌補。例如：手上還有10年期的房貸要繳，就買一個10年期的定期壽險，萬一不幸身故，死亡給付可以償還房貸，不會債留家人。

新婚夫妻以醫療與意外險為必備基礎，而變額萬能壽險具彈性調整壽險保額的特色，可協助有生育計畫的新婚夫妻，依照人生的不同階段計算家庭責任額，包括父母奉養金、子女教育金、房貸等需求，提供家庭完善的風險保障。

二、險種

新婚家庭可從定期醫療險、搭配癌症險等附約著手，等到中年收入增加，再加入長期看護、終身醫療險等險種。

163

三、受益人

在新增保單時，應互以對方為受益人的第一順位，未來隨家庭成員增加，應調整配偶及子女等受益人順位及保險金均分比例。

購買保險時，必須注意保單受益人的填寫，除了配偶，年邁即將退休的父母，也應列為第一順位的受益人之一，避免風險發生時，對於父母的晚年，疏於照顧，甚至發生爭奪保險金的遺憾。

Unit **8-7**
50歲的醫療保險規劃Ⅰ：重大疾病險

出車禍時，大部分為兩車相撞，所以汽車保護乘客的安全設計都在車頭下功夫。在有醫療險情況下，45歲以上時，宜針對重大疾病特別強化風險理財，詳見右頁圖。

一、重點加強

每年6月15日衛生福利部統計，2020年國人十大死亡原因中，包括癌症、心臟疾病、肺炎、腦血管疾病、高血壓疾病及腎臟病等，皆跟特定傷病有所關聯。重大傷病領證人數逼近90萬人。一旦罹患特定傷病，龐大的醫療費用，可能會為家庭經濟帶來沉重壓力。

二、保障範圍

「重大」疾病險的重點在於「重大」疾病，「重大」的要件在於「不死也去了半條命」，可見是「大病」。

符合保險公司「重大疾病」定義的有心肌梗塞、冠狀動脈繞道手術、腦中風、慢性腎衰竭、癌症、癱瘓、重大器官移植手術等七項疾病，也有除外項目。

其中屬於重大疾病的癌症部分，仍有些疾病除外，例如：原位癌（俗稱癌症零期）、惡性黑色素瘤以外的皮膚癌、第一期何杰金氏症（淋巴瘤的一種）、慢性淋巴性白血病等，因此有家族遺傳病史的人士，特別要詳讀保單條款。

三、保險期間

任何保險都可分為「定期險」與「終身險」兩種。

(一)定期險：定期險是以自然費率繳費，年紀愈大保費愈貴，通常為一年一續，也有保險公司設計為五年續約一次，可續保至65歲，或至105歲，各家保單條件不同。壽險公司通常都有保證續保機制，且多為附約形式，沒有身故或全殘保險金，保費相對較便宜。

(二)終身險：終身險繳費方式採平準費率，每年應繳保費金額相同，在固定期間繳費完後保障終身，但通常都有總給付上限，此類多為主約形式，並含有身故或全殘的保障。

上述保險的保單型態可分為主約、附約，跟去西餐廳點餐一樣，有主菜，至於單點部分（例如：湯、沙拉），則須額外付費。右頁表中之醫療險分成主約、附約兩種買法。

50歲重大疾病險規劃

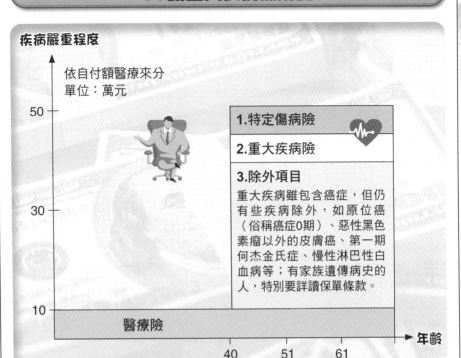

疾病嚴重程度

依自付額醫療來分
單位：萬元

50

1.特定傷病險

2.重大疾病險

3.除外項目

重大疾病雖包含癌症，但仍有些疾病除外，如原位癌（俗稱癌症0期）、惡性黑色素瘤以外的皮膚癌、第一期何杰金氏症、慢性淋巴性白血病等；有家族遺傳病史的人，特別要詳讀保單條款。

30

10

醫療險

年齡

40　　　51　　　61

重大疾病險／癌症險

期間	定期險	終身險
說明	1.以自然費率繳費。 2.年紀愈大保費愈貴。 3.可續保至65歲或至105歲（多為附約形式續保）。 4.沒有身故或全殘保險金，保費相對較便宜。	1.採平準費率繳費。 2.每年應繳保費金額相同。 3.多為主約形式，並含有身故或全殘的保險。

保單型態	附約	主約
說明	已有其他壽險保障，則可選擇購買無身故保險金的重大疾病險，通常為附約形式，保費也會相對便宜。 有幾家產險公司推出癌症險和重大疾病險保單，通常一年一續的方式，費用便宜許多。不過，產險公司的保單並沒有保證續保的機制，一旦產險公司宣布停賣，保戶無法以相同條件續保。	以主約形式單獨出單的重大疾病險，在被保險人罹患重大疾病後先給付一部分保險金，在身故時再給付其他保險金。 —

Unit **8-8**
50歲的醫療保險規劃 II：癌症險

「人人有希望，個個沒把握」這句俚語用來形容人罹患癌症的機率，可說很貼切。一般來說，癌症的原因先天占二成，後天占八成（有一說是隨機的），包括飲食、運動習慣與壓力、環境等。人過了50歲，抵抗力變差，累積致癌物等逐漸到門檻值，罹癌機率大增。

一、癌症值得額外投保

根據衛生福利部公布2020年國人死因統計顯示，前十大死因以癌症居首，癌症已經名列國人十大死因第一名。從1982年以來，其中以肺癌、肝癌、腸癌等癌症為主要病因。

2020年因為癌症死亡人數為5.02萬人，等於每100個人就有29人死於癌症，且男性的人數幾乎是女性的2倍，當中還有不少都是家族無病史，或平常很注重養生的民眾，顯示癌症的可怕。每個人的平均癌症醫療費用支出，也在逐年不斷增加，一旦罹患了癌症，龐大的醫療費用往往會造成家庭極重負擔，建議民眾應事先做好相關風險移轉。

二、保險相關事項

癌症不是絕症，及早發現好治療，對保險公司來說，承保癌症險可說風險較大，因此比其他保險有更仔細的核保、理賠程序，詳見右頁表。

166

2020年死亡人口原因

大分類	人數	%
一、疾病	134,676	77.8
1.癌症	50,161	28.98
2.心臟疾病	20,457	11.82
3.肺炎	13,736	7.93
4.腦血管疾病	11,821	6.83
5.糖尿病	10,311	5.96
3.其他（事故等）	28,193	16.29
二、自然	38,429	22.2
小計	173,067	100

資料來源：衛生福利部，2021年6月18日

癌症保險相關事項

		例外	通例
一、等待期	→	保險公司標榜「無等待期」，在保單第一年度內被保險人初次罹癌，僅退還所繳保費2倍，給付後契約中止。	癌症險或重大疾病險，保單在承保後都設有等待期，通常為30天、60天或90天。在等待期間，要保人罹患所約定的疾病時，保險公司予理賠。

> 例如：國泰產險推出的「新世紀三保」個人健康傷害險專案，保戶可以在投保之後，立即就享有保障，「三保」包括癌症險、意外險、突發傷病等保障。

		例外	通例
二、確定罹癌	→		癌症多有包含在重大疾病險及特定傷病險的保障項目內。
(一)初次確診罹癌		一	「初次罹癌保險金」一生只能領一次，給付金額由高往低如下： 1.非原位癌 2.原位癌（零期癌症）
(二)再度罹癌		因原位癌領取了初次罹癌保險金，之後又罹患其他非原位癌時，可分別領取兩筆保險金。	一
三、癌症住院醫療保險金	→	**給付項目** 低侵襲性及侵襲性癌症、特定癌症、身故或全殘或滿期保險金等。 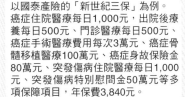	以國泰產險的「新世紀三保」為例。癌症住院醫療每日1,000元、出院後療養每日500元、門診醫療每日500元、癌症手術醫療費用每次3萬元、癌症骨髓移植醫療100萬元、癌症身故保險金80萬元、突發傷病住院醫療每日1,000元、突發傷病特別慰問金50萬元等多項保障項目，年保費3,840元。
(一)理賠金額		**一次給付型** 這適合下列人士：已有分次給付型癌症險及醫療險，但有意提升醫療品質者，即被保險人罹患癌症給付一次理賠金，契約即終止，可用來補貼昂貴的標靶藥治療。	**多項給付型** 這適合下列人士：尚未投保癌險及醫療險，或已有醫療險，亟需補強防癌保障者。然後再依因治療癌症的各項內容，例如：住院、療養、手術、化療及放射治療等醫療行為，額外給付定額保險金，但有次數、金額上限。
(二)保費豁免		保障期間，保戶享有殘廢、身故保障。	罹癌豁免保費、終身保障。
(三)併發症		防癌險理不理賠併發症或後遺症。	在癌症治療過程中，要是癌細胞轉移或產生併發症，後續的治療更複雜、支出更多；因此，癌症險的保障範圍是否包括癌症引起的「併發症」，也相當重要。
(四)安寧病房		有些保險公司會把安寧病房明確納入給付範圍。	有些保險公司的日額給付，並不包括「安寧病房」的住院天數，因為這些保險公司認定，安寧病房不屬於積極治療所需的住院，因此不列入給付。
(五)身故			
四、未出險時	→	被保險人保單期滿仍生存，給付期滿保險金。	同左

Unit **8-9**
50歲的醫療保險規劃III：長期照護險 I

長壽在理財方面風險有二，一是退休金不足，將於第十五章說明；一是生活無法自理時，需要由人長期照顧看護。

一、長壽風險之一：需要被人長期照護

在許多公園，到了下午，菲傭（包括印尼傭，本質是看護工）用輪椅推著雇主出來晒太陽，老人聊天，頂多走幾步，筆者住的巷子16戶，便有3戶有僱用外傭。

活得愈久，生活自理能力逐漸降低，由右頁圖可見，愈老，需要聘僱外傭的比率愈高。

二、長期照護的需求

特定傷病險、癌症險皆屬於醫療險中的治病保險，長期照護險則屬於居家責任險。

(一)Y軸：需要長期照護原因

由右頁圖Y軸可見，需要長期照護原因有二，一是老（占4%）；一是病（占96%），其中病包括一般傷病與特定傷病。

一般傷病通常指腦中風、顱內傷害、糖尿病、失智症、帕金森氏症；而特定傷病則是指傷殘。

(二)X軸：長期照護險

長期照護險可分為下列兩種：

1.長期照護險： 這是對失能、失智及傷殘的長期照護險，其中傷殘部分，保險公司有分等級並定義。

2.類長照險： 這是特定傷病險加長期看護險。

三、長期照護所需金額

據衛生福利部統計，2021年底，共有85.5萬名（預估2025年100萬名，占人口5.3%）「失能」者（失去自我生活能力），一年增加1萬人，外籍看護工年薪約25萬元，以8年來說200萬元，對一般家庭而言是相當沉重的負擔。

國人一生需要長期照護的時間平均7.3年，男性平均需要6.4年，女性8.2年。如果家中有失能者，女性扮演照護者的比重也比男性高，有近40%的人都會出現經濟壓力，超過九成是由家人或者聘請看護工照護。

每年1月7日，勞動部公布「外籍勞工管理及運用」調查，以外籍看護工每月至少2萬元，本國籍看護每月需6萬元來看，要是事先沒有充足準備，家庭很容易陷入經濟困境，特別是家庭經濟支柱，一旦發生長期看護需求，衝擊更大。

需要長期照護原因

一、自然老化

長期照護險
1.失能

約4.56萬人

(1)自然衰老4%

左述
65歲以上占63.4%
40～65歲占36.6%

二、傷病

長照險需要在保險公司每次（每月、每半年、每年，每張保單規定不同）給付生活扶助保險金，需再次提出診斷證明書，由於須診斷證明書，較為麻煩。

(一)一般傷病

(2)腦中風　　44%
(3)顱內傷害　 6%
(4)糖尿病　　 4%
2.失智
(1)失智症　　10%
(2)帕金森氏症 3%

(二)特定傷病

阿茲海默症、帕金森氏症、中風、類風濕性關節炎等列為保單的承保項目，並依各家保險公司承保的範圍項目，8到29項。

3.傷殘

特定殘廢等級或特定傷病具不可恢復性，僅需要在第一次申請時提出證明，手續相對簡單。

保險種類

特定傷病險　　＋　　長期照護險
＝ 類長期照護險
或特定傷病長期看護險

壽險人員

Unit 8-10
50歲的醫療保險規劃IV：長期照護險II

2022年，臺灣2,340萬人中有17.6%是老人（65歲以上），2025年預估為20%，是全球老化速度最快的國家。老人長期照護不只是錢的問題，而在於誰來照護。

一、全民健保之後的全民長照

1984年，臺灣實施全民健康保險，可說全球中少數國家成功的案例。隨著人口快速老化，老人長期照護變成全民普遍面臨的問題。2017年6月，《長期照顧服務法》上路，其費率約1.19%，詳見右頁表。

二、跟全民健保比較

2022年起，全民健保費率5.17%，保額乘上費率便是保險費用。同樣的，全民長照險費率以1.5%來算，保額乘上保險費率便是保費，右頁表分成六類人士，被保險人自行負擔比重不同。

　　第一類：包括公務／公職人員、私立學校教職員、有一定雇主的受雇者，以及雇主、自營作業者、專技人員等四種。

　　第二類：包括職業工會會員、外僱船員。

　　第三類：包括農漁民、農田水利會會員。

　　第四類：包括受刑人、義務役及替代役役男、軍校學生等。

　　第五類：包括低收入戶。

　　第六類：包括無職業榮民及榮民遺眷之家戶代表、榮民遺眷，以及地區人口三種。

三、長期照護理賠需要醫院認定

老人申請外籍看護時，須由醫院依巴氏量表，由專科醫師來認定「失智」、「失能」、「殘障」等，詳見右頁表。一旦醫生出具證明不實，往往會吃上偽造文書等官司，因此醫師都非常謹慎。

其中「殘障」之認定為可能是雙眼失明、或一手及一腳關節永遠喪失或永久喪失咀嚼或言語機能者。

以糖尿病為例，全臺灣有230萬人，由糖尿病所引發的併發症，可能導致雙眼全盲、或雙腳截肢，這樣算不算是殘障呢？依照上述「殘障」之定義，已屬第一級殘，也就是全殘。

同樣的，向保險公司購買長期照護險，被保險人申請理賠時，也須經過同樣的程序。

《長期照顧服務法》 2017.6.3

政府之全民長期照護保險負擔保險費之比率

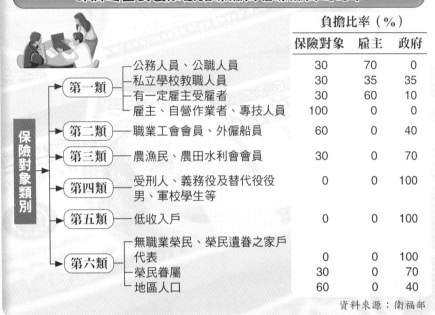

保險對象類別			負擔比率（％）		
			保險對象	雇主	政府
第一類	公務人員、公職人員		30	70	0
	私立學校教職人員		30	35	35
	有一定雇主受雇者		30	60	10
	雇主、自營作業者、專技人員		100	0	0
第二類	職業工會會員、外僱船員		60	0	40
第三類	農漁民、農田水利會會員		30	0	70
第四類	受刑人、義務役及替代役役男、軍校學生等		0	0	100
第五類	低收入戶		0	0	100
第六類	無職業榮民、榮民遺眷之家戶代表		0	0	100
	榮民眷屬		30	0	70
	地區人口		60	0	40

資料來源：衛福部

商業長照險對失智、失能、殘障的定義

大分類	說明

一、心理：失智

須經專科醫師診斷，在失能方面六選三、或失智方面二選一，才算符合長期看護狀態。
1. 人物分辨障礙：經常無法分辨日常親近的家人或平常在一起的人。
2. 場所分辨障礙：經常無法分辨自己的住居所或現在所在場所。
3. 時間分辨障礙：經常無法分辨季節、月分、早晚時間等。

二、身體：失能

六項符合三項（俗稱六選三）：
1. **食**：無他人協助，無法自行進食。
2. **衣**：無他人協助，無法自行穿脫衣物。
3. **住**：(1)無他人協助，無法自行就寢起床。
　　　(2)無他人協助，排便尿始末無法自行為之。
　　　(3)無他人協助，無法自行沐浴。
4. **行**：無他人協助，無法自行走動。

三、殘障

全殘的定義可能是雙眼失明、或一手及一腳關節永遠喪失、或永久喪失咀嚼或言語機能者。
【舉例】

以糖尿病為例，全臺灣有230萬人，由糖尿病所引發的併發症，可能導致雙眼全盲、或雙腳截肢；再以高血壓為例，也可能導致視網膜病變，造成雙眼失明，這些都屬第一級殘障，也就是全殘。

第 **9** 章

股票型基金投資

章節體系架構

Unit **9-1**
什麼是股票型基金？

　　我們建議99%的成人買「基金」，有些人會問：「白蘭氏雞精，還是統一四物雞精」，老鼠、老虎傻傻分不清楚。因此本章一開始先用右頁圖來說明股票型基金，並且以長青績優的新光投信公司創新科技基金（簡稱新光創新科技基金）為例說明。

一、雞精、基金傻傻分不清楚

　　電視廣告把白蘭氏雞精用「精選雞隻，古法祕方製造」，一隻雞只做四瓶雞精，來突顯雞精取自好雞「菁華」，一小瓶（50cc）便可快速補足營養。

　　用食物中的雞精來比喻股票投資中的股票型基金，可說非常貼切。

二、小氣財神的股票致富工具——基金門檻最低

　　本書是寫給小市民看的，50歲的人每個月最多有5萬元閒錢，30歲以下的人每月至少有3,000元閒錢。由右頁圖可見，新光創新科技基金扮演「海納百川」角色，彙集這些小錢，新光投信扮演「代客操作」角色，向基金投資人收取每年1.6%的基金管理費（或經理費）作為「代客操作」的收入。

三、保管銀行負責保管股票

　　有人會問：「投信公司會不會捲款潛逃？」由右頁圖可見，完全不可能，所以「捲款潛逃」的情況完全沒有發生過。

　　你到銀行去申購新光投信公司創新科技基金1萬元，這錢入保管銀行的基金專戶，保管銀行台新銀行替上萬位投資人保管基金的現金、股票。

　　新光投信的創新科技基金經理只能下令給證券公司買賣股票，以買進台積電一單位（10張）為例：

> **660元 × 1,000股 × 10張 = 660萬元**

　　在交割日，由保管銀行台新銀行負責向元大證券去交割。

四、基金績效：漲多跌少

　　受金管會證期局監督、基金契約的限制，基金募集三個月後，最低持股比率70%，其結果是臺灣166支開放型基金的平均投資績效，跟指數（俗稱大盤）比，呈現以下情形：

　　(一)漲多：投資人希望基金能打敗大盤（beat the market），否則就買指數型基金就可以了。在多頭市場時，所有基金平均報酬率超越指數報酬率。

　　(二)跌少：由於基金最低持股比率七成，當大盤下跌10%時，基金約下跌7%左右，可說「少輸就是贏」。2001、2009年全球股災時，臺股重跌；2015、2018年基金也賠。

股票型基金的資金來源／投資／績效：新光創新科技基金

投入　**轉換**　**產出**

投資人

| 李小明等 |

單筆投資
10,000
元起／次

每月定期
定額投資
3,000元
起

| 基金規模
25億元 |

保管銀行
台新・股
票・現金

每日支
付基金
管理費

新光投信
・研究部
・基金管
　理部

付款
股票
股票
下單

證券公司
・元大
・日盛
・凱基
・統一

基金持股明細（舉例）	占基金規模比重（%）
群聯	8.48
中美晶	8.12
欣興	7.52
晶焱	6.95
創意	6.9

2020年臺灣證券投資信託行業情況

投資公司國籍	基金規模（兆元）	1.基金規模（億元）		2.淨利（億元）
一、外國19家	一、海外3.2	1. 聯博	9,761	2.52
		2. 國泰	3,381	8.57
二、臺灣 　(一)金融控股公 　　司旗下12家 　(二)獨立8家	二、海內1.3	3. 元大	6,292	17.19
		4. 安聯	5,953	9.11
		5. 摩根	5,575	1.16

Unit **9-2**
常見的基金種類

　　由於本書是寫給一般人士看，因此不像《圖解投資管理》該書，能詳細說明資產的分類，只以比較白話方式說明。而這主要是根據投信投顧公司每月各公布一次的臺灣投信公司、海外基金公司的基金規模，詳見右頁圖數字。

一、資產的分類

　　一般以資產報酬率與風險（例如：虧損率）投資分類，這跟人們以甜度、酸度把水果分類一樣。此外，投資地區也會影響資產報酬率，所以右頁圖中，我們用這兩個變數把基金分類。

二、X軸：投資地區

　　在右頁圖中X軸，以基金投資區域來二分法。

　　(一)臺灣1.3兆元：臺灣的投信公司發行以臺灣的基本金融資產（股票與債券）約1.3兆元，其中貨幣型基金占60%，九成以上投資人是公司，因為活期存款利率太低（約0.08%），買此種基金年報酬率0.8%，加減賺。

　　(二)海外3.54兆元：這包括股票型基金（從單一國家到全球）、固定收益證券，以及混合型。由右頁圖可見，海外基金公司在臺賣的海外基金約3.54兆元，34%是股票型基金、49.55%是高收益債券基金，兩者合計約占八成。國人持有境外基金金額一路走高，從2009年12月超越境內基金規模後，兩者規模差距愈拉愈遠，甚至2014年3月還創下8,971億元的史上最大差額。

三、Y軸：基金長期報酬率

　　右頁圖中Y軸是各類基金的長期平均報酬率，分水嶺有二，2%以下、8%以上，說明如下：

　　(一)報酬率2%以下：從高往低分為債券、貨幣市場基金。

　　(二)報酬率2～8%：這主要有臺灣的房地產基金（REITs），與海外基金中的高收益、新興市場債券基金。

　　(三)報酬率8%以上：8%以上的幾乎都是股票型基金，限於篇幅，本書只討論臺股基金。

四、基金規模

　　由基金規模可以看出哪類基金比較紅，買基金的投資人有下列兩種：

　　(一)公司（包括法人）、富人：主要以固定收益證券基金為主。

　　(二)自然人（俗稱散戶）：主要以股票型基金為主。

單位：兆元

E（R）

金融資產
分類

(二)股票　　• 指數型以外：0.1593　　0.3557
　　　　　　• 指數型：0.1637　　0.6851

8%

(三)＝(一)
　　＋(二)

1.平衡型　　平衡型：0.0206　　0.0639
　　　　　　房地產證券化：0.0096

2%

(一)債券型　　• 債券型：0.0050　　高收益債0.1787
　　　　　　　• 貨幣型：0.74　　0.3263
　　　　　　　　　　　　　　　0.011

投資
區域

臺灣
1.3兆元

海外基金
公司
3.54兆元

E(R)預期報酬率，E：預期（expected）

資料來源：投信投顧公會

2021年臺灣ETF與開放型基金報酬率

排名	代號	名稱		開放型	
1	00685L	群益臺灣加權正2	66.57	新光創新	87.8
2	00675L	富邦臺灣加權正2	66.14	統一奔騰	86.55
3	00663L	國泰臺灣加權正2	65.83	統一黑馬	82.16
4	00631L	元大台灣50正2	62.5	新光店頭	70.4
5	00647L	元大S&P500正2	56.08	新光大三通	70.09

Unit 9-3
買基金，還是買股票？

眼尖的你會發現全書從第八章起，進入理財中的投資，我們先談股票型基金（簡稱基金），接著再談股票投資，你可以看出我的「心機」。以基金投資為主，有專業、有時間且有50萬元以上的情況下投資股票。

一、股票型基金的好處？比台積電還賺

由右頁表可見，統一黑馬基金5年平均報酬率33.89%，10年平均42.8%，買台積電23%（但不含配息），比元大台灣50（0050）、大盤皆底。

二、股票投資需要專業與時間才能賺錢，基金不需要

臺股集中市場960支（其中110支F股）、店頭市場800支股票，投信公司類股分工，挑出約一成（176支股票），讓基金經理從中挑一成（17支）股票，因此基金經理只須精通幾個重要產業及三、四十家上市公司即可。

散戶則沒這麼幸運，一人必須懂基本分析、技術分析，而且還要消息分析；扮演投信公司研究員、基金經理與交易員角色；散戶中約只有1%（日交易配1,000萬元，占活動帳戶約250~330萬戶中頂多4萬人）有此能力。

股市一年交易246天，除了颱風天外，大抵有上班就有開市，每天早上九點到下午一點半。要做短線（一個月內買進賣出），需要有時間守著盤。

「專業」與「時間」加上「資金」三項需求，可以說99%的成人不適合做股票，比較適合買基金。

三、基金第二大優點：專業管理

以飲食來說，大鍋菜可做到均衡飲食，但都是一個味。基金比較像日本料理餐廳的松、竹、梅定食，請米其林一星級以上主廚來煮。

投信公司想賺基金投資人付的管理費（詳見Unit 9-5），因此會請專業人士擔任研究員、基金經理與交易員，以做到打敗大盤。臺股166支開放型基金，至少七成以上績效超越指數；前十名基金報酬率在大盤3.25倍以上，以2021年大盤漲23.7%來說，平均報酬率78%。

四、基金最大優點：風險分散

當你手上有50萬元，也可做到買50元左右股票十種，做到持股分散。但是許多年輕人只有3~5萬元，「青吃都不夠，別想晒乾」。要想持股分散，那只有基金一途。以飲食來說，開放型基金含有10支以上股票，且每支股票頂多占基金規模一成，基金可說是狡兔「十」窟，不怕狼、老鷹守住一、二個出口。

買個股、股票型基金、大盤報酬率%

名稱	台積電	統一黑馬 （開放型基金）	元大台灣50 （封閉型基金）	大盤
股票數	1支	30支	50支	960支
2011	6.8		-15.64	-21.2
2012	28		11.82	8.9
2013	6.8		11.69	11.8
2014	33.6		16.49	8.1
2015	1.4		-6.24	-10.4
2016	26.9		19.61	11
2017	26.4	31.94	18.06	15
2018	-1.7	-6.26	-4.95	-8.6
2019	46.8	36.32	33.43	23.3
2020	60.1	25.4	31.1	22.8
2021	16	82.16	22.05	23.66
平均11年 報酬率	23	33.89	13	7.67

臺灣的股票上市、上櫃積極條件與公司家數

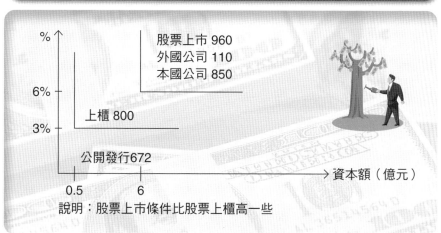

股票上市 960
外國公司 110
本國公司 850

上櫃 800

公開發行672

6%

3%

%

0.5　　6　　　　　　　　　　資本額（億元）

說明：股票上市條件比股票上櫃高一些

Unit **9-4**
一生的基金投資抉擇

全球的基金6萬多支，在臺灣銷售的海外基金1,000支，臺股開放型基金近111支；在人生各階段該如何挑選適配的基金種類呢？在右頁圖中，我們畢其功於一役的以一張圖說明投資人的投資屬性與資產分類，並且一一對應。

首先，依年齡把個人生涯分成五個階段，詳見右頁圖附表「年齡」這一列。

一、投資屬性

大部分人吃蘋果、鳳梨都喜歡「甜一點，不那麼酸」。同樣的，投資人的投資屬性也可依兩項來描繪，詳見右頁圖附表第二、三列。

(一)預期報酬率（E(R)）：各年齡層的投資人都有一個期望投資報酬率的下限，例如：年輕人（18～30歲）「留得青山在，不怕沒柴燒」，有本錢賠，因此要求的投資報酬率常在25%以上。退休族（61歲以上）正好相反。

(二)預期虧損率（E(L)）：「一分風險，三分報酬」，想賺多，就必須扛可能的虧損，稱為可容忍虧損程度。

二、資產分類

依據美國資產管理公司副總裁在《投資組合》期刊上論文 "What is an asset class, Anyway?" Robert J. Greer（1997）的定義，資產分成三大超級分類（super class），右頁圖中剩下的是我們的推演，依生物分類的層級「界門綱目科屬種」，把資產細分為「超級分類－大類－中類－小類－細類」。

接著在三大超級分類資產上方有一個橫軸（X軸），只是方向由右而左，報酬率由1.1%，一路走到衍生性金融資產，報酬率125～175%，可說是前者的20倍以上。

資產必要報酬率恰巧跟其本身既有的孳息能力成反比，像債券不管是固定或浮動利率，大抵已比同一期間定存利率還高；在「有底」的保障下，其投資風險就較低，相對的，投資人要求的「風險溢酬」（risk premium）就比較低些。股票則沒有一定孳息，只能憑歷史、靠預測。

有些外地人覺得臺北市馬路名字不好記，以致常常迷路、找不到住址，其實只要有系統，3分鐘就可以把臺北市「東西向十條、南北向五條幹道」用棋盤畫法說得清清楚楚。同樣的，本書用一個單元的篇幅來說明基金的性質，經由「預期」（或長期應該有的）報酬率、虧損率，讓你很具體地了解基金的屬性。

三、各取所需

各類資產的位置大抵也跟個人生涯階段一對一對應。例如：31～40歲的中年人適合以金融資產中的基本資產（大類）中的股票（中類）為主，61歲以上的退休人士以固定收益證券為主，餘類推。

個人生涯階段理財目標與資產配置

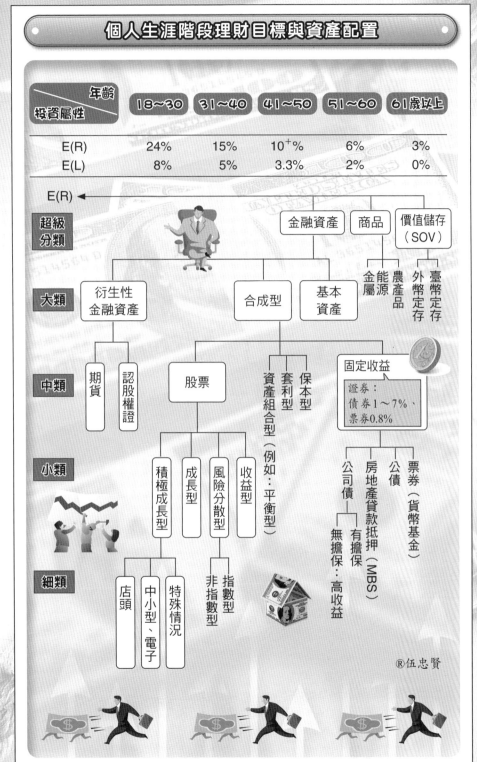

投資屬性 \ 年齡	18~30	31~40	41~50	51~60	61歲以上
E(R)	24%	15%	10^{+}%	6%	3%
E(L)	8%	5%	3.3%	2%	0%

E(R) ◄

超級分類　金融資產　商品　價值儲存（SOV）

金屬　能源　農產品　外幣定存　臺幣定存

大類　衍生性金融資產　合成型　基本資產

中類　期貨　認股權證　股票　資產組合型（例如：平衡型）　套利型　保本型　固定收益

證券：債券1～7%、票券0.8%

小類　積極成長型　成長型　風險分散型　收益型　公司債　房地產貸款抵押（MBS）　公債　票券（貨幣基金）

細類　店頭　中小型、電子　特殊情況　非指數型　指數型　無擔保：高收益　有擔保

®伍忠賢

181

Unit **9-5**
是否要挑管理費最低的基金？

　　投資人的問題千奇百怪，許多看起來不是問題的，還是有人問，其中一個常問的是：「有兩支基金，A基金管理費年費率1.6%，B基金1%，該買哪一支？」

一、投信公司的收入

　　你買基金，付管理費1.6%給投信公司，以10億元基金規模來說，投信公司該支基金的年管理費收入1,600萬元，用以支付研究員、基金經理等相關成本費用，並且希望有賺。

　　投信公司向基金投資人收基金管理費，最相近的例子是大廈、社區向住戶收取管理費，以支付員工薪水，並提供保全、清潔、郵件代收等相關服務。

　　金融業的習慣報價是以「一年」為期間，例如：定期存款利率0.8%，是年利率，存滿一年才有0.8%。同樣的，投信公司收管理費1.6%也是年費率；每天依基金規模收，例如：7月1日情況如下：

$$基金淨值 \times 管理費率 \times \frac{1}{365}，以整支基金為例，其金額如下：$$

$$15億元 \times 1.6\% \times \frac{1}{365} = 6.6萬元$$

二、回到本題上

　　若問筆者該選A基金，還是B基金？我以兩個角度回答你。

　　(一)資料不齊：由右頁表可見，投資人買基金，關心的是報酬率，管理費是成本項目之一，毛報酬率減管理費等於報酬率。以A基金來說，毛報酬率15.6%，減1.6%管理費，報酬率14%。以B基金來說，毛報酬率8%，減1%管理費，報酬率7%。A基金報酬率是B基金的2倍。

　　(二)A咖投信公司不打價格戰：高檔餐廳、百貨公司不隨便降價促銷，價格很硬，因為「一分錢一分貨」。A基金的投信公司敢收1.6%管理費，藉此以支付較高薪水聘請A咖研究人員和基金經理，進而追求較高的投資績效（此例14%）。一般來說，如公司不做削價戰，在只有管理費這資料下，筆者會傾向挑管理費1.6%的A基金，因為它敢收較高管理費，一定過去投資績效好。A咖投信公司的新募集基金，會針對申請手續費打折，甚至限時「零申購手續費」，但是管理費是鐵板一塊。

　　(三)這個問題的盲點在於：回答別人的問題，也須了解其推理邏輯，生活中的例子大都是「商品相同，貨比三家買最便宜的」。例如：你想買統一「純喫茶」飲料，家樂福15元、全聯16元、統一超商18元，在不急情況下，你大概會在家樂福買，而且一次買一盒（6罐），省得常買會煩。偏偏基金不是標準（金融）商品，可用電視廣告來說：「平平18歲，大小漢差很多。」

A基金 vs. B基金

報酬率	A基金	B基金
(1) 毛報酬率	**15.6%**	8%
(2) 管理費	**1.6%**	1%
(3) = (1) − (2) 報酬率	**14%**	7%

另外股票型基金的費用還有下列兩項，為了聚焦起見，本單元不考慮。

- 銀行保管費，年費率0.14%。
- 會計師、律師等相關費用。

知識補充站

共同基金的交易方式

跟股票型基金一樣稱為「封閉型基金」（close-end fund），投資人只能在股市買賣。2014年10月27日櫃買中心開辦「開放式基金交易平臺」，首波先行開放新臺幣計價的國內股票型基金試水溫，包括永豐、元大寶來、群益、國泰、日盛、台新及富邦等七家投信共襄盛舉，總計推出16支基金，成為首波上架先鋒。

共同基金交易管道			
項目	封閉型基金	開放型基金	銷售機構（如銀行／證券財管）
開戶種類	證券帳戶	基金帳戶	信託帳戶／財富管理帳戶
交易時間	9:00～13:30	網路16:00，餘16:30前	依各銷售機構所訂時間為準
交易成本	證券交易手續費(0.1425%) 證券交易稅(0.1%)	申購手續費 1.投信：0.4% 2.銀行：1~1.5%	申購手續費 信託管理費
最低交易單位	1個受益權單位	1萬元	依各銷售機構規定

註：上表以國內股票型基金為例，各項交易規定依銷售機構規定為準

資料來源：永豐投信

Unit **9-6**

金字塔般的基金組合

你去買彩券時會一個號碼押50萬元，還是分散在100號（俗稱包牌），單押要中賺最多，但槓龜則全賠；包牌正好相反。同樣的，基金已做到地區分散（例如：全球基金）、持股分散（例如：臺股基金），但我們還是建議你兵分三路。

一、金字塔形的圖示方式

右頁上圖是教學時使用的圖示，當筆者在外演講時，則會用金字塔形來表示。金字塔底穩（占50%）、塔頂窄（占20%），立得穩，不會倒。而且還有一說「人怕時間（因為人難免一死），時間怕金字塔」。此外，筆者野人獻曝在金字塔形圖中提出一些推薦基金。

二、80：20原則

義大利經濟學者柏瑞圖（V. Pareto,1848～1923）在經濟學中有很多貢獻，其中常用的是「80：20原則」。套用在股票、股票型基金組合很好用；由右頁下圖可見，「防守型基金」占八成，攻擊型占二成。稍微加工，再把八成分成二份，分成「50：30」，那就可以得到「五三二原則」。右頁下圖是筆者常用的基金組合方式，而且照表操課。

該圖第一欄為投資期間和功能，這是基金經理在建立投資組合中常見的三種不同功能的持股，而在投資人的基金組合，股票則由各別基金取代。第三欄為投資地區，這是海外基金時才有；如果只考慮國內基金組合時，這一欄可以直接跳過。

(一)用50%基本組合打地基： 基本組合的功能在於穩定整個投資組合，首先3年以上不會賠本，而且宜產生持續、穩定的報酬率，目標是最少每年12%。要想降低賠本機率，投資地區最好是全球，而投資資產宜為分散型或收益型的股票型基金或平衡型基金。由於投資期間長、投資地區廣，故資金介入宜採定時定額法。

(二)30%的核心組合攻守得宜： 整個資金有三成是擺在中度風險的資產，以股票型基金來說，可選成長型，為了減輕資產帶來的風險，因此在投資地區宜以已開發國家的區域基金為主，例如：歐洲、美國（美國大到可以抵得上歐洲），臺灣投資人還可以考慮美臺基金等跨二洲跨國型基金。核心組合以中期投資為主，所以1～3年必須更換投資地區，例如：歐洲股市比較穩健，宜列為中期投資。有大錢就單筆投資，如果每月只有3,000～5,000元小錢，只好採取定期定額投資。

(三)20%的攻擊型組合恰恰好： 把二成資金擺在高風險資產，例如：積極成長股票基金、衍生性商品基金、新興開發中國家或股市基金。這些都屬於一年內投資，也就是說「打帶跑」的短打，不過，基金的「搶短」要比股票的「搶短」時間長很多。一旦達到獲利目標，這些投資就得「拔檔」，千萬不能戀棧，否則從短期投資變成中期投資，屆時一旦崩盤，可能連本都賠進去了。

基金組合

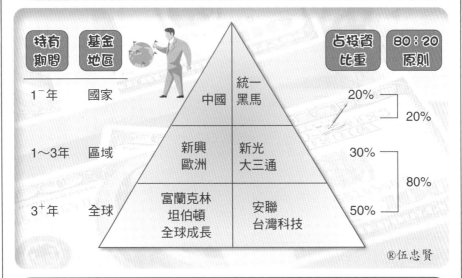

持有期間	基金地區			占投資比重	80：20原則
1⁻年	國家	中國	統一黑馬	20%	20%
1～3年	區域	新興歐洲	新光大三通	30%	80%
3⁺年	全球	富蘭克林坦伯頓全球成長	安聯台灣科技	50%	

®伍忠賢

短、中、長期的（海外）基金投資策略

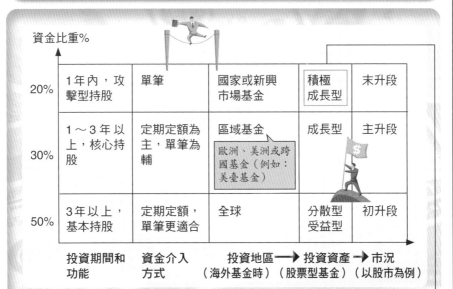

資金比重%	投資期間和功能	資金介入方式	投資地區（海外基金時）	投資資產（股票型基金）	市況（以股市為例）
20%	1年內，攻擊型持股	單筆	國家或新興市場基金	積極成長型	末升段
30%	1～3年以上，核心持股	定期定額為主，單筆為輔	區域基金 歐洲、美洲或跨國基金（例如：美臺基金）	成長型	主升段
50%	3年以上，基本持股	定期定額，單筆更適合	全球	分散型受益型	初升段

如何讓20%的攻擊型組合賺錢？

基金的「搶短」一旦達到獲利目標，這些投資就得「拔檔」，千萬不能戀棧，否則從短期投資一拗再拗，變成中期投資，屆時一旦崩盤，三個月跌五成，把過去二年漲三成都跌光了不打緊，而且連本都賠進去了。要是你想多賺錢，可以把攻擊（或冒險）比重提高到三成，而把基本比重由五成降至四成。不過心裡要有準備，要是有個三長二短，則年報酬率可能會呈現負值，連本金都被拖累了。

Unit 9-7
臺股開放型基金三三三分散原則

中國俚語中用「三」來代表「多」，例如：「無三不成禮」、「三年有成」，因此假設你每個月有9,000元定期定額買臺股基金，我會建議你分成3,000元三筆，買三家投信公司的三支基金（詳見右頁上表），本單元詳細說明。

一、三三三原則

由於「江山代有才人出」，因此各類基金大都不連莊，例如：2021年臺股基金績效第一名是新光創新科技基金87.8%，2020年是野村優質基金51.17%，每年就跟大風吹一樣，擂臺主寶座都換人坐，即特定基金績效不持續。

「簡單就是美」，基於容易操作的考量，筆者採用兵分三路的「三三三原則」（詳見右頁上表）。以臺股基金為例，筆者會把3萬元分成三支基金，不厭其煩填寫申購單，因為「想賺錢就不要怕麻煩」。根據筆者及學生8年、600支基金的驗證，「三三三原則」績效95%情況下，打敗單押過去一年第一名的挑基金方式。

二、挑3年內的第一名

39家投信公司推出近166支股票型基金，但「80：20」原則仍應驗，排名前十名的基金，二成投信公司（約8家）便占八成。簡單來說：「大者恆大」。也就是挑對投信公司大抵已八九不離十，再選過去3年每年績效第一名基金即可。

(一)短期（最近1年），著重其前瞻： 擺三分之一資金在新起之秀的「最近一年績效第一名」基金上，主要還是看上它的爆發力，也就是對於最近行情有「它捉得住我」的能力，合理預期，這些「今天打贏」的基金經理，明天連莊的勝算也比較大。為什麼我們把這部分的基金組合比喻成股票組合中的「攻擊型持股」呢？攻擊型持股就跟游擊戰一樣，打帶跑的跑短線，只要有賺就好。

(二)中期（最近2年），著重其成長： 這部分基金在你的基金投資組合所扮演的角色跟足球隊的中鋒一樣，「進可攻，退可守」，兼具「最近1年第一名基金」這前鋒和「最近3年第一名」這後衛的功能，有如股票投資組合中核心持股功能。

(三)長期（最近3年），著重其穩定： 基金大都屬於中長期投資，所以長期投資績效最能看出「路遙知馬力」的功效。這類投信（像富邦、群益等）比較不強調一時輸贏，公司的投資哲學屬於「追求中長期穩定績效」。比較不在乎短期績效，所以旗下基金經理比較不會短視近利的鋌而走險，例如：押一些投機股。這部分基金所扮演角色跟大船的「壓艙物」一樣，用以穩定船身，單以股票投資來比喻，這部分稱為「基本持股」，值得持有3年以上的股票。還有一項證據支持「看基金3年績效就夠了」的看法，主要是來自實證研究發現，「3年績效對基金規模的影響最大」。少數情況下，過去1、2、3年的第一名都是同一支，例如：霸菱東歐、拉丁美洲。

單一類基金的分散三支投資原則　2021.12.31

	過去1年（2021年）	過去2年（2020年～2021年）	過去3年（2019年～2021年）
著眼點	取其爆發性與抓住新趨勢	1、2年的中庸	最具穩定性
臺股基金	新光創新科技	新光大三通	安聯台灣科技
平均報酬率	87.8%	60%	85.37%

臺股開放型基金報酬率前三名

期間	1年 2021年		2年累積 2020～2021年		3年累積 2019～2021年	
排名	投信基金	%	投信基金	%	投信基金	%
1	新光創新科技	87.8	新光大三通	145.53	新光大三通	217.81
2	統一奔騰	86.55	新光店頭	136.94	安聯台灣科技	256
3	統一黑馬	82.16	統一黑馬	128.44	野村中小	217
166支基金	40.14		79.79		143.34	
大盤	23.66		51.15		87.29	

Unit 9-8
到哪裡買基金？

　　你會到哪裡買基金？大部分人圖個方便，都去銀行、信用合作社。本國銀行分行數3,400個、信合社257個，加起來，比全家便利商店店數3,000家還多。筆者會建議你直接向投信公司買，申購手續費較低；銀行的優點有二：各家基金皆有賣，有理財專員提供諮詢。

一、直接購買當然比較便宜

　　用直覺來想，產地直營的農產品大都比較便宜，因為少讓大、中盤商與菜販賺價差。由右頁表可見，直接向投信公司買基金，一般申購手續費0.5%，約只有銀行申購手續費的三分之一。銀行在下列兩種情況下，申購手續費會打折。

　　(一)數量折扣：跟投資人向證券公司下單有數量折扣一樣，銀行採累退費率，例如：300～1,000萬元，收1%，1,000萬元以上收0.7%。

　　(二)老顧客折扣：銀行的理財專員有折扣特權，會對老顧客最多打對折，以公告1.5%申購手續費來說，只收0.75%。申購手續費是七三分帳，銀行拿七成、投信公司（與海外基金的臺灣公司，簡稱基金公司）三成。因此，銀行的申購手續費至少是0.45%（即1.5%×0.3），銀行可以不賺錢，但至少不想「做一筆賠一筆」。

　　銀行理專會提供許多附加價值的服務（例如：適配基金組合、某基金贖回時機），多付點申購手續費往往「物超所值」。

二、臺北市以外投資人如何購買？

　　基金公司全部在臺北市，分公司以臺中市、高雄市等為主，住在其他縣市的人該怎麼辦？投信公司提供兩種開戶方式。

　　(一)網路開戶：上網到投信公司網站上開戶，回答相關問題，線上審核通過後，把表單下載、簽名，附身分證、存摺影本寄給投信公司，便完成開戶手續。

　　(二)通訊開戶：投信公司會把開戶申請文件寄給你，你在文件上打勾的地方填寫，附上身分證、健保卡雙證件影印本。投信公司審核（主要是風險評估表）合格後，會郵寄申購、贖回單給你。

三、開戶後，可以採傳真、電子下單方式

　　筆者習慣開車到投信公司開戶，在開戶文件上勾選電子交易，包括傳真、網路下單、語音下單（須設定語音密碼）。我不會電腦且沒有電腦，也只有陽春功能手機，所以不選擇網路下單。

　　我擔心個資外漏，所以不喜歡語音下單、網路銀行的語音轉帳。因此，採取傳真下單方式，以進行單筆買進、贖回。為了方便起見，在開戶時，針對認證方式，你應勾選簽名或印鑑。

單筆買國內股票型基金

 購買方式　　 **間接購買**　　 **直接購買**

管道	透過銀行	向投信公司
1.分布	(1)本國銀行分行數 3,400個 (2)信合社257個	39家投信公司全部在臺北市，但中、南部皆有分公司
 **2.開戶方式**	同右述	(1)可以網路方式開戶 網路購買時，申購手續費比臨櫃交易打八折。 (2)臨櫃 (3)可以通信方式開戶
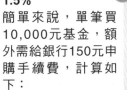 **3.申購手續費**	**1.5%** 簡單來說，單筆買10,000元基金，額外需給銀行150元申購手續費，計算如下： **10,000元×1.5% ＝150元** 但銀行有二種優惠： (1)數量折扣 (2)老顧客折扣	**0.5%**，但每年有好幾個時段優惠，優惠時0.3%。 **10,000元×0.5% ＝50元**

 銀行家

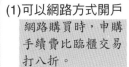

Unit **9-9**
單筆或定期定額投資

想買基金的人常常問筆者：「單筆投資還是定期定額投資比較好？」我的答案是：「這是兩件事，你剛好此時有10,000元，那就單筆投資，要是每個月有3,000元，那就定期定額投資。」

一、跟買汽車付款方式很像

買汽車付款方式有兩種，你錢夠，就付現；要是錢不夠，就跟銀行辦理汽車貸款，付現向汽車公司買車，等於DIY分期付款買車。

買基金的投資方式跟買車付款方式很像。我們不以銀行定期存款兩種存款方式（單筆或零存整付）舉例，是因為我們不主張存定期存款作為投資方式之一。

二、從大學起，便可以定期定額買基金

受限於法令，買基金要有身分證、健保卡，且須進行風險測試（25分以上及格），大約20歲才可以買基金。

有些大學生打工，賺多就花得多，賺少就花得少，成為年輕版「月光族」。要是能節儉，每月留下3,000元定期定額買基金，雖然金額不大，但能養成投資「習慣」，而且過程中「多看、多聽、多注意」，投資知識會成長。

對於每月多2,000元，未達定期定額低標門檻，是否該跟兄姊或好朋友「集資」，湊成3,000元？你一定會擔心錢。基金用親朋名義申購，有可能被「A」走；那要不要採取法律方式（例如：簽投資契約、法院公證）來釐清彼此的權利義務呢？

定期定額投資扣款日挑哪一天，有沒有差別？不討論投信公司是否有月底做帳行為，渣打銀行謝景安建議挑「6、16、26」日三次扣款，這符合「地區、產業、時間」分散中的「時間分散」原則。

一個月三次扣款跟一次扣款的銀行扣款手續費都一樣，都是電腦計算的，作業費用極低。在費用相同情況下，當然挑「6、16、26」日三次扣款，以免挑哪一天扣款經常碰到該月行情較高點。

三、單筆投資

以大學生來說，至少有三種情況會拿到一筆萬元以上的閒錢，可用來單筆買基金：一是農曆年的壓歲錢，一般父母在子女上大學後便不再給壓歲錢，少數還是給；二是獎學金（大部分獎學金都很輕薄，約5,000元左右）；三是打工，暑假打工收入較高。

基於道德考量，我不主張借助學貸款，把全部或部分助學貸款去單筆投資於基金。至於單筆投資時是否該「擇時」進場呢？我們認為可依重要程度分成金額小、金額大兩種情況（詳見右頁圖說明）。

單筆投資vs.定期定額投資

投資方式	單筆投資	定期定額投資
1.金額	至少10,000元 每個跳動單位萬元 即1、2、3萬元 依此類推	至少3,000元／月 每個跳動單位千元 即3,000、4,000、 5,000元 依此類推
2.扣款日	投資人自己挑日子	(1)6、16、26日任選 　一個或三個。 (2)少數投信公司：投 　資人自選日期。

單筆投資的進場時間

單筆投資時是否該「擇時」進場呢？我們認為可依重要程度，分成下列兩種情況：

1.金額小「隨到隨傳」： 幾萬元閒錢時，隨時有錢隨時就投資，基金投資以中長期（1年以上）為主，指今天上漲、明天下跌不會差100點，站在中長期角度，100點影響很小。

2.金額大： 數十萬元甚至百萬元以上的短期投資，宜在錢到位後的二週內挑三個預期低點去投資。「二週」是指數規劃「可見度」較高的時期；超過二週就不容易預測了。

第 **10** 章
股票投資

章節體系架構 ▼

Unit 10-1
投資人關心的六個問題

　　股票投資是所有投資方式中風險較大，需要很廣的知識，投資人常見的六個問題，如右頁表第二欄所示，可歸納為表中第一欄兩大問題，八成為何時買進賣出，二成為買什麼股票。

一、投資人的大哉問

　　「聞道有先後，術業有專攻」，升斗小民對投資有很多疑問，此可由下列問卷調查大致了解。

　　(一)調查機構：德盛安聯投信公司。　　　　**(二)調查地區**：全臺。

　　(三)調查對象：股票投資人1,068人。

　　(四)調查期間：2014年6月16日～7月10日。　　**(五)調查結果**：詳見右頁表。

二、八成問題：買賣點

　　把股價指數走勢比喻成潮汐，股市上漲期間（俗稱多頭市場，bull market，直譯牛市），如同漲潮；股市下跌期間（俗稱空頭市場，bear market，直譯為熊市），如同退潮。在漲潮時，你可以從新北市淡水區漁人碼頭搭船到臺北市北投區關渡，甚至萬華區大稻埕。退潮時，水深不足，而且許多暗礁沙洲，很容易讓船擱淺。

　　既然在箱形整理，所以長期持有不是賺最多，必須波段操作才會賺，即多頭市場時買進，空頭市場時賣出。抓住這個節奏，買貴股票也只是大賺、小賺；反向作，只是大賠、小賠的差別。

　　由右頁表可見，八成投資人關心買賣點，又可分成兩中類。

　　(一)買點占六成：在該表第二欄，有關買點時機問題有三，最多人關心的是「看不清楚趨勢」，筆者會看兩個指標，一是美國股市指數（尤其是費城半導體指數，因臺股電子類股占六成）；一是指數（歷史）本益比，在25倍以內都平安，超過30倍則高處不勝寒，2022年18,000點時約15倍。

　　(二)賣點占二成：臺股重跌原因主要有三，一是跟著美股；二是本益比太高；三是其他原因。

三、二成問題：買什麼股票

　　上市股票約960支、上櫃股票約800支，加起來1,760支。不要說1,760支，縱使從180支股票中挑10支股票都很難。在Unit 10-8中，我們推薦20支股票，值得你長期（10年以上）持有，且有穩當的報酬率（7%以上）。

投資人買賣股票常見關心之問題

| 第一層 | 第二層 |

一、買賣點
占76.2%

(一)買點

1.看不清楚趨勢或方向	占26.30%
2.不知道何時加碼	占13.20%
3.容易追高殺低	占16.10%

(二)賣點

| 不知道何時要獲利了結 | 占20.6% |

二、買哪些股票
占23.7%

(一)＊不知道買什麼股票型基金

(二)不知道買什麼股票

三、其他
占0.1%

— ＊此為本書所加 —

知識補充站

營業員推介股票

《臺灣證券交易所股份有限公司營業細則》第18條第2項、《臺灣證券交易所股份有限公司證券商推介客戶買賣有價證券管理辦法》第2條第2、3項規定及證券商內部控制制度標準規範的法令遵循義務等規定。證券公司對特定客戶推介買賣有價證券，應充分知悉，並評估客戶投資知識、經驗、財務狀況及承受風險程度。證券商推介買賣有價證券前，應指派業務人員向客戶說明推介買賣有價證券可能風險，以及客戶簽訂推介契約。

Unit 10-2
什麼時機買股票

對於常出國的人總是關心何時買機票、買哪家航空公司機票比較便宜？一般來說，歐美有兩個熱門時段：暑假、聖誕節，機票會貴二成以上。

同樣的，何時買股票比較便宜？這個答案跟買機票很像，可分為兩種情況。

一、一定要固定時間買股票

對於12月中旬結婚的新人，又選擇去美國紐約市度蜜月；想去看雪，且蜜月期間又不想改，機票費用就高。此時，適時最重要，機票錢不那麼重要。

在右頁表第三欄中，長期持有情況下，有錢就去買，差別不大。

(一)定期定額買基金最沒差：以每月扣款一次（最多三次，像6、16、26日）1萬元買基金、投資期間5年來說，一開始投資便碰到崩盤，那只有2～3萬元買到最高點，之後便是最低點。因此，在大多頭市場，定期定額買基金，不必挑何年何月進場，有錢就進場。

(二)買自住房屋也一樣：許多第一次買房的人都很在意何時房價較低，假設你2014年10月買到最高價700萬元，之後，新北市房價下跌，例如：2019年跌到560萬元；2年跌二成，你多付150萬元。但以房租2萬元為例，1年24萬元，2年48萬元。你真正「買貴了」150萬元，假設房子住到你人生末端共住40年，一年才「貴」3.75萬元。假如：你房子10年賣人，賣700萬元，跟你買價相同。看似沒賺，還賠了利息錢，但10年房租240萬元，賣價跟買價相同，可說你住了10年房子不用付房租。

二、買機票時機彈性

當你想搭機去美國，且不在意時間，在淡季時買機票省很多。同樣的，你只有一筆錢，則可分成下列二個情況。

1. 一筆錢可用5年

你2023年1月某日投資，到2028年底，差距可能不到1個百分點。

2. 何時時機才重要

當你作極短線（例如：當日沖銷），短線（6個月以內），那買點就很重要。本書不討論。

買點很重要的情況

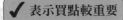

資產	短線進出	長期持有

✓ 表示買點較重要

一、股票

(一)股　票	✓	買對股票比較重要
(二)股票型 基金	✓	1.定期定額 2.單筆投資

二、房屋

	✓	自住情況下，持有一、二十年，縱使買到相對高點，長期分攤下來沒太大差別。

臺股上市、上櫃股票積極委任

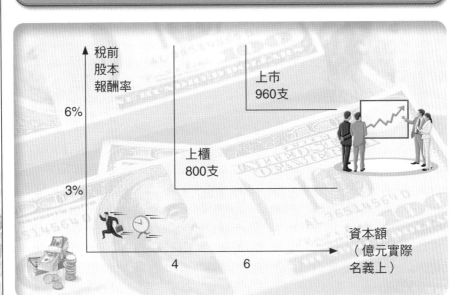

Unit **10-3**
穩當的股票投資Ⅰ：風險隔離

所有投資的重要點在於：「在可接受的虧損率下，追求最高報酬」。「可接受虧損率」很重要，投資是用100元去賺20元，重點在於100元的本錢要在，最好還能一年賺20元；反之，用20元去賺100元，那偏向於賭博。

一、投資最重要的原則：風險管理

從事財務管理、投資管理工作的人，都很注重風險管理；不先問這筆交易能賺多少錢，而是先問：「最慘情況、可能情況下會賠多少錢？」賠得起，再加上預期報酬率不錯，這才列入「雖不滿意但可接受」的範圍。「賠得起」這三個字很重要，以玩彩券來說：50元下一注，輸了，頂多少喝一瓶飲料；而用5萬元包牌，輸了，一個家庭一個月生活費就不見了。

二、風險管理方式

風險管理方式可分為風險自留、風險移轉兩大類。其中風險自留方式可分為三中類（詳見右頁表）。一般來說，風險來源有二。

(一)投資（或股價、市場）風險：以鴻海股價舉例100元，跌停10%，一天會跌至90元，一張（1,000股）股票會損失10,000元。股價有起有「落」，對絕大部分擁有股票的投資人，擔心股價跌，此稱為投資風險。

(二)財務風險：「什麼人不會得香港腳？」答案是：「截肢或先天沒腳的人」，用這個看似腦筋急轉彎的問題來說明什麼是財務風險，「什麼人沒有財務風險？」答案是：「零負債的人」，不怕銀行、債權人（包括討債公司、黑衣人）上門討債。

三、風險隔離：碰都不要碰的股票

2013年3～7月非典型肺炎流行時，人們非常體會到戴口罩可以隔離很多細菌，更重要的是，危險地方（例如：醫院等）不要去，即「危邦勿入」。同樣的，風險自留大分類中第一中類的風險管理方式便是「危險的股票不要投資」。在右頁表第二欄中，我們列了二種高危險股票，僅以公司獲利能力每股盈餘3元以下的股票來說，2014年最著名的股市錢坑便是生技類股中的「基亞」（3176）。該股7月28日，從437.5元下跌；之前6月16日，最高價486元；8月22日，止跌，118元，其中到8月22日共跌停20天，停到118元，共下跌324.5元，下跌73%；2019年股價716元左右。

基亞從成立迄2014年，毫無獲利，有些投資人圖的是一旦其新藥開發成功，獲利衝天。一家虧損累累的公司，股價竟然可以跟聯發科相同。這跟你去菜市場外的玉石攤販花5萬元買一只玉鐲一樣，拿到寶物鑑定節目，花輪哥大抵會開兩個價格：「50元或15萬元。」但九成以上是50元。

風險自留情況下的風險管理

管理之道 風險來源	風險隔離	風險分散	損失控制
一、投資風險	「危邦勿入，亂邦不居」的股票如下： 1.公司獲利能力 　✗每股淨利3元以下。 2.本益比 　✗本益比30倍以上股票。 3.公司董事長名聲差。	1.區域分散 2.產業分散（或稱持股分散） 3.時間分散	1.融資比率 2.停損點
二、財務風險	✗不「融資」做股票，這包括下列三種情況： 1.指數期貨、個股選擇權等「高度槓桿交易」（highly-leveraged transactions, HLT)。 2.證券的信用交易，即融資融券交易。 3.消費性貸款。		

基亞2014年股價走勢

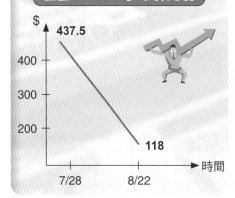

$
437.5
400
300
200
118
7/28　8/22　時間

基亞（3176）小檔案

董事長：張世忠
成立時間：1999年12月31日
上櫃時間：2011年11月23 日
資本額：13.87億元
產品：肝癌術後新藥等

Unit **10-4**
穩當的股票投資 II：損失控制

「勝敗乃兵家常事」，好的將軍吃敗仗時，能設法「全身而退」，以圖翻身再戰。同樣的，股票投資也是如此，宜事先、事中做好損失控制，才不會傷到筋骨。

一、安全是回家唯一的路

在臺灣臺北市北投區大度路，六線道且非常筆直，1990年代曾是機車族飆車的熱門地點。在馬偕護校的北端起點，有一個交通標誌上面有個骷髏頭，用白底黑字寫著「安全是回家唯一的路」。

筆者思考好久後才了解「安全是回家唯一的路」的涵義，1997年8月英國黛安娜王妃在法國巴黎市地下道座車撞柱身亡，後座二人、司機皆亡，車子是賓士5280，高速下，對乘客的保護力極有限。

二、事前的損失控制

(一)開車時： 開快車追求飆速快感是許多開車的人的想法，當只有60萬元買1,500cc三門掀背小車，少數人花10萬元提升引擎馬力到2,000cc，以仿跑車馬力。一個小引擎，透過加渦輪、加大氣門來擴大馬力，造成引擎太操，往往會使引擎過熱，以致造成火燒車，或是汽車失控以致車禍，甚至車毀人亡。

(二)做股票時： 用閒錢做股票是事前的損失控制之道，縱使一時虧損，也不會傷及生活。向銀行借錢做股票，在股票賺錢時，還能賣股每個月還貸款；一旦股票虧損，就得用薪水還貸款，而往往會排擠生活費用。向銀行貸款以擴大投資金額，例如：從100萬元到200萬元，在10%年報酬率情況下，一年內賺10萬元增加到20萬元。好處很大，但是增加100萬元貸款，以5年攤還來說，一個月2萬元，對六成家庭都是很大壓力。股票本來就「緩漲急跌」，風險大；不宜額外再加上財務風險，把自己逼得「蠟燭兩頭燒」。

三、事中的損失控制

電視新聞中偶爾會見到人採取「損失控制」，例如：房屋火災時，拆一小房子，以免火勢擴大。

(一)開車時： 跑車的許多設計，例如：全功能方向盤、主動安全裝置、被動安全裝置（強有力煞車、六顆氣囊）都在降低車禍時對乘客的傷害。中小型汽車在這方面的功能稍遜色。

(二)投資時： 投資時的停止損失（stop loss）是指當虧損到達投資成本20%時，便認賠了事，以防止損失擴大。

開快車跟股票投資類似

項目	事前的損失控制	事中的損失控制
一、開車 (一)錯誤作法 ✗	把1,500cc的三門（或五門）小車改裝，以提升馬力，用來在高速公路尬車。	1.因沒有循跡與穩定系統。 2.因煞車能力不足，無法在時速100公里時於6秒內煞住車。
(二)正確作法 ✓	最便宜的跑車，130萬元便可以買到，例如：豐田86車款。	大部分跑車非常強調「高速煞車」功能。
二、股票投資		
(一)錯誤作法 ✗	向銀行借消費性貸款（或二胎房貸）或向證券金融公司融資做股票。 銀行家	輸了不認賠，甚至向丙種（股市金主）融資，想逢低買進，以減少損失，可說「老壽星吃砒霜——活得不耐煩」。
(二)正確作法 ✓	用閒錢來投資。	停止損失（stop loss），認賠出場，停止損失擴大。

201

股神——華倫・巴菲特簡介

（Warren E. Buffett）

- **出生**：1930年8月30日
- **現職**：美國海瑟威・波克夏公司（Berkshire Hathaway）董事長
- **學歷**：美國哥倫比亞大學商學碩士
內布拉斯加大學林肯分校學士
- **身價**：約885億美元
- **榮譽**：有股神之稱
- **著作**：口述自傳《雪球：巴菲特傳》

圖解個人與家庭理財

　　2014年8月25日，報紙、電視新聞報導，有位女生上網買55折的王品餐券，被網友詐騙賠了178萬元，電視臺訪問一些購物專家，大部分餐廳的餐券最多（例如：買百張）打88折，只要太便宜的，往往皆有「詐」。這道理適用於所有商品，打3折賣的許多是贓物，不知情的人買了還是會吃上「購買贓物罪」。

　　買東西想買便宜些，買股票想買大賺的，這是人的通性，「便宜沒好貨」，看起來會大賺的股票，其風險也大。

一、以開車為例

　　開車跟投資很像，汽車的安全係數高，對人身安全有較佳保障；同樣的，績優股就是「跌時重質」中的「質」，形成較佳「緩衝」（cushion）。

二、穩穩賺的股票

　　(一)X軸——股本：大部分開車的人都有開快車以尋求刺激的想法，車要開得快需要兩個因素配合，即車輕與馬力大。最便宜「車輕」的作法便是減輕鋼鈑車身重量，壓在1,400公斤以下，詳見右頁圖X軸。其代價是「車身薄如紙」，尤其被側撞時最傷。同樣的，股票依公司資本額大小分成大型股、中型股和小型股，大型股比較像大車，車身夠大能提供較佳保障。以股市籌碼戰來說，股市主力資金有限，拉不動大型股股價，因此大型股不受主力青睞，股價不會暴起暴跌。

　　(二)Y軸——每股淨利：英國經典小車MINI車身小，但安全係數高，主因是正面、側面加起來有六顆氣囊，這是保護人身的最後一道防線（除了座椅帶，seat belt外）。大部分小車都靠這招。股票的氣囊便是其獲利能力，900支股票的平均獲利能力是每股淨利3元，比這高的稱為「績優股」（blue chip stock，直譯為藍籌股）。每股淨利1元以下的股票稱為績差股，虧損的公司、沒有每股盈餘的股票可說「氣囊失效」的汽車（註：一般汽車氣囊的炸藥包有效期間15年）。

　　(三)合著來看：在右頁圖右上方是大型績優股，各種抽樣指數都以此為標的，是外資（占臺股總市值37%）首選投資對象，臺灣的法人也是；有長期投資的法人撐場，股票不會大跌也不會大漲，而會穩穩賺。

三、不買投機股

　　買投機股的好處是快速賺錢，小型（股本15億元以下）、績差股往往是主力拉抬的對象，績差股雀屏中選的原因是「成為轉機股」的想像空間大。看到別人買投機股而大賺，很多人心中會癢癢的，不知不覺買一張投機股，食髓知味後，又加碼，但往往來得快，去得也快，投機股很容易「人去樓空」，在Unit10-3中已用基亞舉例。

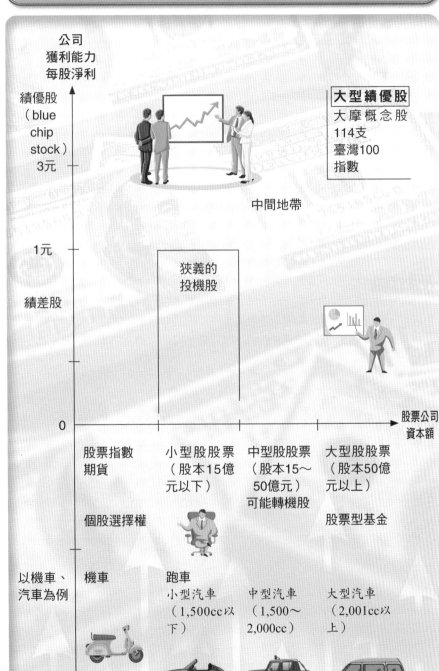

Unit **10-6**
買什麼股票 II：幾種現成績優股

2014年8月新聞報導「新不了情」是卡拉OK店點歌，蟬聯20年點唱第一名，其他還有「屋頂」等歌。這些歌經過10年以上的淘汰，才能成為「經典老歌」。同樣的，在股票投資，已經有人幫你把值得投資的股票找出來了。

一、傻瓜選股術

美國股神巴菲特說過：「要想投資致富，不需要（像愛因斯坦智商）天才。」同樣的，想要投資股票每年賺10%，本書花一章篇幅，指出推薦股票與投資方法，你會發現道理很容易懂。

二、道瓊指數選股

在美國，最簡單的大型績優股名單如下：

(一)道瓊指數：2022年道瓊指數35,000點（2014年8月25日站穩17,000點）是最常見的美股指數，正確應該說是「美國超大型績優股」指數，3,000支紐約證交所股票中，各行只挑龍頭（且符合績優標準）的30支。

(二)波克夏公司持股：巴菲特的波克夏公司買的股票比道瓊指數寬一些，即市占率不挑最大的，但為最好前三名。

三、新光投信公司前十名中占四名

2021年166支開放型基金，新光投信公司旗下基金在前十名中占四名，可說最大贏家，其致勝原因有：

董事長劉坤錫、總經理陳文雄

產業：專攻半導體行業等。

基金經理：吳文同，2020年加入新光投信，他同時管創新科技、大三通基金。

研究部：功力強。

美國最簡單的大型績優股名單

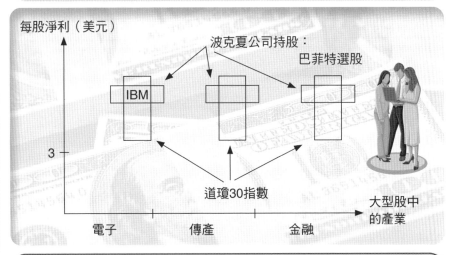

每股淨利（美元）

波克夏公司持股：

巴菲特選股

IBM

道瓊30指數

大型股中
的產業

電子　　　傳產　　　金融

3

元大台灣卓越50基金持股（2022年2月18日）

	行業	%	公司	%	占市總值
1	半導體	59.11	台積電	49.1	28.87
2	金融保險	12.46	聯發科	5.11	3.2
3	塑膠	4.09	鴻海	3.91	2.63
4	其他電子	3.98	聯電	2.15	1.2
5	附條件債	3.87	台達電	1.86	1.18
6	電子零組件	3.16	富邦金	1.71	1.6345
7	航運	2.58	國泰金	1.68	1.5127
8	電腦及周邊設備	2.54	台塑	1.64	1.2327

資料來源：Money DJ理財網

Unit 10-7
買什麼股票Ⅲ：照著巴菲特挑臺股

去餐廳不會點菜，最簡單方式便是跟著鄰桌點，因為看起來很好吃。在股票投資，方式之一便是依投資大師的選股原則，本單元嘗試挑臺股中的巴菲特概念股。

一、巴菲特挑股票的三原則

由波克夏公司每季報給美國紐約證交所的財報中，可看出其選股的三個特性。簡單的說，這些股票都屬於「退可守」型。

(一)產業：寡占產業

波克夏公司不投資科技類股，其在金融、傳統產業所挑的大都是寡占產業，這些產業只有三、四個大咖，有寡占盈餘。

(二)公司：業界龍頭

道瓊30指數挑三十個行業中的龍頭（像汽車類的通用汽車、飲料類股中的可口可樂）；同樣的，波克夏公司挑的都是各行業中市占率名列前茅的公司。

(三)定存概念股：波克夏公司挑的股票都有長期中高水準的股利殖利率，巴菲特選股原則之一：「一支股票如果不值得持有10年，那就連5分鐘也不必持有」，這句話有下列兩個意思：

1.該公司至少成立10年以上，經過時間的考驗。

2.波克夏公司對股票的持有期間至少10年，所以不怕股價短、中期重挫。

定存概念股的特色是可以發揮複利效果，即每年配息（註：美國沒有配股）後再加碼投資，股票張數逐年增加。

二、臺股中的巴菲特概念股

美國產業結構（見右頁表第一欄「電子、金融、傳產」）跟臺灣差異甚大，且市場結構不同，因此不容易一一對應找到跟波克夏公司持股相近的臺灣股票。右頁表第四欄是我們的巴菲特概念股。針對其中兩支股票簡單說明如下：

(一)中信銀行是臺版運通公司：1975年，中國信託發行臺灣第一張信用卡，開創臺灣塑膠貨幣時代並創下多項第一紀錄，2021年1月有734萬張流通卡。

(二)台灣數位光訊科技公司：臺灣前三大系統業者（例如：中嘉）股票未上市，唯一一家上市的是2014年7月25日本土有線電視業者成立的多系統經營者（MSO）台灣數位光訊科技（6464，簡稱台數科），登錄興櫃，以159元掛牌，終場以170元作收，台數科2015年12月申請上市。台數科旗下有線電視系統臺，包括中投、大屯、台灣佳光電訊及佳聯等四家，經營地區包括雲林縣、南投縣及臺中市。

臺灣的巴菲特概念股

產業	波克夏特股	說明	臺灣相似股	說明
一、電子	1.IBM 2.維聖	大型電腦、伺服器與大型電腦系統承包科技網路	華碩	筆電全球第五大、發展雲端業務
二、金融	1.富國銀行 2.美國運通 3.穆迪	房地產貸款 主要是高所得家庭的房貸業務 證券	土地銀行 中信銀行 —	1.土銀是房地產貸款的唯一專業銀行，占貸款53%。 2.中信銀發卡量、刷卡金額數一數二。

三、傳統產業

1.食	可口可樂	飲料		黑松沙士可說是臺版「可口可樂」，但黑松（1234）公司主要收入來自土地租金收入（出租給微風廣場）。
2.衣				
3.住	(1)美國石棉 (2)芝加哥橋梁鋼鐵	工業建材 工業營建工程		
4.行	(1)康菲石油 (2)威瑞森	石油煉油、售油第二大公司 無線電信公司	台塑石化 台灣大	石油煉油、售油第二大公司 第二大無線電信公司 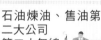
5.育	達維塔	健康醫療		
6.樂	(1)華盛頓郵報 (2)美國媒體綜合集團 (3)DirecTV (4)自由全球（Liberty Global）	媒體 媒體 衛星電視營運公司 歐洲有線電視業者		

207

Unit **10-8**
買什麼股票Ⅳ：風險分散

　　去菜市場買雞蛋，要帶幾個菜籃？財務管理書上的答案是「七個菜籃子」，因為俚語說：「不要把所有雞蛋擺在同一個籃子。」當然，不會有人帶這麼多菜籃去買雞蛋，只是就近取喻以說明「持股分散」的重要性罷了。

一、不要把所有雞蛋放在同一個籃子

　　這句話是1981年諾貝爾獎得主托賓（James Tobin, 1918～2002），在獲得諾貝爾經濟學獎時，一以貫之的說明其資產選擇理論。但是有「現代投資組合理論之父」的哈利・馬可維茲（Harry Markowitz, 1927～）則是奠定投資組合理論，甚至托賓是受他啟發，運用於分析貨幣需求罷了。

　　「風險分散」方式依其效果依序有三：區域、產業、時間分散。限於篇幅，本書只介紹臺股基金，本單元聚焦在產業、時間分散。

二、兩種分散

　　人們以「by the book」來形容「照章行事」，1997年，筆者在聯華食品（1231）擔任財務經理，為了確保持股分散，因此逐漸發展出右頁圖。

　　(一)X軸──產業分散：「持股分散」談的是「產業」分散，臺股分成三大產業，即電子、金融與傳統產業，其占總市值約56兆元，比重長期很穩定。

　　(二)Y軸──時間分散：時間分散是指分批買進（或賣出）同一支股票，以免買在最高點（或賣在最低點）。在右頁圖中Y軸，我們把時間分散用來表示「持有期間」，有些股票值得長期（3年以上）、中期（1～3年）、短期（1年以內）持有。

三、推薦20支股票

　　為了讓你可以「喝了就上」，我們依產業、時間分散兩個標準，推薦20支股票，選股標準有二：

　　(一)每股淨利3元以上：我們選定存概念股，也就是基本面良好的股票，完全不選「本夢比」的生技類股。

　　(二)股價50～150元的股票：本書是寫給有200萬元（以內）閒錢的投資人看的，所以希望你買10支以上股票，因此設定只挑150元以內股票。以每股淨利3元、本益比18倍為例，合理股價54元，因此之下的股票也不挑，但是金融類股大都在30元左右，所以除外。

持股的產業、時間分散 2022年3月1日股價

持股比率

攻擊型持股占 20%
（持股期間1年內）

排除：　　　　　股價　　　　　　　　　　股價　排除：　　　　　股價
儒鴻（1476）　585　　F-中租（5871）145.5　大立光（3008）2050
建大（2106）　30.3　　裕融（9941）205.5　可成（2474）　146
聚陽（1477）　223
宏全（9999）　76　　　　　　　　　　　　F-貿聯（3665）296.5

核心持股占 30%
（持股期間1~3年內）

排除：
巨大（9921）295.5
聯華食（1231）68.8

基本持股占 50%
（持股期間3年以上）

排除：　　　　　　　　　　　　　　　　　排除：
統一超（2912）263　　　　　　　　　　　華碩（2357）　373.5
台化（1326）　81.1　國泰金（2882）62.6　聯發科（2454）1100
南亞（1303）　90　　中信金（2891）27.75
大統益（1232）156　富邦金（2881）76.2　廣達（2382）　93.8
台塑化（6505）100　兆豐金（2886）38.2　鴻海（2317）　140.5
台塑（1301）　108　　　　　　　　　　　台達電（2308）256.5
統一（1216）　67.5　　　　　　　　　　台積電（2330）604
台灣大（3045）105

占市值比重

傳產 占33.2%　　　金融 占13.3%　　　電子 占53.5%　　　產業

選股條件

1. 每股淨利3元以上
2. 股價：50～150元間（金融股中金控除外）

表示排除

馬可維茲

（Harry M. Markowitz）

年籍：1927年，美國
經歷：戴瓦證券信託公司研究部主管、紐約市立大學教授等
榮譽：現代投資組合理論之父，1990年諾貝爾經濟學獎三位得主之一

Unit **10-9**
每月小額定期投資股票與基金

在臺灣，一般來說，股票電腦交易以1,000股為一張，這是「最小交易單位」（board lot），中國大陸是100股。台積電660元，一張就要66萬元。小額投資人可以買1股，未滿一張的稱為「零星股票」，簡稱「零股」（odd lots 或penny stocks）。2020年10月26日，零股可以在盤中（早上9點迄下午1點半）交易，也可以盤後交易（下午1點半到2點半）。

一、政策考量

政府開放定期定額買股票的主要考量是年輕人每月可投資金額有限，單筆買零股，可能許多人都覺得不方便等。於是經過數年研究，2017年起，證券交易所允許證券公司可以辦理定期定額買股票與證券交易所交易的股票型基金（exchange-traded fund, ETF，屬封閉型基金，即投信公司不贖回）。

二、七家證券公司

由右頁表可見，定期定額買股票，跟定期定額買股票型基金90%相似。

益本比與本益比的比較

項目	益本比（EPR）	本益比（price earning ratio, PER）
1.公式	$= \dfrac{\text{EPS（每股淨利）}}{\text{P（價格）}}$	$= \dfrac{\text{P}}{\text{EPS}}$
2.涵意	報酬率	還本期間
3.一年期定期存款	$\dfrac{\text{1元利息}}{\text{100元存款}} = 1\%$	$\dfrac{\text{100元}}{\text{1元}} = 100倍$
4.台積電（2022年預估）	$\dfrac{\text{30元}}{\text{600元}} = 4.54\%$	$\dfrac{\text{660元}}{\text{30元}} = 22倍$
5.臺股大盤指數（2022年預估）	$\dfrac{\text{1元}}{\text{20元}} = 5\%$	$\dfrac{\text{20元}}{\text{1元}} = 20倍$

七家證券公司承辦定期定額買股票業務

金額	股票	證券交易所交易基金（ETF）

一、3,000元

	股票	ETF
1. 凱基	150	13
2. 國泰	47	11
3. 永豐	5	5
4. 華南永昌	5	5
5. 富邦	一	5

二、1,000元

	股票	ETF
1. 元富	上市、上櫃	12
2. 元大	15	2支

三、日期

6, 16, 26日任選（可複選）
2, 12, 22日凱基
8, 18, 28日華南永昌

四、金額

以1,000元往上增加

臺灣的盤中（09：00～13：30）

時：2020年6月20日
地：臺灣
人：行政院金融監督管理委員會
事：宣布證券公司可以辦理盤中買股票（買零股股票），號稱全球創舉。至於盤中交易時間為13：00～14：30。

Unit 10-10
什麼時候賣股票？

有許多人會問我：「買股票型基金，何時該賣出呢？」我們的答案口訣是「空頭市場來臨的第二個月賣出，多頭市場來臨的第二個月買進。」

一、大盤「緩漲急跌」

由右頁圖可見，大盤（或指數）的特色是「緩漲急跌」。

(一)緩漲：在多頭市場時，指數每年平均漲10%，多頭市場歷時2～3年，之後，高處不勝寒而下跌。

(二)急跌：在空頭市場時，指數平均跌20%，而且往往超跌；約3年會出現一次空頭市場，且期間約1年。

二、進二退二，原地踏步

以定期定額投資來說，在多頭市場時投資2年，但被空頭市場1年拖累，弄得只有小賺，甚至小賠。要想避免「進二退二」的結果，較妥善的作法是「大難來時各紛飛」，即空頭市場來臨時，把定期定額基金投資要求贖回，先退場避難，筆者不認為此時稱為「停利」（stop profit），縱使虧損也要「驚衰先落跑」。

投資不要有「停利」的觀念，有人建議賺20%、30%便退場，2009年大盤上漲78.35%，或2019～2021年大盤共上漲60%。「獲利了結」的結果是少賺，那退場後，要不要再進場？如果進場，常常碰到末升段，接到最後一棒，賠更多。

三、後知後覺比「不知不覺」好

有人問筆者：「你不是專業投資人，怎麼知道空頭市場什麼時候到？」我的答案是：「空頭市場來的第二個月」，你一定會知道。

空頭市場（down market）是指大盤下跌20%以上，下跌20%以內稱為修正（correction），指數下跌一個月，往往是行進間換手的「修正」，但連跌二個月，大抵是空頭市場。

颱風、地震，電視新聞會報導，股市集中市場市值56兆元，散戶400萬人、定期定額投資人54萬人，股市漲跌影響甚廣，一旦股市走空，連一般新聞臺都會報導。縱使你不看電視、新聞，你的同事、朋友在聊天時一定會跟你說，他們往往會自誇「有先見之明，逃過一劫」。「千金難買早知道」，這句俚語貼切指出「賣到最高點，買到最低點」的「先知先覺」是很難的。右頁圖例子，你就能明白其難度。

四、由大盤本益比來預估指數

以2012年大盤本益比23.62倍為上限

2022年3月1日大盤本益比14.52倍，指數17,898點

$$17,898點 \times \frac{23.62}{14.52} = 29,115點（右頁圖）$$

由指數來看賣點與買點

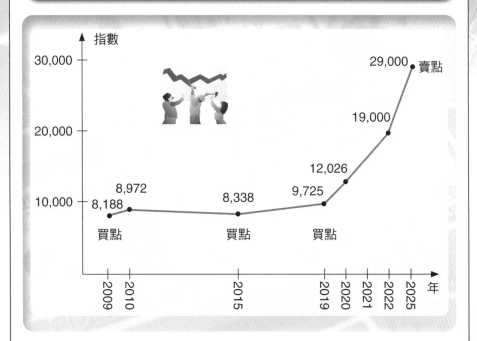

臺股大盤本益比與經濟成長率（％）

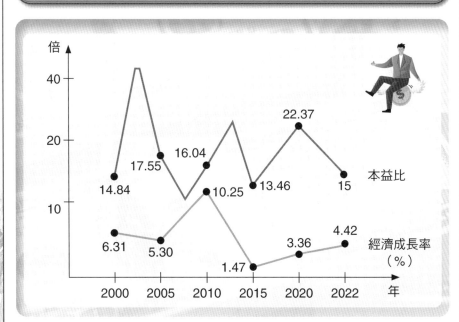

附錄
數位資產：同質、異質（NFT）代幣投資

2022年1月1日，Ezek與亞洲天王周杰倫潮牌「PHANTACT」聯名推出異質化代幣（WFT）Phanta Bear，第一天金額1,000萬美元，1～6月繼續走高。三十個電視臺（包括CNN）爭相報導，一度位居全球第三高，逼近2021年傻瓜龐克（Daft Punk）發行的Cry to punks，且超過小賈斯汀（Justin Bieber）、史努比狗狗（Snoop Dogg）的異質化代幣，有些人詢問我們，代幣是否值得投資，由下圖可見，這是伍忠賢（2022）的數位資產分類。

1. X軸：同質性程度分成二類

　　‧同質（fungible）：每單位代幣同「值」，可分割。

　　‧異質（non-fungible）：每單位代幣價值不同，不可分割。你可把它看成棒球明星卡等，買它就等於賭這明星會不會紅很久。

2. Y軸：價值程度0～100%

　　數位資產中有100%價值的是各國中央銀行發行鈔票，中國人民銀行發行的數位人民幣等於紙鈔，加密貨幣本質。

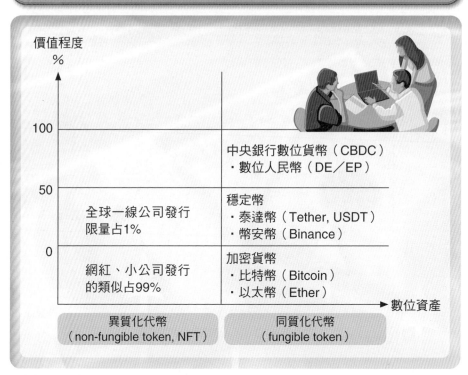

同質與異質數位資產分類

伍忠賢，2022年1月21日

第 **11** 章

買房子Ⅰ：
購買自住房地產

●●●●●●●●●●●●●●●●●●●●●●●●●●●● 章節體系架構 ▼

Unit 11-1
買房子是人民心中最痛的事

2014年6月，網路一項對網友的「十大民怨」調查，前三大民怨為房價高、低薪與高失業率。薪水低，房價便顯得高，這種兩頭落空的感覺，本章說明如何購屋。

一、安居樂業是如此沉重

香港2020年自有房屋比率51.2%，美國約65%，由右頁圖可見，臺灣隨著1966年開始推加工出口區、輕工業，所得成長、財富累積，逐漸有錢買房子，自有房屋比率慢慢升高。1976年67%，1990年80.47%突破80%。

2020年84.23%，還有15%的家庭租屋，主要是在所得分配中的中低收入戶，買不起房子，2003年起，房價開始上漲，又增加新婚夫妻更買不起房子。

二、《財訊雙週刊》的調查

2010年11月24日，《財訊雙週刊》公布「貧窮感調查」，其調查方法如下，之後沒新調查。

(一)調查地區：臺北市、新北市、新竹縣市、臺中市、高雄市。

(二)調查對象：年所得100萬元以上、年齡30～50歲的家庭。

(三)調查方法：網路調查，回收樣本數1,075份。

(四)調查結果：詳見右頁表，由第一欄可見，受訪者有近八成「感到貧窮」，由第三欄可見，貧窮感的強度在3分以上，第一大原因為「買不起房子」（占24.6%）；薪水太低（占24.3%）為第二。

三、沒屋「心」苦，有屋「辛」苦

美國人喜歡用下列方式挖苦「婚姻」，「圈」外的人急著想跳進來，裡面的人急著想衝出去。同樣的，也可運用在買房子。年輕人結婚希望共築愛巢，好養兒育女，但買房後，每個月還房貸的壓力又把自己壓得喘不過氣來。

2021年第三季臺北市房貸負擔率67.35%，全臺之冠，雙北以外縣市好很多，大都在36.9%。每月薪水有36.9%花在還貸款；雙北家庭最苦情養房變成屋奴，剩下能用的薪水就捉襟見肘了。

由右頁表第三欄可見，貧窮感的第三、四個原因「生活費高」、「還貸款壓力大」要一起看，每個月還掉房貸後，沒剩多少錢過日子。

各國自有房屋比率

國家	南韓	美國	巴西	泰國	印度	中國
比率	56.8	65.6	74.4	80	86.6	89.68
時	2019.12	2021.3	2008	2002	2011	2018

資料來源：Trading Economis.com

家庭自有房屋比率

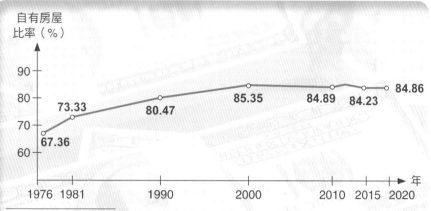

自有房屋比率（%）

年	比率
1976	67.36
1981	73.33
1990	80.47
2000	85.35
2010	84.89
2015	84.23
2020	84.86

資料來源：行政院主計總處「家庭所得與收支調查」第24表「家庭住宅狀況」，2000年起「自有」指「戶內經常居住成員擁有」

貧窮感調查

第一層　　**第二層**　　**第三層**

最近一年是否自覺有「貧窮感」？

一、有貧窮感 占77.7%

（一）地區排名
臺北市　　76.1%
新北市　　78.3%
原高雄市　82.9%
原高雄縣　77.8%

（二）依年所得區分
100～149萬元　88.2%
150～159萬元　79.2%
200～299萬元　73.8%

（三）依資產區分
1.無房產　81.1%
2.有房產　74.3%

二、沒有貧窮感占 22.3%

（四）依家庭狀況分
30歲以下　　89.9%
單身沒有小孩　88%
單身有小孩　　84%
已婚有小孩　　83%
已婚無小孩　　73%

（一）貧窮感強度
你對「貧窮感」的強烈程度如何？
（以1分至5分衡量，3~5分代表貧窮感強烈）
5分　25.5%　　2分　11.8%
4分　29.5%　　1分　3.7%
3分　29.5%

（二）貧窮感的原因
1.買不起房子　24.6%
2.薪水太低　　24.1%
3.生活費高　　17.6%
4.還貸款壓力大　10.8%
5.子女養育　　9.5%
6.工作不穩定　5.7%
7.投資失利　　5.4%
8.其他　　　　2.3%
(1)股票族貧窮來源以開銷過大居多：22.9%
(2)只投資房地產族深感貸款壓力重：30.2%
(3)已婚無小孩者最擔心買不起房子：34.1%

（三）依投資區分
無任何投資　83.8%
只投資房地產　83.1%
只投資股票　77.8%
兩者皆投資　64.4%

資料來源：整理自《財訊雙週刊》，2010年11月25日，第105頁

Unit 11-2
美中臺房價大趨勢──
美臺漲、中國跌

　　2021年全球新冠疫情比2020年趨緩，全球經濟成長率4%，比2020年-4.3%好太多。以美國來說，房屋供不應求，房價大漲15%以上，水漲船高，房租也上漲5%以上。連帶的，中國房價從2003年上漲，2021年起下跌，臺灣也是。本單元從美中臺的角度來看房價上漲原因

一、美國

(一)剛性需求，自住為主

　　美國自有房屋比率為65%，全球後段班，所以有許多自住需求。

(二)投資需求

　　由右頁表看出，美國房屋貸款利率略高於房屋出租報酬率，買房強烈原因在於預期房價上漲。

二、中國

(一)剛性需求

　　由右頁表可見，自有房屋比率為90%，全球領先，但仍有許多房屋需求的原因在於「都市化」，即農村併入城市（5萬人以上），房屋舊翻新，包括都市更新。

(二)投資需求

　　房屋貸款利率為5.63%，遠高於房屋出租報酬率。

三、臺灣

(一)自住需求

　　自有房屋比率為85%，每年約新增10萬戶購屋需求，八成是第一次購屋，二成是換屋。

(二)投資需求

　　由右頁表可見，房屋出租報酬率為2.5%，是首購屋房貸款利率2倍，許多投資客買屋出租，當包租公、包租婆。

美國房屋貸款利率資料來源小檔案

・時：2022年2月24日
・人：財經M平方（Macro Micro）

美中臺房屋需求二種因素

		臺灣	中國	美國
一、自住				
（一）自有房屋比率				
	時	2019年	2018年	2020年
	%	84.7	89.68	65.6
	人口總數	2022年底		
	億人	0.234	14.1	2.33
	增減	每年少四成	每年增加150萬	每年增加260萬人
二、投資				
（一）房屋出租報酬率				
	時	2022年	2020年	2021年
	%	2.5 臺北市	2.1 北京市	2.91 紐約市
（二）房屋貸款利率（2022年3月）		第一房 1.3	5.65	・30年固定3.89% ・15年固定3.14% ・10年機動2.98%
（三）房價所得比		9.24倍 2021年	20倍 2019年	4倍 2020年

全球、美房地產相關資料來源

時	隨時	隨時	4,7,10月27日	
地	全球	全球	美國馬里蘭州	全球
人	英文維基	Global Property Guide	商務部普查局（Census Bureau）	Numbeo com. 公司登記在 寒爾維亞
事	List of countries by home ownership rate	房屋租金報酬率（rental rate return）	每季發布（Residential vacancies and ownership）	每月發布各國「房價收入比」、「房租報酬率」

Unit 11-3
房地產供給與需求

你問我香蕉一斤零售價多少錢？我可能會說：「大潤發25元」，或許菜市場一斤27元。臺灣香蕉主要產於高雄市旗山區與南投縣，品種略有差異，但消費者不太計較，所以價格相近。

一、吃米不知米價

你問我一斤米多少錢？這沒有標準答案，因為米的種類很多、產地很廣，沒有單一價格。同樣的，房地產價格也是如此。

二、房價指標種類

房地產價格可分為絕對、相對價格兩中類，詳見下表。

(一)絕對價格：一斤米零售價50元是米的絕對價格；同樣的，臺灣豪宅指標臺北市「One Park元利信義聯勤」一坪300萬元則是房屋絕對價格的例子。為了了解一個縣市的一年（或一個月）房地產價格變動幅度，內政部營建署、民間（主要是國泰人壽、永慶房屋）皆推出房價指數。

(二)相對價格：4是2的2倍，6是2的3倍，這是相對的，相對房價衡量方式主要是房價所得比，詳見下表。

三、內政部營建署的資料

2012年8月，臺灣開始實施實價登錄，10月16日開始揭露資訊，政府規定房屋登記過戶一個月內，房仲、代銷、地政士或賣方必須向地政事務所申報房價，只要一發現資訊錯誤或登載不實，登錄房價者就得被罰款3～15萬元。

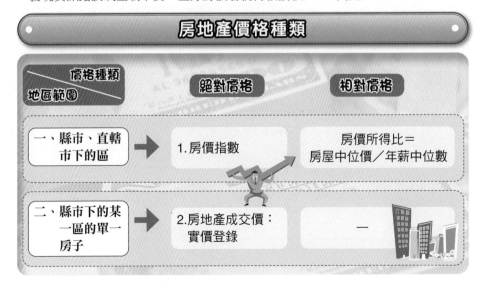

房地產價格種類

價格種類／地區範圍	絕對價格	相對價格
一、縣市、直轄市下的區	1.房價指數	房價所得比＝房屋中位價／年薪中位數
二、縣市下的某一區的單一房子	2.房地產成交價：實價登錄	—

臺灣、雙北、高雄市房屋供需

地理	全臺		臺北市		新北市		高雄市	
每第四季	2018	2021 Q3	2018		2018		2018	2021 Q3
一、住宅								
(1)人口數(萬人)	2,360.3	2,350	264.5	251	402	400	277	274
(2)供給	892.5	890	95.6	90.1	167.7	165.4	109.6	108.7
(3)需求	826.35	808.7	82	83.96	150.72	152.57	93	92.83
(4)空屋 ＝(2)－(3)	66.15	81.3	13.6	6.14	16.98	12.83	16.6	15.87
二、財務負擔								
1.房價所得比	8.58	9.24	13.94	15.86	11.72	12.13	7.11	9.81
2.房貸負擔率(%)	35.15	36.9	57.11	63.35	48.01	48.46	29.14	31.22

資料來源：內政部營建署，住宅資訊統計彙報（2021年第三季），2022年1月7日

Unit 11-4
房市成交量與人口數同

如同房價有絕對、相對兩種分類；同樣的，房地產成交量也有絕對、相對兩種分類。

一、絕對成交量

2022年預估新車銷售46萬輛，中古車近70萬輛，這是最常碰到的汽車「絕對」成交量。同樣的，由下表可見2021年房地產成交量。

(一)成交量：2021年房屋交易35萬間，成交值6.5兆元，金額很大。

(二)成交比率：35萬間房屋成交，占總房屋數（存量800萬間）的4.375%，比率不算多，終究大部分家庭一生只買2.5次房屋。

(三)依房屋新舊區分：成交35萬間房屋中，新屋占三成，約9.8萬戶；大抵占當年總完工新屋的八成。另有二成不好賣，變成「餘屋」，中國稱為「爛尾樓」。

(四)依地區區分：雙北市人口占全臺人口28%，但是成交量占30%，可見「超買」。撇開房價不講，房地產交易過度集中，足見投資客盛行。

(五)依房屋區分：房屋中豪宅（臺北市指7,000萬元以上）成交量，臺北市占2%，其餘都市皆低。由於法拍屋熱潮在2003年（5.8萬戶），在2013年法拍屋8,100戶，只占成交量2.2%。

二、本書預估2025年起，大範圍下跌

2020年人口2,356萬人，每年減少3萬人，到2026年預估人口2,340萬人，少了16萬人，即少了6萬間房需求，如同日本，人口衰退減少房屋需求，顯著帶動房價下跌。

小博士解說 2020年全國及六都買賣移轉棟數　　　單位：萬戶

區域	2018年	2019年	2020年	2021年
全　國	27.8	30	32.66	35
臺北市	2.68	2.77	3.118	－
新北市	5.66	6	6.3346	－
桃園市	3.46	4.0384	4.5712	－
臺中市	3.99	4.3438	4.8627	－
臺南市	2.1	23.82	2.30	－
高雄市	3.3	3.725	3.827	－

資料來源：內政部統計處、不動產資訊平台

臺灣人口數目與年齡結構

年	2010	2020	2030	2040	2050	2060	2070
一、人口數（萬人）	2,316	2,356	2,320	2,217.5	2,306.7	1,814	1,581
二、年齡結構（%） 65歲以上 15～64歲 15歲以下	10.74 73.61 15.65	16.07 71.35 12.58	24 65.2 10.8	30.2 59.9 9.9	36.8 53.9 9.3	40 51 9	41.6 49.5 8.9

如何查臺灣人口推估

· 語音輸入「臺灣人口推估」
  出現「人口推估查詢系統」國家發展委員會，按下
· 出現「相關連結」，按第一項「中華民國人口推估查詢系統」
· 點選左上角「常用資料查詢」，按下出現九項，點選第一項「總人口數」，再點第五項「三階段人口（占總人口比率）。

Unit 11-5
影響房價的重要因素

　　每次討論汽車、房地產的影響因素時，經濟學的分類方式是環境因素（包括政策、商品價格）、家庭因素。購屋買車大都要分期付款，因此貸款利率影響買方的資金成本，我們可以套用公司損益表的科目，把影響購屋的因素逐一分門別類。

一、商品的一種

　　房地產（一般稱為不動產）的基本功能在於提供人們「遮風避雨」的棲身之處，這跟衣服的保暖功能相近。因此房地產是商品的一種，既然跟汽油一樣，那就受自用、投資需求力量的影響。不管投資客怎樣厲害，房子終究是給人住的，不是出售就是出租，因此最終影響房地產需求的還是人口數、所得。

二、政策

　　一般來說，政府對房地產的政策大都是為了「居住正義」而打房，2010年6月以來，都是政策主軸。

　　(一)需求管理：政府對房市採取需求管理，2010年6月迄2014年6月，中央銀行採取四波選擇性信用管制，主要是針對雙北市與桃園市管制區內，購買第二間房屋降低貸款成數（例如：七成），調高房貸利率到2%以上，主要是讓投資客少一點銀彈，少炒一點，趁此影響資金成本，但是力道弱。財政部在租稅政策方面，主要是2010年6月的奢侈稅，想藉由提高租稅費用，讓炒短線的投資客失血；但只要忍一下，持有2年以上，便海闊天空，2015年實施房地合一稅制。

　　(二)供給：在供給面方面，擴大供給是以量制價方式，常見方式有二：

　　1.都市更新：透過都市更新的土地開發案，容積率提高50%，在舊土地上，會蓋出更多房間。但是都市更新案申請審核慢，往往一、二十年，遠水救不了近火。

　　2.合宜住宅：在新北市板橋區的浮洲、桃園市八德區的合宜住宅，總戶數8,000戶，占全國家庭戶數的0.1%，對地區房價幾乎毫無影響。

三、家庭面

　　只要有建設公司，就會一直蓋房子，房屋供給不成問題，需求才是影響房價的主要原因。

　　(一)家庭自住占六成：臺灣817萬個家庭（普通家戶），自有房屋比率85%，只有15%家庭租屋，大都屬於中低收入戶或社會新鮮人；每年自住（新購、增購與換屋）約12萬戶。而少子化是房價長期看跌的主因，而購買力停滯則是隱憂。

　　(二)自住占六成：由於房屋貸款利率1.63%，只略高於定期存款利率（0.8%），以致「租不如買」，自住客大幅進場，因此2002年起，房價便緩步趨漲。

影響房地產價格的因素

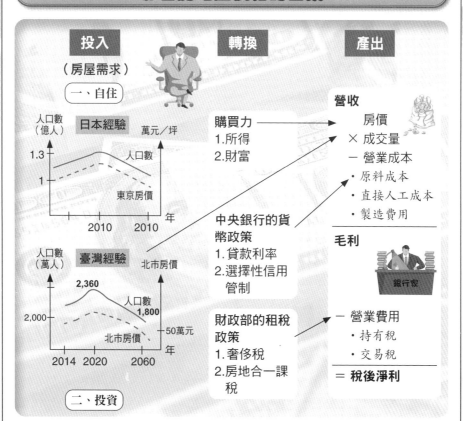

投入	轉換	產出
（房屋需求）		

一、自住

日本經驗

人口數（億人）　萬元／坪

1.3　人口數
1　東京房價

2010　2010　年

臺灣經驗

人口數（萬人）　北市房價

2,360
2,000　人口數　1,800
　　　北市房價　50萬元
2014　2020　2060　年

二、投資

購買力
1. 所得
2. 財富

中央銀行的貨幣政策
1. 貸款利率
2. 選擇性信用管制

財政部的租稅政策
1. 奢侈稅
2. 房地合一課稅

營收

房價
× 成交量
− 營業成本
・ 原料成本
・ 直接人工成本
・ 製造費用

毛利

銀行家

− 營業費用
・ 持有稅
・ 交易稅

= **稅後淨利**

Unit **11-6**
臺北、新北市房價分析

　　我們單獨把臺北地區拿來討論，原因有二，一是雙北占全臺人口28%，家庭所得居全國第一、三（第二是新竹市），可說是全臺購買力最高之處；二是臺北市因有陸客加持，精品等名店搶駐，拉高房價，臺北市成為全臺房價的發電機。

一、套用中國北京市五環概念

　　中國北京市人口約2,190萬人，以同心圓方式，由市中心一圈一圈往外，稱為第一環、第二環等。因此有人把同樣觀念套用在雙北，由右頁圖可見五環，詳細說明於下：

二、臺北市

　　臺北市十二個行政區，可分為二環。

　　(一)一環：一環即市中心（down town），中國稱為「中央商業區」（central business district, CBD），臺北市十二個行政區中的大安區等四個區是一環，其中大安區內有頂好、明曜商圈，因海外遊客多，商店搶駐，是高房價的動力來源。松山區列在一環的原因主要是因為有敦化北路商圈，再加上臺北航空站是陸客進出的門戶，人潮不斷。

　　(二)二環：臺北市市中心以外的行政區是二環，其中內湖區有內湖科學園區、南港區有軟體園區與展覽館的加持，再加上重劃區內房屋精美，因此在二環中房價較有上漲空間。

三、新北市

　　新北市的房價如同漣漪一樣，由臺北市拉動，可分為三至五環。

　　(一)三環：臺北市周邊的新北市行政區中在西邊四區、南邊一區，屬於三環。新北市房價最高的是永和區，跟臺北市只有一橋之隔，取其交通之便。其次是板橋區，因為2014年一些中央部會搬到新板特區上班，帶來購屋、洽公人潮。

　　(二)四環：在四環中，新北市蘆洲區房價最高，主要拜2011年捷運蘆洲線通車之賜。未來，受捷運三環三線助益最大的是新莊區。四環中淡水區、林口區都以一條公路跟臺北市相連，一旦塞車，便動彈不得，再加上建設公司大量蓋屋，空屋率15%以上，可說是房市泡沫化的高危險區。

　　(三)五環：五環中房價最有上漲趨勢的是五股區，因為有機場捷運（2017年3月通車）、三環三線經過；八里區，因路幅太小，捷運無法動工，無法享受捷運「點石成金」的好處，2024年底淡江大橋完工。新北市有一些區（瑞芳、貢寮、萬里、金山、三芝、鶯歌）由於地處偏遠，而且不會有捷運到達，可說是鄉村，地廣人稀，房價幾乎沒有表現空間。

知識補充站

家庭人口少，中小宅成主流

2022年臺灣人口2,350萬人，894萬戶，每戶人口2.63人，市場購屋需求，以中小坪數的自用住宅為主流（一般至少占60%，俗稱剛性需求），其中，25～35坪的1～3房產品最受首購族青睞，而45～65坪的3～5房買方以換屋族為主。

臺北、新北市中古公寓房價中位數

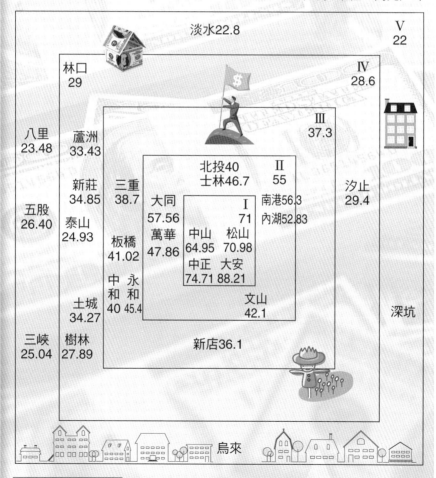

2022年1月 單位：萬元／坪

淡水22.8
V 22
林口 29
IV 28.6
III 37.3

八里 23.48 蘆洲 33.43

北投40
士林46.7
II 55

新莊 34.85
三重 38.7
大同 57.56
I 71
南港56.3
內湖52.83
汐止 29.4

五股 26.40
泰山 24.93

板橋 41.02
萬華 47.86
中山 64.95
松山 70.98

中正 74.71
大安 88.21

中和 40
永和 45.4
文山 42.1

深坑

土城 34.27

三峽 25.04
樹林 27.89
新店36.1

烏來

資料來源：內政部實價查詢服務網、信義房屋

Unit 11-7
臺灣哪些地方是房市泡沫高危險區

　　2010年起，媒體報導各國中哪些國家最可能發生房市泡沫破裂情況，前車之鑑，臺灣也開始出現房地產泡沫破裂的討論。房市泡沫連政府都壓不下，這包括中央銀行四波房地產貸款緊縮、財政部2010年6月實施奢侈稅，因此剩下問題是如何判斷房市泡沫夠大、何時破裂。

一、2021年7月起，中國大陸房市泡沫破裂

　　2021年7月起，房地產價格開始下跌，每月21日國家統計局公布的「70城房價指數」下跌，可能會下跌三成。

二、用座標軸來顯示

　　十個指標嫌多，為了省事起見，聯合國只挑兩個指標；為了方便閱讀，我們以座標圖呈現，詳見右頁下圖。

　　(一)X軸——房價所得比

　　(二)Y軸——空屋率：內政部營建署針對「空屋」有下列兩個定義，詳見下表。

三、總體經濟的指標

　　2020年，中國房地產價值（人民幣407兆元）是總產值（人民幣101.6兆元）4倍，比全球平均值2.6倍高。

空屋率（house vacancy rate）

1.全球

　　英文維基 rental vacancy rate

2.臺灣

　　低度使用住宅

　　定義：二個月一次用電量（俗稱抄電表）每年5～6月、11～12月平均用
　　　　　電數60度以下。2020年起，半年統計一次

　　趨勢分析：2009年11.49%、2019年10.17%，2020年下半年9.96%。

　　大眾資料來源：維基百科，臺灣空屋率。

　　專業資料來源：內政部營建署不動產資訊平台。

2021年上半年空屋率

單位：萬戶

地區	直轄市	(1)低度用電	(2)住宅數	(3)=(1)／(2)空屋率(%)	2021年第三季房價所得比
北部	臺北市	6.14	90.1	6.81	15.86
	新北市	12.83	165.45	7.76	12.13
	桃園市	7.74	86.81	8.92	7.78
中部	臺中市	8.926	106.36	8.39	10.29
南部	臺南市	6.15	70.96	8.67	8.29
	高雄市	10.47	108.73	9.63	7.81
全臺		81.3	890.2	9.13	9.24

資料來源：內政部營建署，2022年1月7日。

臺灣與三直轄市房價泡沫化位置圖

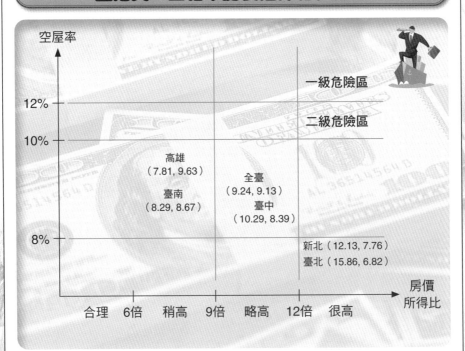

第 12 章

買房子 II：
個體篇

章節體系架構

Unit **12-1**
縮小買房尋找範圍

2014年8月13日有線電視東森財經臺（57臺）早上9：50～10：50「財星大道」節目，以主播陳明樂為對象，在通勤時間40分鐘（東森臺在臺北市忠孝西路一段4號，即臺北火車站斜對面），房屋至少14坪情況下，請節目單位幫忙找四個可行房屋。

這是一個標準的民眾買房的題目，五位來賓加上兩位主持人，有四票投新北市新莊區復興路房屋。

一、房仲公司會幫你縮小範圍

你去房仲公司請房仲人員幫你找房子，要是你找信義房屋，其SMART找屋平臺，連結通勤時間、房價行情與待售房屋，讓消費者透過平臺地圖一目了然兼顧通勤時間與購屋預算的買屋選擇有哪些。

二、可行區域

一般可行地區都是以你上班地點為圓心，以1小時通勤時間為半徑，在這個圓內的地區皆可考慮。

(一)去掉不喜歡的地區：接著你會依客觀（淹水、治安、汙染疑慮）、主觀考慮，剔除一些不喜歡的地區。

(二)縮小可行地區：採取削去法，很快你便可縮小考慮地區。

三、可行房屋範圍

(一)X軸——坪數：房屋坪數最重要的考慮因素是住房人口數，臺灣平均住房坪數44坪，以一戶三人來說，平均每人住房坪數15坪。但在大臺北地區，房價較高，對於首購族來說，每人住6坪，夫妻兩人從15坪的大廈小套房住起便可以，等以後有錢再換較大坪數。「15坪」是銀行貸款的坪數下限。

(二)Y軸——房屋總價：買任何東西都須量力而為，在Unit 12-2中，我們以李小明夫妻為例，說明大部分首購族的能力範圍都在800萬元以下。

四、屋齡是調整項

在同一地區、同一坪數的房屋，單價（每坪售價）會因屋齡有差別，詳見Unit 12-10，一般人都不喜歡屋齡40年以上的房子，一是外觀，一是內裝要花較多錢維修（主要是水管老舊所造成的漏水，進而引發壁癌；電線老舊，可能電線走火），實際換新費用20萬元以內便可解決。

2017年上半年購屋者意願

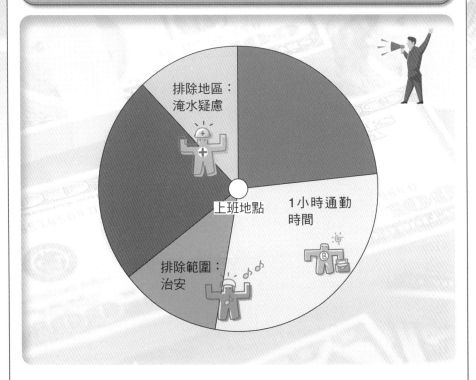

可行區域內房屋的範圍

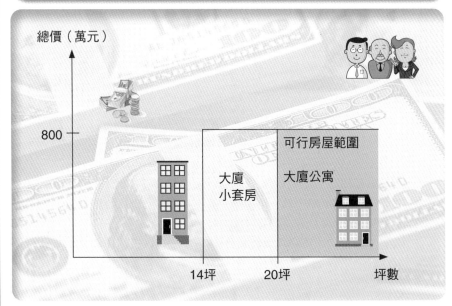

Unit **12-2**
量力而為：買多少錢的房子

　　晚上到哪家餐廳吃飯，大部分人都會惦惦自己的荷包，吃了2,000～3,000元不但會傷荷包，更會傷心。

　　同樣的，買房的第一步是計算你可以負擔多少錢的房子，房價決定你找房的都市、行政區與物件種類等。

一、量力而為

　　「沒有那樣的腸胃，就不要吃那樣的瀉藥」，有痔瘡毛病的人，最不適合吃麻辣鍋，連吃個飯都得惦惦自己的斤兩。

　　買房子是絕大部分家庭一輩子最大的支出，因此必須向銀行貸款，一旦太高估自己的財力，一定會違約，房子被銀行扣押，變成法拍屋，對屋主來說很不划算。

　　房貸負擔率高於40%，每個月賺8萬元，有3.2萬元都去還房貸，剩下4.8萬元，要供四人（夫妻與子女）過生活，會過得有點辛苦。此情況下，屋主將成為「屋奴」。

　　為了避免還不起房貸、還太累兩種情況，買房必須量力而為。

二、自備款三成

　　你會發現大部分理財文章都假設「自備款」三成，這有兩個原因，茲說明如下：

　　(一)銀行對首購族貸款成數最高八成：在雙北市、桃園市幾個區，在中央銀行2020年12月起實施四波的房地產信用管制，針對家庭買第三間住宅的貸款成數一般為四成，且沒有寬限期。

　　(二)對買屋者來說：自備款三成，會減低向銀行貸款的還本息壓力。

三、案例試算

　　假設李小明夫妻「平均月收入」（詳見右頁表定義）8萬元，在已知房屋貸款利率1.5%等情況下，由右頁表可見房貸負擔率33%以下對家庭財力負擔較佳，說明如下：

　　(一)房貸負擔率33%以內較佳：房貸負擔率33%以下對家庭財力負擔較佳，開始還本息的前3年縱使40%也勉強可接受，因為人的收入會每年成長1%。

　　(二)房貸518萬元：由此可計算出房貸518萬元。

　　(三)屋款740萬元：房貸占屋款七成，房貸518萬元，進而可求出屋款740萬元。

購屋意願調查

時：2021年7月1日

地：臺灣

人：台灣房屋公司

事：2021年下半年購屋意願調查

購屋動機：首次購屋（占37%）、換屋（30%）、替家人購屋（4%）、投資（29%）

考慮因素（可複選）：屋價（79%）、交通／地段（58%）、屋況／屋齡（38%）

每年／每月房屋貸款該償還多少本利

語音輸入：房屋貸款還款

出現內政部不動產資訊平台，按房貸資訊，點選「房貸試算」

銀行貸款：100萬元　**貸款利率**：1.5%　**貸款期間**：20年，沒有寬限期

求解每年、每月該償還多少本利？

1.每年償還金額

> 這是年金現值問題，查「年金現值表」
> PVIFA（1.5%，20）= 17.27
> 100萬元／17.27 = 5.79萬元

2.每月償還金額

　　57,900萬元／12月 = 4,825元

3.貸款金額500萬元情況

　　年還款5.79萬元 × 5 = 28.95萬元

　　月還款0.4825萬元 × 5 = 2.4125萬元

235

Unit **12-3**
購屋策略

登高山看似遙遠不可及；分階段來看，第一階段到山腳、第二階段到山腰、第三階段到山頂，分期來做，就不會那麼難了。同樣的，購屋策略也是如此，由30歲到50歲，分階段進行，由低總價到中總價，只要有對的方法，沒什麼不可能的事。

一、錢少有錢少的作法

一般人對交通工具的種類，是隨著年齡、財力而進階的，國中時期腳踏車，大學時打工買機車，30歲時買1,500cc汽車（約55萬元），40歲時買2,000cc以上汽車（92萬元以上）。

同樣的，年輕人買屋也必須要循序漸進，即30歲時買600萬元（以內）房子；40歲時買1,000萬（以內）房子；50歲時買1,500萬（以內）房子。

二、包租公律師的經驗談

2001年，蔡志雄28歲，他急著獨立開律師事務所，看好新北市板橋區周邊有中和、土城、三重區，離臺北市近，考量「有人口就有案件」，他買下板橋區民族路一間40坪、510萬元的房產，作為辦公室。從此，他從持續看屋中累積經驗，還清房款後，開始在捷運站附近置產，在板橋擁有一間辦公室和四間位於捷運站附近的出租套房，成為名符其實的包租公律師。

他的購屋心法是：1.避開有法律糾紛的房屋；2.了解自己的買房需求；3.應多看房屋，累積經驗。本書補充，一般房仲認為至少要看50間房，購物專家斯容認為70間房。

包租公律師——蔡志雄小檔案

出生：1973年　　　　　　　　學歷：政治大學法律系
證照：房地產經紀人、高考律師等
職業：律師、好房網專案作家，被暱稱「包租公律師」

三、首購族買屋四口訣

1987年，筆者28歲時，花了一年找房子；1988年，在新北市新店區北新路一段（捷運市公所站旁）買了五樓公寓二樓（35坪），由於財力有限（自有30萬元、家人融資60萬元）、銀行貸款130萬元，所以只能買220萬元以下的房子。首購族只能買低總價房屋，從房仲、土地代書等人學到下列四句口訣：先買郊區，後買市區；先買公寓，後買大廈；先買舊屋，後買新屋；先買小屋，後買大屋。其中針對「先買小屋」說明於下：由於房屋每坪單價拉高，買屋者財力沒跟著提高，以800萬元以內較多，由此2010年起，建設公司在雙北市推案，小坪數（二房以下小宅）占比重三成，主要是首購族、投資客在買。

購屋者考量因素

排名	項目	%	排名	項目	%
1	價格	57	6	地緣環境	4.7
2	屋況	11.4	7	住宅面積	3.2
3	交通便利	7.9	8	鄰近學區	3.1
4	生活機能	6.9	9	其他	0.3
5	社區環境	5.5			

資料來源：整理自內政部營建署「住宅需求動向調查」

首購族買屋四口訣

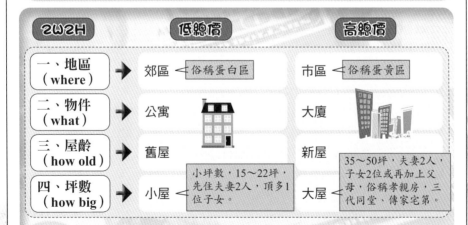

2W2H	低總價	高總價
一、地區（where）	郊區 ←俗稱蛋白區	市區 ←俗稱蛋黃區
二、物件（what）	公寓	大廈
三、屋齡（how old）	舊屋	新屋
四、坪數（how big）	小屋	大屋

小坪數，15～22坪，先住夫妻2人，頂多1位子女。

35～50坪，夫妻2人，子女2位或再加上父母，俗稱孝親房，三代同堂、傳家宅第。

Unit 12-4
買哪裡的房子I：避開嫌惡設施

許多人買房子遵守「危邦不入，亂邦不居」原則，也就是「嫌惡設施」附近的房子不買。

一、買房子，一定考慮以後如何脫手

由於所得、工作與人生各階段偏好，人的一生約換2.5次房子，因此買屋時必須考慮脫手的可能性。1988年我找房子時，一位土地代書告訴我一句至理名言：「你喜歡的（房屋），別人不一定喜歡；你討厭的（房屋），別人一定討厭。」

一般人討厭的房屋附近的設施稱為「嫌惡設施」，詳見右頁表。

二、嫌惡設施調查

偶爾有些機構會對家庭進行嫌惡設施問卷調查，底下是其中一個。該項調查主要是因為2014年7月16日澎湖縣馬公市空難、7月31日高雄氣爆之後所做。

(一)調查地點：臺灣。　　　　(二)調查機構：台灣房屋公司（房仲業）。

(三)調查對象：家庭。　　　　(四)調查期間：2014年8月2～4日。

(五)調查結果：由右頁表可見前十大嫌惡設施，殯儀館和公墓是屬於中國人風水的忌諱外，前十名都和公安或對健康有疑慮，有涉及公共安全的嫌惡設施，房價約為區域行情的8～9折。

三、嫌惡設施的項目

右頁表所列前五大嫌惡設施，我們可分成感覺或安全有關的兩大類來說明。

(一)與感覺有關的嫌惡設施：嫌惡設施第二名是「殯儀館、公墓」，許多人不喜歡住在這類設施旁，主觀因素是因為心裡毛毛的；客觀上來說，「阿飄」都是電視「靈異節目」為了節目效果做出來的，至於電視新聞臺在農曆七月（民俗月，俗稱鬼月）報導的靈異房屋，大都只是繪聲繪影。雖是如此，周邊房價仍受影響。

(二)與安全有關的嫌惡設施：跟生命健康有關的嫌惡設施都是客觀事實，嫌惡設施第三名的「加油站、瓦斯儲氣槽」還應加上「瓦斯行」，以2014年7月31日高雄（丙烯）氣爆來說，威力等於4,000桶瓦斯（20公斤裝）爆炸，6公里長的街道炸掉，32人逝世，300人輕重傷。瓦斯行店內至少40桶瓦斯，雖然較少傳出瓦斯行氣爆事件，但是住在瓦斯行附近如同住在「不定時炸彈」上。嫌惡設施第四名「高壓電塔、變電箱」，範圍應包括高壓電線，其風險在於一旦颱風來打掉電線，人會觸電；無形風險是高壓電所形成磁場對人體健康的可能危害。

四、幾乎少碰物件

有幾種地點最好「敬謝不敏」：一是高架路旁；二是市場旁；三是斷層帶上。詳細內容說明如右頁。

十大嫌惡設施及最喜歡房屋條件

No	降低房價	公共設施	最喜歡的設施
1	10～25%	焚化爐、垃圾場、資源回收場	大眾運輸車站
2	同上	殯儀館、公墓	公園綠地 18%
3	5～12%	加油站、瓦斯儲氣槽	學區 16.1%
4	10～20%	高壓電塔、變電箱	市場 14.8%
5	3～20%	工廠	醫院 3.8%
6	同上	神壇、廟宇	銀行（郵局） 1.5%
7	5～12%	特種行業	其他 0.8%
8	5～9%	高架橋、鐵道	—
9	5～8%	夜市	—
10	10～20%	大型醫院、急診室	—

資料來源：整理自實價登錄比價王，2021年4月20日

「敬謝不敏」的地點

1. 高架路旁

高架路（包括高架快速、高速公路）、中運量捷運（臺北市文湖線）有設隔音牆，但是噪音（尤其是汽車經過伸縮縫）、震動，大部分家戶都會加裝氣密窗把噪音控制在60分貝以下，但並不能完全阻隔。尤其是夜深人靜時，噪音顯得很吵。

2. 市場旁

市場（早晨、黃昏市場）容易塞車，且較易髒亂；有些人不喜歡住在學校旁，因上下課鈴聲、小孩玩笑聲也是持續噪音。

3. 斷層帶上

不要住在地震帶上，這是來自1999年921地震的血腥教訓，只要你上內政部營建署網站，可看到34個斷層的所在地，至於還未發現的「盲斷層」則要等大地震後才會浮現。斷層帶上最好不要蓋房子，例如：美國加州史丹佛大學運動場便座落於加州斷層上。在臺灣，嘉義縣民雄鄉的中正大學位於斷層帶上，因此中正大學建築的耐震係數更高。

Unit **12-5**
買哪裡的房子Ⅱ：低總價好宅的地區

給你免費住臺北市仁愛路帝寶當藝人小S的鄰居，你要不要？一個月管理費3萬元，臺灣三成以上家庭都賺不到。有些人喜歡有院子可以種花草，帝寶就沒這環境。因此，買哪裡的房子？通勤時間只要1小時內的適配房屋最適合你。

一、在臺北市買房要不吃不喝16年

每次媒體要說明臺灣房價有多高，總是喜歡以臺北市為例，少數年輕人也朗朗上口。撇開房價、豪宅不說，臺北市的房子大都是公寓、大廈，對很多人來說，如同住在鳥籠。

1960年代起，美國人興起從都市出走的風潮，在郊區住透天厝，有車庫、車道，週末開車出遊，汽車對美國人來說等於雙腳。郊區房子不需額外像市區大廈般要花大錢買停車位。

二、先郊區後市區

在臺北市，一橋之隔的新北市（板橋、新莊、三重、永和、新店）可說「一橋之隔，房價便宜一半」。同樣800萬元，在臺北市只能買到小套房或二環區的40年公寓（註：生活環境往往落後）。1990年以來，許多人寧可一天多花40分鐘通勤時間，去住大臺北的三環區。

三、吸星大法，快速成長

週一到週五每晚09：55～10：55東森財經臺（57臺）「財星大道」節目，邀請帥過頭（炒房高手）、Sway、李兆華、蔡明彰等五人，分別針對一個城市的兩個房屋，透過實地攝影，可以親眼見到該物件外觀，以及該房屋在該城市所在地，以了解交通狀況。大約看一個月，你大抵會抓住買房相關常識。

住宅需求動向調查

時：例如每年6月26日～7月26日
地：臺灣六個直轄市
人：內政部營建署
事：委託住宅學會，共2,208份問卷，每都市至少300份。

800萬元以內的臺北市外圍好宅地區

交通方式	北	南	西	東
一、開車		1.新北市 深坑區 2.新北市 新店區安坑 3.新北市 林口區		新北市 汐止區
二、大眾 運輸	1.基隆市 火車	1.宜蘭縣 火車 2.桃園市桃園 區 (1)高鐵19分 鐘 (2)鐵路 (3)機場捷運		新北市 汐止區有二站

知識補充站

購屋後生活支出減少對生活的影響

單位：%　2017年上半年

影響程度	整體	臺北市	新北市	桃園市	臺中市	臺南市	高雄市
完全無影響	5	3.1	4.7	5.7	10.2	3.7	3.3
些微影響	27.2	25.4	24.8	28	23.6	29.2	32.8
部分影響	41.8	43.9	41.7	42	44.5	42.6	37.8
很大影響	20.7	22.6	22	19	16.9	22.1	21.2
非常大影響	5.3	4.9	7.3	5.3	4.7	4.4	5

資料來源：內政部營建署「住宅需求動態調查」

Unit 12-6
買哪裡的房子III：三項環境因素

　　房屋廣告的主要宣傳詞大都是「15分鐘到臺北」（即地段佳、交通方便）、「生活機能健全」。本單元說明兩個重要生活機能，即交通、中小學，剩下的在都市中都不如想像中那麼重要。

一、最重要的生活機能：交通

　　對於上班族來說，有薪水才能過日子，所以上班能在1小時通勤時間到，可說是最重要的生活機能。對男生來說，住在二環，交通方式可能是開車，因此高速、快速道路很重要；對女生來說，捷運、公車比較重要。

二、次重要公共設施：好小學

　　中小學也有好壞，若是考慮有就好，那麼可選擇範圍就很大。小學到處都是，搭公車可到，要是想掌握時間，多花一點錢搭交通車也可以。至於父母接送情況，大都是父母上班順路，或是由祖父母代勞。

三、房價進可攻的關鍵：大公園

　　1850年，美國紐約市曼哈頓區大地主把中間土地捐給市政府蓋中央公園，他在周邊蓋房子，房價大漲，這是「萬頃公園」為房價鑲金的最佳例子。

　　許多都市高房價都在大公園旁，例如：英國倫敦市的海德公園、臺北市大安區的大安公園，小至新北市永和區的仁愛公園、新莊區運動公園；至於臺中市科博館、高雄市美術館也有大公園綠樹草地效果。大公園適合散步、騎腳踏車等運動休閒，周邊住戶在家中看出去，視野較漂亮。

四、其他生活機能都不重要

　　右頁表第一欄是依「食、衣、住、行、育、樂」的生活功能來列，由下面例子可見大部分人不把餐飲店等生活機能看得很重要。

　　有些人覺得早餐店、自助餐店、冷飲店、便利商店很重要，隨時想吃炸雞排、鹽酥雞就可以走路買到。筆者住的社區（新店區臺北小城）1,400戶，約4,000人，只有一家OK、全家便利商店、快餐店及一家家庭理髮店。早餐店、咖啡店、髮廊、百坪超市等都開不起來，甚至沒有乾洗店等。

　　附近更小的社區（例如：黎明清境）等連便利商店都沒有，可見常人以為重要的「民以食為天」的餐飲店不如想像那麼重要。

　　這些社區的人開車去量販店，一次買一週的量；以便利商店的多功能來說，基本吃喝的生活需求勉強能滿足了。

公共設施與生活機能

 基本　　　　　　　　 最佳

一、食

1.量販店、傳統市場

2.餐廳、小吃店

車程25分鐘內即可，一週才買一次，車程不那麼重要。
有便利商店，便有很多熟食。

二、衣

三、住

1.社區服務

2.垃圾

大門警衛、清潔、郵件、包裹代收。
大廈有垃圾間，那就不會受限於垃圾車時間。

四、行

1.捷運、公車
2.高速或快速道路

走路10分鐘內到即可。
方便大人上班。

五、育

1.教育：學校

最好有著名高中、國中、小學，春秋時代孟母三遷也是為了子女的求學環境。
最好有停車位。

2.「生」育

一定要有一家中型地區醫院，尤其是老人家心臟疾病救治「黃金5分鐘」。

六、樂

公園綠地

公園有景觀，看了心情好，樹木有助於夏天降溫，公園可以散步，有助於健康。

Unit 12-7
買怎樣的房子Ⅰ：碰都不要碰的房子

　　單身男女很多，最常聽到的話是：「他（或她）不是我的菜」，環肥燕瘦人各有所好。

　　同樣的，房屋種類（地段、型態）很多，在挑選房子時，必須先把「不要」的房屋告訴房仲公司，如此縮小範圍，才會比較快找到你所需要的房屋。

一、福地福人居

　　買房子時，很少是一個人說了算，往往父母或配偶都會出意見，其中較常碰到的便是風水問題。

　　基督、天主教徒不信風水，少數沒有宗教信仰的人認為「福地福人居」。

二、科學風水角度

　　基於風水的考量，有些人不會買某些房屋，底下講兩個情況，有時站在科學風水角度也言之成理。

　　(一)凶宅：有些銀行針對凶宅排除在房貸之外，偏偏內政部營建署並沒有把凶宅列檔。買方在買屋前，只能上國家圖書館從報紙新聞資料檔去檢索、向房屋附近鄰居或里長打聽，凶宅行情比正常宅低三折。少數人比較鐵齒，不在乎凶宅；有些投資客（像投資客帥過頭）買凶宅以供出租，但是大部分人不喜歡住在凶宅，一般旅館碰到房客自殺的房間，大都改為儲藏室或辦公室。

　　(二)路沖：處於路沖的房子，其風險在於汽車衝進來；有些鄉間路沖房屋，特別做厚圍牆來擋，市區內房屋則必須採取室內內縮方式，或墊高方式來防止「不速之車」登堂入室。

三、買得勉強的房屋

　　由右頁表第一欄可見，常見的屋型有四種，皆有不宜購買的房屋，該表已大抵說清楚，底下擇要補充。

　　(一)公寓：由於《公寓大廈管理條例》實施後，頂樓是所有住戶共有，因此頂樓的住戶無法占用、加蓋、加建屋頂公園。以公寓來說，住五樓沒有「買一送一」的好處，因此五樓因爬樓梯不便，變成大家最不喜歡的樓層。

　　(二)獨立宅：「前不巴村，後不著店」的獨立宅，最容易被宵小盯上，因此保全措施要花很多錢，不是光搞個中興保全就夠了，保全20分鐘到，歹徒早已擄人跑了。

不適合購買的物件

房型	標準	說明

一、大廈

1.陰面

「陰面」主要是指大廈一個月日照11天（在2小時）以下，日照太少對人的情緒會有不利影響。

2.小套房

(1)12坪以下

(2)12～15坪

銀行絕對不會貸款，因此以後較難脫手。

只有3家銀行願意貸款，不利新屋主購買。

二、公寓

1.樓層

5樓

5樓公寓太高，不適合老人走動，且屋頂直晒，夏天易熱，下雨天易漏水。

2.屋齡

40年以上

(1)外觀老舊，須更換磁磚。
(2)電線老舊，易發生火災。
(3)水管腐鏽，容易漏水。

三、連棟透天厝

四、透天宅

都市中的透天厝豪宅

最容易被歹徒盯上，入侵而偷竊、搶劫、綁架，因此保全費用高。

Unit 12-8
買怎樣的房子Ⅱ：最好不要碰的房子

　　黑與白之間還有很大一塊的灰色地帶，在房屋市場也是如此，把「嫌惡設施」比喻成黑，那麼有幾種房子便是灰色地帶。

一、房仲的話術

　　新建案代銷業者最常見的話術如下：一是只剩這一間；二是下個月房價調漲5%。

二、農業用地上的農舍

　　許多臺北人喜歡買宜蘭縣、桃園市的農地，週末去住，很寬敞而且甚至可種菜。2012年總統大選，炒紅某候選人在屏東縣的農舍過大，原來規定如此：一分農地（198坪）以上，可以一成土地蓋農舍；之下的農地，只能蓋工具間，不能在裡面住宿。

　　絕大部分農地上的農舍都是違章建築，由於戶數多（5萬棟以上），各地方政府怕招致過大民怨，因此不敢處理。一旦中央、地方政府嚴格執法，不只農民買農舍第一波會被掃到，連小塊農地上的農舍都會被取締。

三、工業住宅的定義

　　(一)廣義：廣義的工業住宅是指不在住宅區蓋的房屋，例如：2013年被北市府大舉開罰的內湖五期重劃區、大直大灣、南港地區，也是商業、娛樂或工業區土地違規作住宅使用的集中地區，建管處在核發使用執照上，已載明使用分區為「工商混合區」或「辦公服務區」，並限定用途不得銷售、使用為集合住宅。

　　(二)狹義：最狹義的定義是指興建於工業地上的住宅，例如：新北市中和區中山路中的工業住宅。

四、地上權

　　住宅「賣屋不賣地」的地上權房屋，買屋者只買到50～70年的房屋所有權，分成兩種情況。

　　(一)捷運共構宅，公有地：政府為了活化土地，但又不想「剖雞取卵」，於是標售地上權給建設公司蓋房子出來賣；屆期，政府收回土地，建設公司必須拆屋恢復土地原狀，歸還給政府。

　　(二)財政部國有財產署的國有地：為了壓低房價，建設公司在臺北市二環區推出地上權建案，買主可享用50～70年的地上權，期滿土地收歸所有者。2014年8月，最有名的個案是臺北市文山區景美，位於羅斯福路上，號稱房價四字頭。在臺北市，地上權的房子大都是投資客在買，用來出租。至於不生子女的夫妻也會考慮。

房屋的三種情況

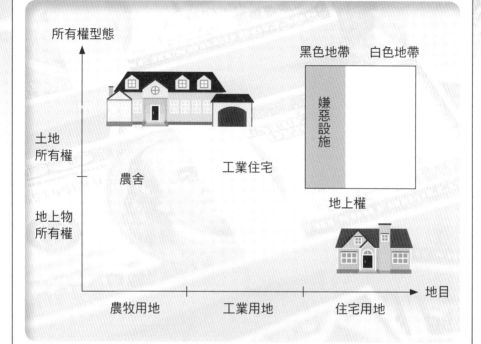

臺灣每戶居住水準　　　　單位：%

年	2015	2016	2017	2018	2020
一、自有房屋比率	84.23	85.36	84.83	84.52	84.68
二、居住水準	1坪：3.3058平方公尺				
(1)每戶建坪（平均數）	43.99	44.31	45	45.02	44.9
(2)每戶人口	3.1	3.07	3.07	3.05	2.92
(3)每人平均 　=(1)／(2)	14.19	14.43	14.66	14.76	15.38

資料來源：整理自主計總處「家庭收支調查」表24「家庭住宅狀況」

Unit **12-9**

買怎樣的房子III：
「進可攻，退可守」的房子

買房子不能不挑剔，但也不能太挑剔，前三個單元，已經先把不該、不適合的房屋剔除，在本單元中，建議你在總價、條件可行範圍內，在許多房屋中挑一間「進可攻、退可守」的房屋。

一、沒有100分的房子，只有滿意的房子

「鐘鼎山林，人各有志」，房子也是如此，沒有100分的房子，只有適不適合你的房子。在右頁表中，我們挑了三個項目，在第一列中，依項目的程度打分數，總分較高的便是最適合你的，因為這些「項目」、「程度」（10分、8分等）也都是你決定的。

二、進可攻：增值潛力

基於換房需要，你買房時還須考慮房子的增值潛力，這主要來自兩方面。

(一)都市更新的可能性

(二)交通改善可能性：交通到位的地區，已無大改善空間，以股票來說，可說處於產業成熟期（例如：食品業）股票，股價不動如山。由於各縣市都有都市計畫，平均核定後大抵會有15年時差，政見才會落實。如同建設公司「養地」一樣；你如果能「獨排眾議」，忍受10年的交通不便（例如：公路沒有拓寬、沒加開新路），大抵可以等到「守得雲開見月來」的日子。

三、退可守：坪數

相鄰兩戶，一是大廈屋齡2年15坪，一是大廈屋齡26年22坪，你會考慮哪一間？買屋達人大都會建議你挑22坪，由右頁表可見，22坪的房屋有幾種房型可變化：二房二廳二衛，這適合夫妻與一位子女；三房一廳二衛，這適合夫妻與二位子女。

四、陽光

自然光線影響人的心情，這是燈光無法完全取代的，在大廈林立情況，棟距太近往往會使一些後棟房屋白天也暗無天日，必須開燈。影響一間房屋日照的因素有二。

(一)幾面採光：四面採光大抵出現在獨棟透天厝、大廈每層一戶情況，占臺灣1,000萬間房的1%以內。退而求其次，雙併透天厝「三面採光」、連棟透天厝（或公寓）兩面採光，這是大部分買房者的下限。

(二)方位：在北半球的國家，選擇座北朝南的房子對日照、風向都有幫助，以夏天吹南風來說，朝南座向吃風，較涼爽。植物成長需要陽光、空氣、水，室內植物也需要陽光，適合室內植物成長的房屋也適合人生活。

勾勒你理想的房屋

項目	2分	4分	6分	8分	10分
一、增值潛力	捷運已通車3年以上，利多出盡。		捷運施工中，交通黑暗期，房價下跌。		有捷運計畫，但尚未施工。
二、坪數	12坪（1房1衛）	15坪（1房1廳1衛）	18坪（2房1廳1衛）	22坪（2房2廳2衛）	26坪（勉強隔成3房2廳2衛）
三、陽光					
(一)採光	公寓後棟，地下室	一面採光（小套房）	二面採光	三面採光	四面採光
(二)方位		座南朝北（日照較少，冬天較冷）	坐東朝西	坐西朝東	座北朝南（日照較多）

18坪vs.22坪 ◄

22坪是個「進可攻，退可守」的坪數，可變化成2房2廳2衛或3房1廳2衛。

至於18坪房屋則變不出什麼花樣，唯一可做的是請第75臺「全能住宅改造王」的一級建築師出馬，採取地板儲藏櫃、架高床鋪（或伸縮隱藏式床鋪）方式，才可以「小屋變出新花樣」，不過改裝費用不便宜。

Unit 12-10
怎樣推估房價

你去水果攤買蘋果，價格會因產地（日本、美國、智利）、品種（例如：富士、五爪等）、新鮮程度（有NG包）而異。

同樣的，同一地區（甚至相鄰門牌號碼）的房屋，也會因為樓層、屋齡、土地持分而單價不同。本單元提出參考數值。

一、房型

連棟透天厝的價格大抵是以土地為主、建坪為輔，至於大廈、公寓因房型較多且屬於垂直形狀，房屋樓層影響房價。

(一)大廈：大廈可分兩種，住宅大廈與住商混合大廈；後者因出入人士複雜，治安程度較差，而且人多所以交通、等電梯時間都較差，餐廳等會有火災之虞且廢氣排放，總的來說，房價只有住宅大廈的九成，但如果「商」的部分滿租，有可能住商大廈的房價比住宅大廈高。

(二)公寓：由右頁表可見，公寓樓層愈高因爬樓梯難度增加，單價愈低。大廈一、二樓房價較高，有些人喜歡住高樓層，因為有景觀，馬路上噪音量減弱；但地震搖晃幅度較大，而且一旦發生火災，消防車的雲梯高度只到十五樓，這些都須一併考慮。

二、屋齡

屋齡影響建材的耐用程度（此涉及耐震）、管線老舊，以及外觀。也就是說，屋齡愈老，房價愈低。鋼骨結構耐用50年、鋼筋40年、加強磚造30年；許多銀行針對超過或近耐用年限的房屋都不給予貸款。由右頁表可見，針對屋齡的房價折扣數。

三、土地持分

房屋值錢部分（占五成以上）主要是土地，公寓、大廈都是依持有土地分額（簡稱持分）來計算土地價值。

房屋的建坪、地坪都不一樣，同一條路上只隔一號，已知實價登錄成交價、建坪、土地坪數，便可算出建物、土地價格。

一般來說，以一坪為單位，土地價格會高於建物，因為土地寸土寸金，你買房屋主要是買土地。

由右頁實際例子，可得到下列結果：

1.建物18萬元。

2.土地30.44萬元。

由此即可得到明證，買房屋時，果然土地價格會高於建物價格。

圖解個人與家庭理財

房屋因物件差異造成的折價

屋型	折扣數值	說明

一、樓層

(一)大廈

1.住宅大廈
(1)1、2樓房價較高 ➡ 免等電梯。
(2)其次是15樓以上 ➡ 馬路噪音小，而且視野較佳。

2.住商混合大廈 　住宅大廈屋價打九折

(二)公寓 　依樓層
1樓	100%	免爬樓梯。
2樓	95%	
3樓	90%	
4樓	85%	
5樓	80%	爬樓梯太高，不方便、易累。

二、屋齡

1～3年	100%
4～10年	95%
11～20年	85%
21～30年	75%
31～40年	65%
41年以上	55%

有一種情況例外，即附近有都市更新機會。

買房屋主要是買土地之案例

已知：2015年4月新店區臺北小城僑信路
　　・A屋：建物49坪，土地40坪，售價2,100萬元
　　・B屋：建物35坪，土地22坪，售價1,300萬元
請問 　建物（X）、土地（Y）價格各多少？
求解： 49X ＋ 40Y ＝ 2,100萬元……〈1〉 35X ＋ 22Y ＝ 1,300萬元……〈2〉
〈1〉、〈2〉式的Y有最小公倍數440，因此各乘上11、200得到下列二式：

$$539X + 440Y = 23{,}100萬元……〈3〉$$
$$700X + 440Y = 26{,}000萬元……〈4〉$$

〈4〉－〈3〉

$$161X = 2{,}900萬元$$
$$X = 18.01萬元$$
$$Y = 30.44萬元$$

第13章

家庭融資資金需求

章節體系架構 ▼

Unit **13-1**
家庭資金需求

2022年銀行放款約33.6兆元，家庭占50%、企業占45.25%、政府占4.75%。2,340萬人、895萬戶家庭的銀行貸款，看似「人之不同，各如其面」，但看了本單元的分析，會發現實則簡單。以2022年推估數字作說明。

一、家庭資金用途

套用「80：20原則」，來看家庭向銀行貸款，可以一目了然，消費者貸款（consumer loans）可以二分如下：

(一)房屋貸款占95.17%：家庭的銀行借款中有95.17%屬於房屋貸款，詳見右頁圖，這包括住宅貸款占94.58%，房屋修繕貸款占0.59%兩項。

(二)其他貸款占4.83%：房貸以外部分只占15%。

二、依消費用途區分

家庭借款可依家庭損益表、資產負債表分成兩大類，說明如下：

(一)家庭資產負債表，屬於銀行抵押款：家庭資產負債表中，家庭為了取得資產，在「（財）力有未逮」情況下，只好走上金融機構融資，其中為了股票投資可向證券金融公司融資、買裕隆集團汽車可向裕隆資融公司借汽車分期付款，以及壽險公司保戶向壽險公司借房屋貸款外，九成的家庭抵押貸款皆來自銀行。

(二)損益表，屬於銀行信用貸款：家庭損益表中，家庭為了生活中的「食衣育樂」，向銀行借信用貸款，包括三個項目，即其他消費性貸款（other consumer loans）（占家庭借款1.32%）、信用卡循環餘額（占1%）、機關團體職工福利貸款（占0.57%）。

三、家庭借款的決策準則

家庭借款的決策準則，依借款資金用途可分成二中類，其決策準則見右頁下圖，以下詳細說明。

(一)屬於投資性質：消費者貸款中，有二中類性質比較偏重投資，說明如下：

1.抵押貸款：股票的融資交易一定是為了金融投資，至於房屋貸款，可視為「以買代租」的投資決策，汽車貸款以買車，大抵是為了上班之用。

2.助學貸款：助學貸款是個人為了提升人力資源素質的投資。

(二)消費：針對購買非耐久品，當財力不繼時，家庭會採取借「其他個人消費性貸款方式」，其決策準則是「利大於弊」，例如：到家樂福用信用卡刷卡買食物，吃了食物而活著，與還15%循環利率的沉重利息相比，可說「效益大於成本」。

家庭（或消費者）貸款的用途

消費性質	消費，或稱非耐久品（nondurable goods）	支出（expenditure）或稱耐久品（durable goods）
生活項目	食衣樂育	住行

（家庭）損益表

對銀行放款來說，屬於信用借款（income-based loans）

營收（家庭稱為所得）
－營業成本
- 原料（食衣） ← 其他消費性貸款（other consumer loans） 占11.03%
- 直接人工（育）
- 製造費用

＝毛利

信用卡循環信用餘額（revolving credit for credit card）占1.32%

機關團體職工福利貸款（employee's welfare loans） 占0.05%

（家庭）資產負債表

對銀行放款來說，屬於抵押貸款（asset-based loans）

資產
(一)短期
- 證券
(二)長期
- 汽車（行）
- 家電（住）
- 房屋（住）

負債
(一)證券金融公司
(二)汽車資融公司
(三)銀行貸款
- 銀行的汽車貸款（car loans） 占1.68%
- 房屋修繕貸款（house-repairing loans）占1.04%
- 住宅貸款（house loans）占84.28%
(四)壽險公司

業主權益
（自有資金）

決策準則說明

一、投資	投資報酬率（ROI） ＞貸款利率	
(一)人力資源投資	✓	
(二)商品		✓
二、消費	貸款支援消費帶來的效用＞貸款利息帶來的負效用	

前文著重家庭資金需求用途，本單元詳細說明家庭融資來源。

一、家庭資金來源比公司窄很多

家庭融資管道比公司少，因為公司可以直接融資（例如：現金增資），即大都採取間接融資。

二、借款的分類

由右頁圖可見，銀行是家庭融資管道的主要來源，約占九成以上，但並不是唯一來源。底下詳細分析。

(一)第一層（大分類）——合法vs.不合法

借錢是個老生意，從農業社會就有，政府為了避免債權人剝削，因此民法規定借款利息上限20%，以法律標準區分，借款可分為合法與不合法。

1.不合法的高利貸款：為了避免地下錢莊以高利貸款（簡稱高利貸）剝削借款人，所以許多國家都有訂定借款利率上限。

以銀行來說，針對高危險群（即邊際借款人），在貸款利率上限20%情況下，若覺得不划算，拒絕此邊際借款人。

有些邊際借款人（例如：一些計程車司機）走投無路，只好向地下錢莊借錢，在報刊、電線桿上，你很容易看到「日息萬分之七」（借1萬元一日利息7元）的小廣告。

2.合法貸款，利率20%以內：依民法第205條規定，任何借款，利率上限為20%。

(二)第二層（中分類）——信用貸款vs.抵押貸款

在合法貸款情況下，依是否有抵押品（房地產稱為抵押、動產稱為質押）。

1.抵押貸款：有抵押品（collateral）的貸款時，由於「跑得了和尚，跑不了廟」，一旦借款人違約，銀行依法可請法院拍賣抵押品；以房貸來說，抵押品是房屋，稱為「法院拍賣屋」（簡稱「法拍屋」）。借款人違約時銀行損失小，因此向借款人收的利率低於信用貸款。

2.信用貸款：信用貸款的還本還息來源是借款人的還款能力（主要是薪水），因此在申請貸款時，銀行會審核借款人的在職證明、（過去六個月的）薪資單或銀行存摺上的入帳影本。

在信用貸款人違約時，銀行會向法院申請扣押借款人的月薪，一般在月薪的三分之一以內會判還本還息，留下三之二月薪以供借款人正常生活之用。

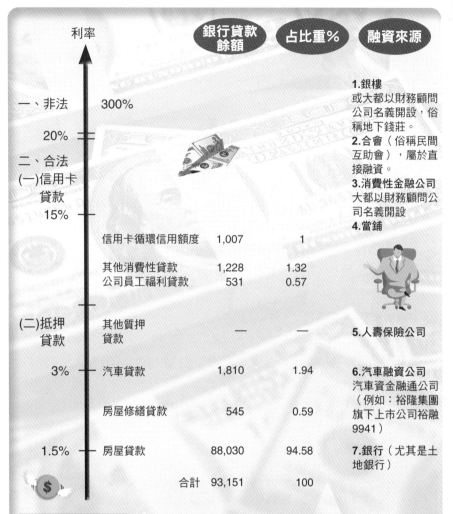

2021年臺灣家庭融資方式　單位：億元

利率		銀行貸款餘額	占比重%	融資來源
一、非法	300%			1.銀樓 或大都以財務顧問公司名義開設，俗稱地下錢莊。
20%				2.合會（俗稱民間互助會），屬於直接融資。
二、合法 （一）信用卡貸款				3.消費性金融公司大都以財務顧問公司名義開設
15%				4.當鋪
	信用卡循環信用額度	1,007	1	
	其他消費性貸款	1,228	1.32	
	公司員工福利貸款	531	0.57	
（二）抵押貸款	其他質押貸款	—	—	5.人壽保險公司
3%	汽車貸款	1,810	1.94	6.汽車融資公司 汽車資金融通公司（例如：裕隆集團旗下上市公司裕融9941）
	房屋修繕貸款	545	0.59	
1.5%	房屋貸款	88,030	94.58	7.銀行（尤其是土地銀行）
	合計	93,151	100	

資料來源：整理自中央銀行金融統計月報表18

知識補充站

理財型房屋貸款

「理財型房貸」是指借款人以房屋的第二順位抵押給銀行，所取得的「信用額度」。一般房貸還款後的部分本金不能再運用，而理財型房貸的還款本金可以轉為循環額度（例如：50萬元內），包含每月及提前攤還的本金，且可隨時動用，按日計息，資金彈性比一般房貸方案高。但也因如此，理財型房貸的利率會高於一般型房貸，至少高出1至2個百分點。

Unit 13-3
家庭房屋貸款需求

依據行政院主計總處所做的家庭收支調查，所獲得的家庭財富資料，2019年876萬戶家庭淨財富（即減掉負債）134兆元，其中47.78兆元是房地產，占35.66%。

一、家庭房屋貸款狀況

家庭房屋貸款（house loans，購屋住宅貸款）占家庭貸款94.58%，依「80：20原則」來說，幾乎可說是家庭銀行貸款中的全部。

家庭購屋貸款280萬戶，預測2022年貸款金額8.9兆元，每屋平均貸款餘額318萬元。

二、房屋貸款核貸相關事宜

銀行對消費金融業務，非常喜歡做房屋貸款，雖然薄利多銷（貸款利率1.3%），但是呆帳率極低（因為有房地產充任抵押品），因此家庭貸款中有84%比重在家庭房屋貸款。家庭貸款條件詳見右頁表內容。

三、房屋貸款的系統性風險

針對房屋貸款，銀行比較不擔心特定風險（即個案），比較擔心系統性風險（systematic risk，可譯為全面風險），最簡單的說法便是碰到全面性或地區性房市泡沫（housing bubble）破裂，即房價下跌五成以上。

2007年6月美國次級房貸風暴（sub-prime storm）的起因就是房市泡沫破裂，這問題在臺灣比較不會發生（或不嚴重），主因是銀行法要求房屋貸款上限是銀行放款（33.5兆元）與金融債券（1.5兆元）三成。以35兆元來說，上限約10.5兆元。

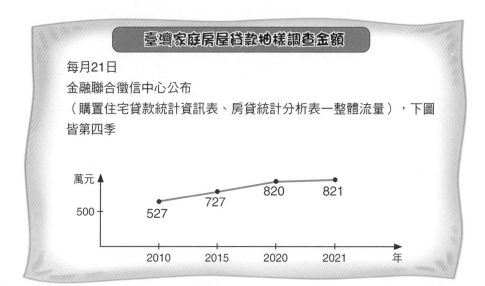

臺灣家庭房屋貸款抽樣調查金額

每月21日
金融聯合徵信中心公布
（購置住宅貸款統計資訊表、房貸統計分析表－整體流量），下圖
皆第四季

萬元

527　727　820　821

500

2010　2015　2020　2021　年

家庭房屋貸款條件

項目	少見	常見
一、價（貸款利率）	1. 固定利率（例如：前六年3%） 2. 利率上限（例如：上限4%）	1. 機動利率 2. 指數利率
二、量（貸款成數）	七成、八成（以軍公教房屋貸款為主）	六成五
三、質 1.不貸	有些地方的小套房	
2.限貸	中央銀行信用管制地區	
四、時 1.還款頻率	雙週一次（僅少數外商銀行）	每月一次
2.貸款期間	20年，極少數30年	15年
3.寬限期	3年	2年（即前2年只還息不還本）
4.提前清償	不可	隨時可局部清償，即手上有錢就多還一點，所以平均清償年限13年。

知識補充站

五大銀行購屋貸款利率（每年12月）

9.452（1994）
6.522（2000）
1.739（2010）
1.852（2015）
1.617（2018）
1.622（2019）
1.355（2021）
1.56（2022）

橫軸：1980 1994 2000 2010 2015 2018 2019 2021 2022 年
縱軸：% 2 4

259

Unit **13-4**
向壽險公司質押貸款

壽險公司推兩種抵押貸款，一是房屋貸款，一是保單質押貸款，詳見右頁表。

一、向自己借錢

　　向壽險公司借錢，項目有限，壽險保單、房屋貸款是借款拿動產（保單）、房地產向保險公司作為擔保品，向保險公司質押、抵押借錢。本質上，都是借款人「向自己借錢」。

二、保單質押貸款

　　保單質押貸款跟你以銀行的定期存單向銀行質押借款相近，由右頁表第二欄可見，你向哪家壽險公司買壽險保單，就只能向那家質押。

　　一般人把保單貸款視為銀行的小額信貸，只是有一點差別，保單質押貸款可說向自己借錢，所以每個月不用還利息，有錢時一次還，但每年須還利息。還錢時，最方便的是去郵局匯款，要是一次還，則須向你的保險業務代表詢問金額。

　　想知道保單借款本息，可利用保險公司網頁上保單借款試算服務。以臺灣人壽保險來說，只要先申請保戶專區保單服務密碼，至公司網頁登錄後，即可快速查詢所有保單可借款金額。

三、壽險房貸

　　壽險公司資金主要運用於商業房地產投資，稍微擴展到住房，其中方式之一便是承作保險客戶的房屋貸款。因為壽險公司服務據點有限，再加上宣傳有限，因此壽險房貸業務總金額小。其相關規定詳見右頁表第三欄。

　　以2021年為例，壽險公司辦理房貸金額5,954億元，約是銀行辦理住宅房貸金額的6.7%，高點於2018年7,261億元，逐年降低，原因是不敵銀行房貸低利率。

小博士解說 網路申貸速度更快速

有些銀行為了讓客戶更快取得資金，還特別推出網路線上辦理的快速服務。永豐銀行的豐利金信貸就打出1小時內專人回覆的服務，中信銀行兩天內快速撥款。兩家銀行都有提供線上貸款利率試算服務，幫助民眾試算利息與貸款額度、攤還金額等。

人壽保險公司的兩種貸款業務

	保單質押貸款	**壽險房貸**

一、貸款資格

保戶透過臨櫃、業務員、網路辦理，有些公司甚至設計有保單貸款的金融卡，保戶可在提款機隨借隨還，對有短期資金需求的保戶很便利。

多數意外險、醫療險及健康險不能提供。

有固定收入、信用良好皆可申請，不限保戶與否。

二、貸款金額＞貸款成數

保單貸款是保戶動用自己的保單價值準備金，一般傳統型商品的可貸金額約為保單價值準備金的八至九成，投資型保險商品的可貸金額約為六成，實際借款額度仍視商品種類與保單條款約定。

最高可貸款屋款的八成。

三、貸款利率

到壽險公會網站的「各壽險公司保單借款利率一覽表」，富邦、中信的人壽險專案較為相似，分為首貸、非首貸戶兩大類，再依貸款金額區分適用利率，金額較高者，利率較低。

例如：中信人壽保戶借款金額50萬元以下，首貸、非首貸戶利率各為1.7%、1.95%。借款金額介於50到100萬元，利率各減0.5個百分點，借款金額100萬元，則利率比50萬元以下者各減1個百分點。

壽險人員

1.**指數型**：根據「指標利率」搭配「加碼利率」
2.**固定型**：房貸利率固定
3.**首購**：約1.00～1.27%
4.**非首購**：約1.5%

國泰人壽、富邦人壽針對優質、菁英客戶，可以給予相對低的房貸利率。

四、還息

使用保單借款後，一旦短期內不會償還，記得要先定期繳交保單借款利息，以免保單借款本息超過保單價值準備金或保單帳戶價值時，保單的契約效力會失效，以致無法享有保障。

跟銀行房屋貸款一樣。

Unit **13-5**
房屋修繕、汽車貸款

圖解個人與家庭理財

消費者貸款中有兩項屬抵押貸款，前面單元已介紹過房屋貸款，本單元則介紹汽車貸款，順便介紹跟房貸有關的房屋修繕貸款。

一、房屋修繕貸款

房屋修繕貸款（house-repairing loans）是家庭為了裝潢修理房屋向銀行借款，總金額0.059兆元，占消費者貸款0.59%，是第五大科目。

2010年3月起，政府開始推動「穩定房市方案」，10月，中央銀行、金管會全面努力恢復房價至合理水準。其中針對本質為信用貸款的房屋修繕貸款要求核實核貸，規定如下：

1.貸款金額上限500萬元，且上限不超過借款者月所得22倍。

2.借款人需檢附修繕估價單等。

房屋貸款衍生款之二是理財型房貸（又稱二胎房貸），對房屋的求償順位在第二順位以下，詳見右頁上表。

二、汽車貸款

臺灣有720萬輛汽車，有些銀行汽車貸款（car loans）主要是針對新車（2022年約46萬輛），少數銀行願意承作車齡5年內的中古車貸款，詳見右頁下表。

2021年汽車貸款金額約1,810億元，只占消費者貸款的1.94%。

> **小博士解說** 公股銀行的青年安心成家房屋貸款
>
> 財政部為協助無自有住宅家庭購置住宅，從2010年12月推出青年安心成家購屋優惠貸款，到2019年5月底，8家公股銀行已撥貸27萬戶，共1.1兆元。詳見下表。

公股銀行辦理的青年安心成家貸款	
項目	貸款條件重點
1. 借款對象	年齡在18～40歲，且無自有住宅者。（註：民法規定成年）
2. 貸款額度	最高800萬元。
3. 貸款年限及償還方式	• 貸款年限最長30年。 • 寬限期3年，本息分期平均攤還。
4. 貸款利率	混合式固定利率或機動利率擇一，以後者來說，以中華郵政公司2年期定儲利率為參考利率（0.845%，2020年3月），前2年加碼0.345個百分點，第3年起加碼0.645個百分點。
5. 承貸銀行	臺灣、土地、合庫、第一、彰化、華南、台企、兆豐銀行。

資料來源：財政部、內政部，2022年2月15日

理財型房貸

項目	理財型房貸	房屋貸款
一、價：貸款利率	2.8～3.5%（視各銀行而定，另有帳管或開辦費，後者常為3,000元）	約1.5%
二、量　(一) 動支	核准後一般為一個月內動支，隨時可提領或還款。	核貸後一般立即入戶，開始計算利息。
(二) 循環	✔	✘ 即還完部分本金後，即不能利用已還部分的額度。
三、質〔房屋（抵押品）對銀行的順位〕	第二順位以下	第一順位
四、時	建立備用額度，臨時有資金需求時，可透過存摺、金融卡及網路動用，出差、旅遊時也可於國外提款機直接領外幣。	

銀行的汽車貸款

項目	說明
一、銀行	1.前三大：台新、三信商銀、中國信託銀行 2.其　他：新光、聯邦、遠東、元大銀行
二、貸款條件	1.銀行放款金額：車價八成 2.租賃公司與汽車公司：裕融、台灣人壽等

	金額（萬元）	利率	貸款期間（年）
(一)機車			
1. 機車*		6～7%	1～1.5年
2. 重型機車	15～100		1～4年
(二)汽車		4～10%	
1. 中古車	10～200	6%	
2. 原車融資*	10～200		
3. 新車	10～700	2.88%起	1～7年

三、說明	買新車向銀行辦車貸，可由貸款銀行派員跟汽車公司接洽；此外，向銀行貸款資訊較透明，審查過程全面e化，會縮短申請時間。 2013年機車新車銷售約60萬輛，其中有近三成機車車主選擇分期付款買機車。

*租賃公司，例如：中租迪和

Unit **13-6**
小額信用貸款

每天報紙上都有「銀行退休襄理專辦銀行貸款」的小廣告，記者也會作表比較兩三家銀行小額信用貸款業務，令人目不暇給。

一、貸款對象

申請小額信用貸款時，申請人條件有二。

(一)年薪：申貸人年薪25萬元以上。

(二)信用卡還息情形：信用卡等信用貸款還本息正常，信用卡還息的標準較寬鬆，不管多久不正常，只要連續二個月正常，過去的不正常情況就不會顯現在臺北市銀行公會旗下的聯合徵信中心。

二、如何取得較高金額

信用貸款是以申請人的薪資所得作為還款的保證，一旦借款人不還款，銀行可依貸款契約向法院申請還款支付命令，要求借款人上班的公司每月發薪時，把該員工三分之一薪水支付給債權銀行。

因此申請銀行小額信用貸款時，三種薪資證明方式皆可：薪資扣繳憑單、公司出納出的（過去六個月）薪資單或薪資轉帳銀行存摺正面與內頁（過去六個月的薪資入帳）。

台企銀行建國分行專員鐘志正建議以扣繳憑單去申貸，申貸金額會較高些，由下表可見，年收入中有年終獎金等，但正常月分薪水沒有。

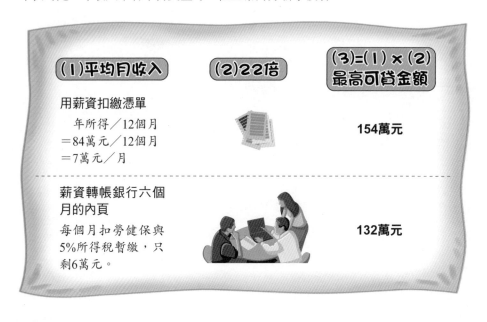

如何申請小額信用貸款

項目	說明	補充
一、貸款資格	現職年資滿半年,且具正當職業及還款能力之上班族,年齡20～60歲。 遠東銀行規定年所得25萬元(註:即月平均收入2萬元),大眾銀行30萬元。	
二、貸款金額	**(一)信用貸款／月收入<22倍** 1. 以月收入4萬元為例:最多可貸88萬元。 2. 「信貸」金額:信用貸款包括信用卡未償還金額。 **(二)最高金額:300萬元。**	萬泰銀行針對年滿20歲以上、年收入25萬元以上的上班族,只要檢附身分證、收入證明、工作證明文件,萬泰銀行將提供最低10萬元起的信用貸款。
二、貸款利率 **1.公教** **2.菁英** **3.一般**	有些分期,例如:前三期2%,第四期起4%。 2% 2.5~9% 3~19% 	例如:上市(上櫃)公司員工。
四、貸款期間	最高7年。	以借款金額30萬元,借款期間5年為例,最低每月攤還本息不到5,600元。
五、貸款手續費	1.開辦費 　2,000元以上,但銀行可能會有優惠。 2.徵信查詢費　200元以上。 3.票查費　　　不一定。 4.帳戶管理費　1%起跳或每月500元起跳。	部分信用貸款會加上信用查詢費、代償手續費等,約300～500元,加上原本手續費,總金額不能超過1萬元。
六、違約費	以遠東銀行為例,一年內不得清償貸款至原申貸金額的5%,違約利率2%。	華南銀行不收違約金。

第十三章

家庭融資資金需求

265

Unit 13-7
家庭消費貸款需求：兼論貸款保證人

俚語說「皇帝也會欠庫銀」，連國家都會缺錢，更何況是升斗小民呢？因此家庭有信用貸款的需求，主要是周轉用，兩大時機，一是就學貸款，一是其他消費性貸款，貸款期間最長7年，貸款上限為借款人收入的22倍（以月收入3萬元為例，上限66萬元）。

一、以就學貸款為例

高中、大學生未成年或無固定工作，所以往往不適用其他消費性貸款，因此本單元以切身感較強的就學貸款為例來說明。

由右頁上表可見，就學貸款分成兩類，即政策優惠學貸與一般學貸。

二、政策學貸

教育部委託三家銀行承作就學貸款，分別為臺灣銀行承辦臺灣省、台北富邦銀行及高雄銀行各負責北、高兩市，土銀獨家承作高雄大學。

臺銀指出，就學貸款適用對象為中低收入家庭子女，申貸資格分為三種，詳見右頁上表。

政策優惠學貸以外情況之學貸稱為一般學貸，承辦銀行不多，主因是呆帳率較高、利率不高。以第一銀行2010年8月推出的「第e學苑貸」為例，每年8月1日到9月30日為申請期間。

三、信用強化

信用貸款情況下，銀行為降低借款人「違約」（即不還息甚至不還本）風險，往往會希望借款人強化信用（credit enhancement）。2011年修正的銀行法第12條之一與新增第12條之二，當借款人有還款能力不足情況，借款人向銀行提出一般保證人以強化信用。

 小博士解說 什麼是「還款能力不足情況」？

上述提到銀行希望借款人強化信用，於是政府在2011年修正銀行法第12條之一與新增第12條之二。其中提到當借款人有還款能力不足情況，借款人向銀行提出一般保證人以強化信用。「還款能力不足情況」如下：1.借款人薪資收入條件不足；2.借款人有信用不良紀錄者；3.借款人年齡較大，致使可工作年限短於借款期限；4.借款人提供的擔保品不屬自己所有，例如：先生是借款人，房子名義是太太的等。

就學貸款條件

條件	政策學貸	銀行學貸（以第一銀行「第e學苑貸」專案）
一、**對象：**家庭年所得	就學貸款是高中以上學生才可申辦。	單位：% 優惠期間學生支付利息 畢業後開始償還利息
1. 120萬元以上，有二位就讀	同時有二名以上兄弟姐妹就讀高中以上學校者，也可申辦，但利息須自行負擔。	1.93~2.84
2. 114～120萬元	就學及（男生）服役期間的利息，由學生負擔半額。	1.37~1.83
3. 114萬元以下	就學及服役期間的利息，由政府負擔。	1.83
二、**利率**	詳見右上。	1.15%（註：主要是郵儲一年期定存機動利率，2019年6月為1%，再加0.15個百分點）
三、**金額**	學雜費（以私立大學為例，每學期約4.8萬元，公立大學3萬元）	30億
四、**資金用途**		學雜費（繳費單據上之款項）、住宿費、購買電腦及遊學
五、**期限**	最長8年	2年

保證人相關執行規定

貸款種類	說明
一、信用貸款	對於銀行辦理就學貸款與留學貸款，考量其授信條件、借款契約條件及特性，屬政策性貸款，因此，這類貸款銀行可以向借款人要求徵求保證人。
二、抵押貸款	要是銀行已取得足額擔保時，銀行不能要求借款人提供「一般保證人」。 對於足額擔保的自用住宅放款及消費性放款，借款人如果想要強化自身授信條件（例如：借款人還款能力不足），可主動向銀行提出保證人。銀行法所定保證契約有效期間最長為15年，如果保證人書面同意者，不在此限。至於銀行請求權的時效，則依照民法規定。

Unit 13-8
不要找貸款代辦業者

　　有人住院，往往會碰到勞保黃牛吹噓，宣傳會幫你順利申請更多勞保住院等給付。同樣的，甚至連電視廣告，都有宣稱可以幫你申請到更多銀行貸款，或是你辦不下來的銀行貸款，代辦業者會幫你辦下來。本單元將說明。

一、老王賣瓜，自賣自誇

　　打開報紙分類廣告，常有「急借錢」、「缺錢」的標題，其中有些打著「信貸代辦公司」旗號，要不是地下錢莊，就是表明能幫忙仲介銀行貸款。銀行指出，其實20～60歲的人都能向銀行申請小額信貸，但有些人在急用、心情混亂下，常怯於和銀行溝通，讓代辦公司有機可趁。

二、銀貸代辦業者怎麼辦到的

　　我們已說過小額信貸申貸人的兩個資格，有規定就有人敢犯法，至少走在法律邊緣。代辦業者的方式如下。

　　(一)偷開薪資單：由代辦業者的人頭公司開出薪資單，以證明申請人的還款能力。

　　(二)整合負債：代償信用卡最低金額，以讓申請者的銀行信用恢復正常。

三、代辦業者收費很高

　　代辦業者收費標準大約是貸款金額的一成。

　　華南銀行臺北市懷生分行經理許雪惠表示，銀行業有完善的客服專線或窗口，銀行也力求客戶接洽的管道便利、友善處理，才能順利達到雙方各取所需。

小博士解說 銀行信用貸款利率概況

2022年

項目	遠東	國泰世華	華南
最低利率	1.75%	1.88%起	1.66%
貸款金額上限	200萬元	300萬元	最高300萬元
違約金（提前償還金額的百分比）	3%	3%	3或4%
手續費	200元	9,000元	5,300元
貸款期間	5年	最長7年	最長7年

資料來源：各銀行

金管會、銀行公會對銀行貸款代辦的規定

代辦業者 老王賣瓜	銀行公會	說明

電視廣告
「李小姐，
OK啦」

報紙廣告
「銀行襄理
退休，代辦
銀行貸款勤
快又便宜」

銀行公會指出，少數民眾對銀行貸款流程的不了解，對貸款手續感到陌生，當接觸到代辦機構的廣告宣傳，便誤信代辦機構手續簡便，可以提高申貸成功的機率，甚至有些業者更打著保證申貸成功的口號。

2005年3月24日，金管會明令各銀行不得受理代辦公司轉來的貸款申請案，一旦發現便直接拒絕。金管會把銀行業防杜代辦貸款案件措施的遵循情形列入銀行檢查重點。

銀行公會呼籲，民眾有資金需求及貸款申請相關問題，請直接向銀行申辦洽詢，也可以利用「貸款諮詢免費服務平臺」，從銀行公會網站的「貸款免費諮詢專區」中，可以找到各銀行的諮詢窗口，從中就可以查詢到相關資訊。

向銀行貸款並沒有想像困難，只要備妥相關資料，並且過去信用良好，銀行幾乎都會貸款，並不需要求助貸款代辦業者。

透過代辦機構辦理貸款，不但需要支付額外的手續費，甚至還需要擔負個人資料被盜用、涉及偽造文書、信用受損的風險。

資料來源：整理自《工商時報》，2014年1月15日，C3版，孫彬訓

Unit **13-9**
家庭信用卡融資需求

家庭長期缺錢，在理債角度，會借消費性貸款，中央銀行稱為「其他個人消費性貸款」（other consumer loans），金額0.1228兆元，占消費者貸款1.32%，是第二大項目。

但如果是短期缺錢，往往會採取透支方式，主要便是「信用卡循環信用」（revolving credit for credit card）與現金卡；「現金卡」（cash card）的本質是「信用卡加上小額信用貸款」，即多了在授信額度內可以從提款機領款，即預借現金（cash advances）。

一、2004～2006年卡債風暴

信用卡循環利息最高19.7%，因此銀行趨之若鶩，拚命衝開卡，2004年起，信用卡循環信用餘額呆帳率2.6%，銀行不以為意，仍大力衝發卡數，2005年最高時發卡4,549萬張，平均一位成人約有三張卡，且信用卡循環信用額度4,947億元，呆帳率約10.41%，到2006年可說嚴重程度達最高點，史稱卡債風暴。2014年8月起，正常戶信用卡循環利率上限為16%，2015年9月起為15%。

二、2004年6月起，金管會措施

2004年6月起，金管會亡羊補牢，對銀行的信用卡業務做了較多規範，例如：

(一)開卡條件：必須有雙證件（身分證加健保卡等），以免假借遊民身分證來冒貸；另針對大學生持卡張數（三張）、額度（每張2萬元）的規範更嚴格。

(二)信用額度：持卡人月薪的22倍為上限。

(三)每月最低還款金額：欠款餘額的一成。

(四)針對銀行信用卡業務訂出例外管理措施：由於時過境遷，本處不說明。

2021年信用卡流通張數5,263萬張，有效卡約64.2%萬張，逾放比率（delinquency ratio）0.9%。

三、卡債協商

2005年12月15日，金管會要求銀行推出「消費金融債務協商機制」，針對欠債30萬元以上（俗稱卡奴）的51萬位債務人，進行卡債協商。

四、2010年金管會措施

金管會希望信用卡回復支付工具本質，推出「長期使用循環信用持卡人轉換機制」，供信用卡持卡人選擇，把循環信用轉換為小額信貸或信用卡分期（3～24期，最低利率約5.88%，視個人信用而定，分成五級；一般基準放款利率再加2～5個百分點）還款，信用卡循環信用餘額呈萎縮趨勢，詳見右頁下圖。

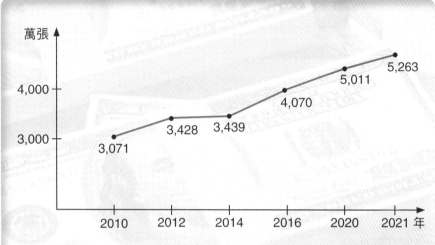

信用卡流通張數

萬張

4,000

3,000

3,071　3,428　3,439　4,070　5,011　5,263

2010　2012　2014　2016　2020　2021 年

資料來源：整理自金管會銀行局〈金融統計〉信用卡業務統計，一、時間序列統計

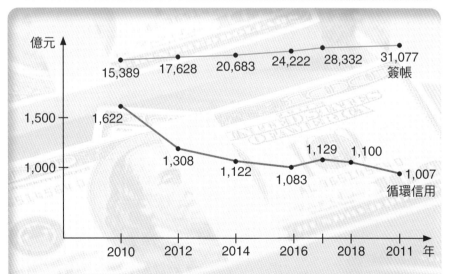

信用卡管帳循環信用餘額

億元

15,389　17,628　20,683　24,222　28,332　31,077 簽帳

1,500

1,622

1,308

1,122

1,083

1,129　1,100

1,000

1,007 循環信用

2010　2012　2014　2016　2018　2011 年

資料來源：中央銀行，金融統計月報，第107～108頁
　　　　　金管會銀行局有相似數字

Unit 13-10
保單質押與股票信用交易

在前文Unit 13-2的右頁圖中，提到家庭有兩個融資來源不來自銀行，金額不大，因此放在本章最後一個單元說明。

一、保單質押貸款

保戶拿著壽險保單，以「保單價值」（這可請保險公司算）的七折內，可向原保險公司以保單作為質押品，向保險公司借款。

(一)借款利率：例如：以保單預定利率（2021年約2.5%以上）再加0.5個百分點，下限4%、上限6.9%。

(二)總金額：全臺總金額1,000億元，第一名當然是保戶最多、累積保額最多的國泰人壽。

二、股票融資

股票是最常見的有價證券，以動產質借，至少有兩個來源，由右頁表可見並說明如下：

(一)股票融資占大宗：股市投資人可以向證券金融公司借款作股票，由右頁表可見，此僅限於符合信用交易的股票（約占所有上市櫃股票1,756支中的九成），資金用途只能買股票（也就是借款人無法藉融資交易取得現金）。融資成數約三成，以買一張鴻海股票為例，股價100元，一張股票10萬元（股價乘上1,000股），自備款7萬元，融資金額3萬元。以整個股市來說，融資金額大抵在2,700億元附近。

(二)銀行的股票質押是小門：極少數銀行願意接受借款人的股票質押，而且當股票價格下跌，還須補提擔保品。一般來說，大都是上市公司大股東拿股票向銀行質借。

小博士解說 股票融資交易

符合一定資格的股票投資人，可向往來證券公司申請信用交易許可，如同向銀行申請其他消費者貸款一樣。用取得的信用額度來買股票。
至於證券公司的融資授信（借錢買股票）的資金來源至少有二，一是復華證券金融公司，一是自有資金（俗稱自辦融資業務）。

股票融資　　　　2022年

	銀行股票質押*	證券金融公司

與證券公司「不限用途款項借貸」

一、抵押品

1. 上市（櫃）股票　　✓，融資成數六成　　✓，融資成數五成

2. 未上市股票　　✓，融資成數二至三成　　✗

二、利率　　依個人信用而定，最低2.64%，高者3～4%。　　1.82%

三、期間　　相關費用5,000～12,000元　　5.5～6.8%
一年　　半年
可展期一年　　可展期二次

四、資金用途　　銀行提供股票質押業務並不希望當成短線買賣股票炒作之用，通常銀行會追蹤其資金流向。

*資料來源：整理自《經濟日報》，2012年3月2日，B4版，呂淑美

證券公司的不限用途款項借貸業務

時：2016年元旦起

地：臺灣

人：證券公司，約18家

事：證券公司開辦，迄2019年金額約250億元，借款利率5.5～6.5%，跟證券公司融資利率相近。

第 14 章
投資自己賺高收入

章節體系架構

Unit **14-1**
為什麼要投資自己

你買蘋果公司iPhone 14了沒？自從2007年6月，蘋果公司推出iPhone以來，每年都推出一款功能更炫的手機，消費者的胃口被市面上手機養大了。同樣的，隨著技術進步、全球化、企業多角化，對員工所需具備能力要求愈來愈多，勞工必須與時俱進，跟得上的前途無量，跟不上的前途無「亮」。

一、探索頻道說：「人是最危險的兵器」

2013年，美國探索頻道做了一系列「冷兵器」專輯，由十往一倒數，說明殺傷力最大的「冷兵器」（槍砲有「火」，是熱兵器），像武士刀排第三，但第一是什麼？答案是「人」，尤其是具殺人功夫的人，其經過殺人訓練，可以輕易在幾秒鐘內擊殺人的致命部位而奪人性命。

二、佛利曼的資產分類

20世紀最偉大的經濟學者之一、芝加哥學派創始人佛利曼（Milton Friedman, 1912～2006）在1956年出版的《貨幣數量理論重述》一書中，有系統的把資產分成兩大類，尤其是以人力資產來區分，詳見右頁表。這跟前述探索頻道的「致命冷兵器排行榜」的區分方式相似。

三、臺灣勞工SWOT分析

2007年美國暢銷作家佛里曼（Thomas Friedman）在《地球是平的》（*The world is flat*）一書中，強調工作機會的競爭無國界，尤其強調中國勞工搶走美國人工作。以此角度來分析大學以上學歷勞工的SWOT分析，詳見右頁圖。

(一)機會（opportunity）：隨著各國間簽訂自由貿易協定，開放外國服務業設點、直接投資，甚至因為缺工而有限定開放外國人工作，臺灣勞工在海外面臨更多工作機會，例如：阿聯酋航空徵空服員。

(二)威脅（threat）：「威脅」是指取代勞工的替代品，最狠的便是機器人，這分為工廠、公司的「工業機器人」，與家庭的「服務機器人」。2014年7月，有人預估隨著機器人產業邁入技術成熟，逐漸取代勞工，2025年將取代17%勞工。

(三)優勢（strength）：跟中國的大學學歷勞工比較，臺灣勞工的優點如下：比較有創意（此因中國偏重填鴨教育）、流動性低（即不會像游牧上班族）、服從性高（俗稱使命必達）。

(四)劣勢（weakness）：跟中國勞工相比，臺灣勞工的劣勢如下：企圖心較差（喜歡待在舒適圈，不願去艱困地區上班）、國際觀較差（部分是英文能力差）、抗壓差（動不動就離職）。

資產分類與報酬

資產分類

資產報酬

一、人力以外資產

(一)金融資產
1.股票
2.債券
3.貨幣（包括定存）

資本利得、股息
利息
支付工具

(二)商品

> 包括房屋等耐久品

商品本身會給人們帶來效用

二、人力資產

1.上班賺錢外，其職業生涯中收入稱為「恆常所得」。
2.創業人士（本書所加），賺公司配股、董監事酬勞等。

臺灣勞工SWOT分析

機會

1.海外 74萬
2.臺灣 960萬

劣勢

1.企圖心低
2.國際觀弱
3.抗壓低

優勢

> 跟中國等國家人才比較

2020年
機械人將取代500萬位勞工的工作機會。

1.創意
2.穩定性
3.服從性

威脅

Unit 14-2
投資自己最重要的一步：對自己有信心

　　「投資自己」最難的在於跨出第一步，買股票（例如：台積電）每個營業日都知道輸贏。但是投資自己卻是「有風險的」，「長期」才能看到效果。

一、誰說你沒機會

　　2012年起，許多年輕人責怪中壯年人把好工作、好職位占了，以致自己缺乏舞臺，詳見右頁表。但是占好缺的中壯年人終究會退休，多年媳婦熬成婆，今天的「婆」，30年前也是媳婦啊！機會是留給準備好的人，寧可懷才不遇，也不要一生沒有能力，因此不會碰到什麼機會。

二、職場A咖調查

　　大部分上班族還是充滿希望的，由下列調查可看出，大多數人認為只要5.4年便可成為職場A咖。

　　(一)調查機構：1111人力銀行。　　　　(二)調查地區：臺灣。

　　(三)調查對象：上班族1,200人；針對1111人力銀行會員；採取網路問卷調查。

　　(四)調查時間：2014年2月19日到3月5日。

　　(五)調查結果：多數上班族認為須花5.4年才能成為職場A咖，這必須付出相當多努力。

三、考證照的風險

　　考證照、考好大學的熱門研究所都有風險，那就是只有兩種結果：「上」或「不上」。證照的錄取率一般70%，好大學熱門研究所錄取率5%，要是因為錄取率低而不讀書，沒有揮棒，哪會有全壘打。

　　人的努力沒有白費這回事，一分耕耘，至少會有一分收穫，不是未報，是時候未到。或許考不上A大學研究所，但至少考得上B大學研究所；但最不應該的只是想有個學校念。不努力讀書，只挑Z大學研究所。

小博士解說　史蒂夫・賈伯斯名言：永遠相信自己有無限的可能

你不能預先把點點滴滴串在一起，唯有未來回顧時，你才會明白那些點點滴滴是如何串在一起的。所以你得相信，你現在所體會的東西，將來多少會連接在一塊。你得信任某個東西，直覺也好，命運也好，生命也好，或者業力。這種作法從來沒讓我失望，也讓我的人生整個不同起來。

沒信心的人vs.有信心的人

沒信心的人*

工作機會種類

聯強國際集團總裁杜書伍在一篇文章提到，幾十年來一再聽到各世代說：「我們沒有機會，機會都被上一代占光了！」一副「努力也沒有用，因為沒有機會」的姿態。

這是個有趣的「抱怨」，而且是源源不絕，拿來自我推卸責任的好藉口。

大家想想：「機會」人人想要，怎麼可能擺在那裡，等著姍姍來遲的人隨手取得。這分成兩種情況：

1.現成機會

你看到、聽到、想到的機會，早就有很多人在做；縱使你要去做，也會自認太晚、太多人，自己不會成功，所以也不會是你的機會。再仔細想想：為何機會都在別人手上，而不是在你手上？

2.潛在機會

當機會尚未成熟，還是個「可能的機會」時，呈現的是「有機會也有風險」；也就是必須要克服很多困難、投注很多人力資金；縱使如此，還可能不一定會成功。

這種「可能的機會」很多人都看得到，但大部分的人不認為會成功或風險很大。所以就不被認為是機會，我們的周遭處處存在這種「不是機會的機會」。

有信心的人

機會是給準備好的人，寧可「懷才不遇」，也不願意「一生鏽壞」。
（註：馬偕牧師的名言）

2015年3月14日，臺北市長柯文哲接受廣播主持人余莓莓訪問他表示，成功靠天分、努力和運氣，天分與生俱來、運氣也不是個人能決定；他以前在臺灣大學教書時，常跟學生說「你爸爸不是連戰，認真一點」，因此選舉時每天從上午8點跑到晚上11點。考「第一名的條件是比第二名好」，另「要比對手認真。」（摘自《中國時報》，2015年3月15日，A4版，陳芃、張立勳）

時空環境在變，處處是新機會，很多是在尚未成熟時，就被有「洞悉力」的人看到且拿走了！

就有人會看出這是「潛在機會」，投入心力、時間、資金，經過幾年刻苦經營，突破多重困難，不斷鑽研、試誤與修正，掌握成事關鍵，成功開拓新業務、新事業。

為什麼別人能，而你不能？關鍵就在於是否有拆解事物的習慣，深入了解關鍵成功因素的習慣；並且長期累積豐富的經驗，協助判斷它是否是「潛在機會」。

愈是有精細思考、深度理解習慣的人，加上累積的經驗，愈能看出潛在機會，能早人一步掌握到機會。

279

---

*資料來源：整理自《工商時報》，2014年3月4日，D2版，杜書伍

Unit 14-3
投資自己的第二步：計畫性時間管理

投資自己最大的「支出」在於時間，其次才是錢。因為以學習英文、專業知識來說，書錢很便宜，最主要的是要花時間下去。同樣的，許多人會說：「我時間不夠」。本單元說明有計畫分配時間，這跟Unit 6-6「計畫性消費與投資目標」的道理是一樣的。

一、「沒時間」是沒能力人的口頭禪

「財富」有先天分配不均，但是「時間」卻是公平的，不論富人、窮人，每天都有24小時。在每週上班五天情況下，每個人每週都有二天休假，一個有心自修（自我學習）的人，為了避免在家有電視、電腦上網、市內電話、朋友與家人的分心，會選擇去圖書館讀書。時間是自己找的，週末讀在職碩士班的人，有2年其家人必須忍受其「上山練功」，以追求「更上一層樓」。

二、電影「鐘點戰」

在美國科幻電影「鐘點戰」中，全世界唯一的貨幣是「時間」，譬如你今天上班8小時，獲得「20小時」（或1,200分鐘）；你女兒出門上學便要「40分鐘」時間，你可以藍芽近距離無線傳輸給她。

這是「時間即金錢」的最具體寫照，而「時間即生命」最貼切的寫照，即是2005年6月美國加州史丹佛大學畢業典禮時，邀請蘋果公司董事長史蒂夫·賈伯斯（Steve Jobs）演講，他以「生命、愛、死亡」為題，其中「死亡」指的是從他17歲起，每天早上起來照鏡子時都會自問：「如果今天是你人生最後一天，你會如何過？」死亡的迫切感，讓他聚焦時間的運用。

年輕人錯覺之一在於「來日方長」，因為薪水低，所以空閒時間機會成本低，浪費時間也浪費不到多少錢。忘了今天空閒時間去提升能力，未來便可以快點升官，賺到更多錢。

三、兩個「時間」賊：狐群狗黨跟上網

(一)狐群狗黨：人是群居動物，透過跟朋友相處，會帶來愉悅感，透過傾訴可以卸壓，甚至益者三友「友直、友諒、友多聞」。看似朋友數目如同俗語「韓信點兵，多多益善」所說的，愈多愈好。2014年7月，日本《產經新聞》報導，腦研究人員中野信子研究報告指出，一個人如果朋友交得太多太濫，將來成為有錢人的可能性幾乎為零。有三個手機以上、太在意別人對自己的觀感、覺得沒有朋友日子就很痛苦、快過不下去的人，將來成為有錢人的機率只有5%。

(二)上網：年輕人上網聊天、滑手機時間在2013年已超越看電視，之前，早已超越讀書（包括報紙刊物）。滑手機、上網太浮濫的缺點很多，2013年起，媒體大量報導，想要職場、投資成功，可能要做到「丟掉、停機」等。

朋友浮濫的缺點

資源＼程度	朋友浮濫	正確之道
一、時間	太在意朋友的人，很容易喪失掌控自己時間的能力，因為要滿足朋友的需求，就可能犧牲自己的原則與重要順序。	實踐家教育集團董副事長郭騰尹有智慧型手機，但一直沒有用中國最熱門的微信，也不常把自己的手機門號留給別人，他認為如果成千上萬名的學員都用微信找他，大概他一天什麼事都不用做了。他習慣請大家用新浪微博寄信給他，這樣才能確保他時間的自主性。
二、錢	多交朋友是一件好事，但是如果靠金錢維繫友情，帶著太多的功利性，可能最後的結局會讓你大失所望。加上好面子的心態因素，車子要買最好的、錶和手機也要是名牌、拿的包也是萬元起跳的精品、喝的酒也挑最貴的、點的菜也以排場檔次為優先考慮，如流水般的花費，除非口袋真的夠深，要不然賺錢的速度，永遠跟不上花錢的速度。而為了維繫在朋友間的良好形象，有些人只好靠借錢應急度日。	一位真正的朋友，不會只約你吃吃喝喝，也不在意你的房子有多大、車子有多氣派、吃的有多高檔，你們也不一定會常常碰面，但是你會感覺到只要在一起時，彼此真誠的關心就能滋潤彼此的心靈，才是朋友的真諦。 

真正朋友的指標

由上表可見，朋友數目太浮濫的結果。而什麼人是真正朋友，至少有兩個指標可以參考：
1. 知道你失業而三餐無著，主動借你3萬元的人。
2. 知道你住院，來探病的人。

滑手機、上網成癮的後遺症

層面		說明
一、理財方面	1. 自我成長	人的一天就只有24小時，顧「臉書」（Facebook, FB）就顧不了讀書，尤其是透過學習以追求自我成長。
	2. 投資	「你不理財，財不理你」，投資需要學習、勤於思考，才能「看到未來趨勢」，這些需要你靜下心來專注。
二、精神方面	1. 上網成癮症	一旦沒看手機、沒有上網，就有不安全感，問題嚴重的有到「強迫症」程度，需要接受精神科醫生治療。
	2. 朋友	太習慣「線上」溝通，往往阻隔面對面溝通，幾位朋友一起吃飯，大部分人都在滑手機，不知道該如何聊天。
三、健康方面	1. 性命、健康受損	(1)手機低頭族在馬路上行走很容易不注意路況而發生車禍。 (2)電腦上網族會因上網太久，而缺乏運動，身體太差，吃太多以致過胖。
	2. 眼睛黃斑部病變	因看手機、電腦螢幕過久，以致眼睛黃斑部病變，眼睛退化，嚴重者必須開刀治療。

Unit **14-4**
職業生涯三階段所需能力

　　人生工作30年，以10年為一階段，詳見右頁表第一列，依據美國企業管理學者凱茲（Robert L. Katz, 1933～2010）1955年在《哈佛商業討論》的定義，把管理能力（management skills）分成三大類，詳見右頁表第一欄。臺灣的人力仲介公司1111人力銀行也做了一個問卷調查，了解職場A咖須具備的能力，列在第二欄。A咖代表排名依序為名廚阿基師、台積電創辦人張忠謀等。

一、二個就可以做表，三個就可以分類

　　公司各層級人員必備三種能力，只是比重不同；這在大一管理學中大都以前述凱茲的分類為準，這樣來化繁為簡，就輕鬆多了。

二、專業能力

　　科長級以下人員負責例行作業、營運，基層人員必備條件是「專業能力」，這包括以下三項：

　　(一)專業知識：專業知識包括二個層級，一是產業知識；一是功能面知識，例如：汽車業務代表必須知道汽車產業的環保規定，針對所銷售各款汽車的性能也須具備深入淺出的功力，才能講給門外漢的買方聽。

　　(二)電腦能力：至少要做到上網收發電子郵件、瀏覽、使用營業用電腦系統。

　　(三)語文能力：語文是溝通工具，包括口頭的語言、書面的文字能力，前者主要指「聽說」，後者主要指企劃案撰寫能力。語文分成本地語文（國語與地方語言）與外國語文。

三、人際關係

　　從襄理到經理這個理字輩的人屬於中階管理階層，負責監督基層管理人員作業，因此人際關係能力所需比重提高到30%，這包括對內和對外兩層面。

　　(一)對內：對內分成部門內、外，針對部門內的部屬「進行領導」，對部門間則協調，以達到槍口一致的結果。

　　(二)對外：對外包括顧客、上游供貨公司（包括銀行、原物料供應公司、工會）、社區利害關係人（例如：消費者團體、媒體），皆須妥善應對。

四、觀念能力

　　公司高階管理者（協理以上）面對的策略，功能部門政策決策愈來愈多，俚語說「將帥無能累死三軍」，便強調「下對決策，正確的開始，成功的一半」；也就是常用於形容三國時諸葛亮的「運籌帷幄，決勝千里之外」。

　　觀念能力的培養來自三點，即1.經驗的累積：憑藉多年經驗所養成的「直覺」；2.學習：透過閱讀書刊，了解歐美企業如何因應環境變遷，才能高瞻遠矚；3.思考：慎思明辨，才能慧眼獨具。

職涯30年中所須具備的三種能力與比重

三大類能力	年齡 人力銀行*	23~32歲	33~42歲	43~52歲
一、觀念	**排名**			
(一)決策	3.危機處理能力 32%	10%	20%	50%
(二)學習能力	10.抗壓性高 3.71%	learn to read, read to learn 小學3年級起	須有碩士級（在博士指導下，能做學問）	須有博士級（即有獨立做學問能力）
二、人際關係能力		10%	30%	30%
(一)溝通	6.八面玲瓏，處事圓滑 21%	協調	領導	團隊精神企業文化塑造
(二)其他	7.社交手腕高 20%	職場倫理		
三、專業能力	8.有擔當 19% 9.具領導力15% 2.效率佳 34%	80%	50%	20%
(一)語言能力	4.能獨立作業 29% 5.績效好 24%	簡體字閱讀英文聽說	第二外文（尤其是東南亞地區語文）	
(二)電腦能力		Power Point、Excel、影音編輯	使用「企業資源規劃」（ERP）系統	E-mail使用決策支援系統
(三)專業知識	1.專業能力44%			
1.產業知識		1個	2~3個產業	3個產業以上
2.功能面知識		1項	2~3項	3項以上

*資料來源：整理自《經濟日報》，2014年3月29日，專9版，楊珱羽

Unit **14-5**
能力盤點，找出能力缺口

想參加「鐵人三項」，必須先掂掂自己的能力，否則極易因身體無法負荷以致有生命危險之虞。同樣的，在職場中，想更上一層樓，除了戰功之外，還得看看自己有沒有匹配的能力；另一種情況是轉行，隔行如隔山，此時需要具備另一產業知識。

一、教然後知困，學然後知不足

在大學求學時，同學在考試前喜歡說這句話：「考前方知書多」。在公司裡，職務輪調時，比較容易發現自己還有什麼技能該學的。在代理主管時，才會發現光一個排班就得處處考量；應付客戶申訴，才體會到「主管不是只會管部屬即可」。

二、人才短缺調查突顯勞工質量的不足

臺灣產業變遷快速、學用落差遽增，加上鄰近國家積極吸引人才，「特定人力」短缺的隱憂浮現，由右頁表可見，萬寶華人力資源公司（Manpower Group）每年所做的人才（或人力）短缺調查，突顯臺灣人才（質）、人力（量）的斷層。

臺灣服務業亟需中高階管理人才，資訊科技業欠缺基層技術員與網路人才，尤其是電子商務方面的專才；工程與營造業則缺基層技術人力等。

人才短缺調查
（Talent shortage survey）

(一)起編時間：2005年。　　　　**(二)調查機構：**萬寶華（Manpower Group）。

(三)調查時間：每年5～6月。　　　**(四)調查國家：**43國家和地區，全球39,100家

(五)調查對象：臺灣1,200家公司人事部。　　　　公司等。

(六)公布時間：每年6月26日左右。

三、員工職能等級

公司透過技能評量中心，定期評估員工職能等級，如同柔道、跆拳道選手的晉級一樣，底下以兩個機構的評量方式為例。

(一)ITIS的技能向度和等級：經濟及能源部產業技術司ITIS把產業分析師所須具備的技能，分成知識（知不知道）和實務經驗（有否做過）二個技能向度；技能高低程度通常劃分為五個等級，其意涵如右頁表所示。

(二)Wiig的分類：美國知識研究所董事長卡爾·薇格（Karl Wiig）（1995）把員工的技能程度分為八級，詳見右頁下表第二、三欄，第一、四欄是筆者增加的。至於各職位在各技能項目該達到哪一職能等級，這已遠超過本書的範疇，只好就此打住。

2018年臺灣人力短缺調查結果

缺人原因

1. 缺乏合適人選或無人應徵職缺

2. 求職期望的薪資高於企業標準

3. 求職者缺乏軟硬技能

人才種類

1. 業務代表

金融保險及房地產業最缺服務消費者的業務人才,製造業缺乏向消費者與企業客戶進行銷售的業務人才。

2. 技術人員和工程師

缺人嚴重程度

今年有78%的臺灣雇主表示人才難尋,高於全球平均值(45%)。

1. 趨勢分析

比2014年下,上升4個百分點。

2. 同期跨國比較

臺灣人才短缺情況名列全球第三、亞太第二,位居日本 (89%)、羅馬尼亞(81%)之後。
日本人才短缺困境是全球第一,且遠高於第二名的祕魯14個百分點。

資料來源:萬寶華(臺灣),2018.6.26

ITIS的技能向度和等級

技能等級 \ 評估標準	技能向度	
	知識	實務經驗
5	4+創新能力	4+創新能力
4	完整的相關知識,有能力教授其他人員。	豐富的實務經驗,能指導他人工作。
3	應用性知識	已累積相當實作經驗,只需方向上指引。
2	整體觀念	有限的經驗,需在少量指導下執行工作。
1	基本概念	極有限的經驗,需要大量指導下執行工作。

資料來源:伍忠賢、王建彬,《知識管理》,聯經出版,2001年4月,頁501表16-2

員工職能等級

得分	等級	說明	以18洞高爾夫球為例
7	大師(grand master)	世界級的教練	66~70桿,如老虎伍茲等職業選手。
6	教練(master)	有能力指導別人,可說到了爐火純青階段。	71~78桿,業餘賽選手。
5	專家(expert)	熟能生巧,可以當助理教練。	79~86桿,友誼賽選手。
4	熟手(proficient performer)	不需他人指導,便能獨立作業。	87~92桿
3	老鳥(competent performer)	理論知識具備,但仍得偶爾有人耳提面命。	93~100桿,即已破百,下場逾6個月。
2	登堂入室(advanced beginner)	像不像,七分樣。	101~120桿,下場不超過12次。
1	初學者(beginner)	一知半解,且沒有實務經驗。	不能算桿數,因只在練習場打。
0	門外漢(ignorant)	全然莫宰羊。	連球桿都沒碰過。

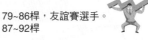

資料來源:伍忠賢,《知識管理》,華泰文化事業公司,2001年6月,第163頁表5-6

Unit 14-6
美國人很在乎念碩士班的投資報酬率

　　在臺灣，大學學歷從2000年起，已成為基本學歷，還好，大學入學率97%以上（人人有校念），學費低（年學費約10萬元）。但是念碩士就須考慮有沒有必要，要是只是多一張文憑，而無法多學到東西，那就須考慮花兩年青春，少賺80萬元（一年年薪40萬元），是否划算。這個念碩士班「投資報酬率」划不划算的問題，在高學費的美國尤其重要。本單元以美國2年制企管碩士（MBA）情況來說明。

一、就業容易，薪水高，先卡位再說

(一)2015年起，失業率5%以下

1960年代起，1968年失業率3.4%；2009年，失業率9.9%，這是金融海嘯後遺症。7年後，經濟恢復，2018年失業率3.9%，號稱50年來最低。

(二)公司搶人

(三)企管碩士班學費高

企管碩士班學費極高，長春藤名校8家，每年學費約5萬美元以上。

二、許多大學2年制企管碩士班關門

　　美國大學畢業生對全職念企管碩士班的意願逐年降低，大學商學院促進協會（AACSB）統計，全美經過認證的完整2年制MBA學位課程數，在2014年1,308個至2018年1,189個，少了9%。以2019年5月來說，伊利諾大學香檳分校與佛羅里達州史丹森大學（Stetson University）、愛荷華大學，於2019年9月起停止招收2年制的企管碩士學生。

三、沒魚，蝦也好

　　窮則變、變則通，許多大學推出兩類企管碩士班課程。

(一)學費低的網路教學企管碩士班

這種班的學習效果較差，主要是缺乏課堂教學時師生互動（討論），但因學費低，許多學生轉到這條路。

(二)學分班

這種兩週到三個月週末上課的學分班，較適合極忙碌的高階主管，想學到東西，不需要學歷文憑。

美國碩士課程的入學申請人數

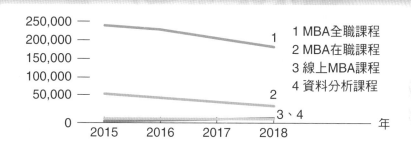

- 1 MBA全職課程
- 2 MBA在職課程
- 3 線上MBA課程
- 4 資料分析課程

2020年工業、服務業初任人員每月經常薪資

項目	工業	薪資	服務業	薪資
1.食	製造業	28,547	批發零售	28,517
2.衣			—	
3.住	電力燃氣 營建工程	30,436 29,046	住宿餐食	27,138
4.行			運輸倉儲	29,140
5.育			教育業	27,786
6.樂			娛樂休閒	27,076

美國2年制企業管理碩士班面臨倒閉潮

時：2014年3月27日

地：美國加州舊金山灣區柏克萊市

人：里昂斯（Richard Lyons），加州大學柏克萊分校哈斯商學院（Haas School of Business）

事：美國商學院2年制企業管理（中國稱工商管理）碩士班，在2024年可能一半要關門。

Unit 14-7
念碩士班的投資、資金決策

　　公司把員工當機器設備，一如電腦、手機，須時時更新程式，才能更快更好。公司透過員工訓練等，提升員工的職業能力。同樣的，員工也要時時提高自己的「利用價值」，讓公司覺得付這樣的薪水，CP值超高，提高自己的職業能力方法很多，其中之一是念碩士班（對碩士級來說是念博士班），讀碩士班須支付學費而且還「少賺」（即機會成本），在商言商的說：「投資報酬率是否划算？」

一、平均來說，碩士的薪水高於大學文憑

　　(一)碩士學歷比大學學歷起薪約多4,000元：由右頁上圖可見，多念碩士2年，比大學學歷的社會新鮮人薪水多了5,000元以上。

　　(二)平均數便有高低：以2021年來說，本書估計，碩士畢業生起薪32,000元，理工系約38,000元，文學院約26,000元。但理工大學學歷起薪29,000元，超過文學院碩士3,000元，所以重點是念什麼領域，不是學士跟碩士差別。

二、有50%以上的碩士班，不值得念

　　臺灣的碩士班名額跟大學畢業生1：1，即任何一位大學畢業生約有一個碩士班入學資格，念碩士不是分數問題。

　　(一)大公司只收前50名的大學畢業生：念碩士是為了追求更高薪的工作，這往往是指股票上市（含上櫃）公司，薪水較高。由於碩士、大學已成為全民教育，文憑誰都有。大約2000年起，許多大公司的人力資源部在招募新人時，皆有大同小異的名單，即只錄取151家大學中排名（天下雜誌等）前50名的大學。大學畢業生薪水分四級，臺成清交等第一級（全是國立大學）。

三、對你的涵義

　　(一)右頁表中可見，人文學院比重逐年降低：人文學院畢業生在公司中比較缺乏實用價值，薪水較低，所以念碩士的人占碩士學生的比重逐年降低；這是全球現象，日本的情況比臺灣還差。

　　(二)右頁圖中三種大學、專長不宜念：由圖可見，至少有三個方格的大學、專業不宜去念碩士。

四、花自己的錢會心疼

　　1981年筆者大學畢業，先服1年10個月兵役，每月實領月薪3,781元，把其中80%（3,000元）皆定期定額存下來，以作為念2年碩士班之用。至少大學後已成人，升學要靠自己。

畢業新鮮人歷年起薪

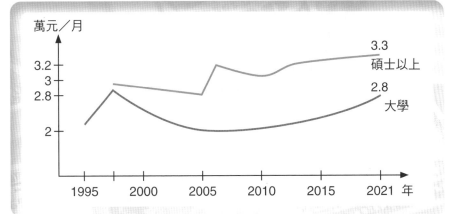

萬元／月

3.3 碩士以上
2.8 大學

3.2
3
2.8
2

1995　2000　2005　2010　2015　2021　年

不值得念的研究所九格中有三格

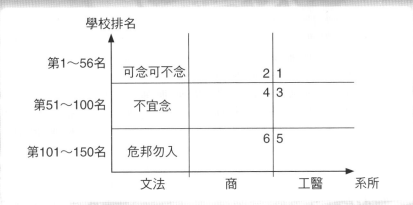

學校排名

第1～56名	可念可不念	2	1
第51～100名	不宜念	4	3
第101～150名	危邦勿入	6	5

文法　　　　商　　　　工醫　　系所

三個領域碩士班學生人數結構　　%

領域	1997年	2017年
科技（理工、醫）	46.2	44.8
社會（法商）	30.8	34.4
人文	23	20.9

第 15 章

46～60歲理財規劃：
退休金之計算與準備

章節體系架構 ▼

Unit 15-1
臺灣退休人士生活大調查：問題分析

老年人的退休生活如何？尤其是錢夠不夠？如何解決？本章節第一個單元回答第一個問題，其他單元討論第二個問題。

所得替代率（**income replacement ratio**）計算方式

項目		幾個國家
(1) 月退休金	4萬元	%
(2) 工作時月薪	8萬元	法 ├ 75
(3) ＝(1) / (2)	50%	德 ├ 71.75
所得替代率		澳 ├ 65
		美 ├ 59
		加 ├ 55

一、老王賣瓜，自賣自誇

有些銀行為了推財富管理業務，所以每年進行一次「理想退休金調查」，2019年3月，有家銀行的調查結果「1,800萬元」，可是一般人工作期間平均收入才1,500萬元，活一輩子才能賺到這金額。別被這些「老王賣瓜」的調查嚇到。

二、撿到籃子的菜必須慎選

使用資料須先確定資料的可信度，一般有兩個標準：

(一)公務統計可信度高：政府部會有民意機關、媒體監督，甚至須符合國際相關組織制定的作業準則，這標準更高。

(二)抽樣方法：由右頁小檔案可見，衛生福利部社會及家庭署的老人生活狀況調查，有內政部戶政資料檔資料支援，可完成「市－區－里」或「縣－市鎮鄉－村」的「逐層」隨機抽象。縱使不看抽樣方法，光看抽樣人數6,223人，就比一般公司全臺抽樣1,200人，本調查是其五倍，這是各市縣的樣本數要夠大，才能市（縣）分析。

三、有2%的老人可能淪為下流老人

(一)21.5%的老人，錢不夠

這個數字，美中也相近，主要會出現在中低收入戶，工作時薪水（或收入）就低，往往入不敷出（即儲蓄金額負的，稱為負儲蓄），退休金少，甚至還須償還工作期間向銀行借的貸款。一旦生病（中風等），很容易貧病交迫。

(二)退休生活資金來源

由右頁上表第三欄可見老人退休生活資金來源，約六成來自「退休金」，行政院主計總處調查，8%老人仍在工作，所以才會有工作收入占14.4%。

退休人士財務狀況與資金來源

財務狀況	%	退休生活資金來源	%
很夠用	6.9	退休金、撫恤金、保險給付	59.4
夠用	62.64	工作收入	14.4
其他	8.7	（孫）子女奉養	11.2
有點不夠用	19.40	政府救助或津貼	7.4
很不夠用	2.28	配偶提供	6.1
		其他	1.5

退休金規劃網站

可上網用中文查詢，至少有下列三個地方有退休金試算服務：

國泰人壽	需求試算、退休養老
群益投信	退休規劃
鉅亨	退休要準備多少錢？

臺灣「老人狀況調查」

時：每年9月

地：臺灣各縣市

人：衛生福利部

事：公布「老人狀況調查」，調查對象6,223人，逐層抽樣55～64歲占40%，65歲以上占60%。每人每月生活支出12,743元，不含耐久商品（汽車、家具等支出）。

Unit **15-2**
多少退休金才夠Ⅰ：基本假設

退休夫妻需要多少錢才夠過生活？這個問題，每個月都有人壽保險公司、銀行與媒體推算數字，數字來源有抽樣調查、專家推論。金額從700～3,000萬元都有，這兩個數字有天地之差，到底誰比較對呢？本單元認為700萬元是九成退休人士的情況，1,200萬元是一成退休人士的情況。本單元先說明計算時所根據的假設情況。

一、每月所需金額

退休人士每月多少錢才夠？這涉及支出用途，可以二分法。

(一)支援子女：有些調查退休人士前兩大擔憂，一是體力衰退（占31.2%），二是生活經濟問題（占24.3%），並推測主要是退休人士的子女念碩博士班，或退休人士想幫子女買房付頭期款（以600萬元房子來說，約180萬元）。

(二)僅自用：在每戶平均只有一個小孩、臺北市家庭平均在母親30歲時生小孩，以父親年齡比母親大2歲來算，父親32歲。以父親60歲退休來說，子女已28歲，早該碩士畢業，念博士班的人極少，可略而不談。本章只考慮退休人士自己生活所需費用。

二、僅聚焦在生活費用

只考慮退休人士的生活費用，這主要涉及右頁圖中那種情況。

(一)X軸──身體健康程度：2022年，413.6萬位「老年人」（65歲以上，占人口數17.6%），有7%需要長期照護，約29萬人，這數字跟社會福利外籍勞工20萬人很接近，俗稱菲傭的申請資格包括照顧兒童，因此29萬人是個合理數字。菲傭每個月薪水以2萬元計算，約17年才調一次。不論是居家或住家安養中心的照護，很大部分可靠社會保險中的長期照護與商業保險涵蓋。起居能自理老人占93%，本章以此為對象。

(二)Y軸──物價上漲率：由於退休期間至少1年以上，這便涉及物價上漲率的假設，茲針對勞保退休金部分與自行準備退休資金（Unit 15-6）部分兩大項說明如右。

三、退休期間

從61歲（2018年起，2026年65歲）領退休金開始到80歲辭世，一般假設退休期間20年。

(一)領退休金年齡：本章以勞工為對象，針對退休比較重要的是何時可以領退休金，本處假設滿60歲。

(二)平均壽命：每年8月23日，內政部統計處公布去年數字，2021年7月壽險業第五回經驗生命表顯示，國人的平均壽命，2022年預估男性78.1歲、女性84.4歲，一般以平均81歲來說明。

圖解個人與家庭理財

退休金的基本假設

$$總金額 = 單價 \times 數量 \quad \cdots\cdots \langle 15.1 \rangle$$

$$退休資金需求 = \frac{每個月}{生活費用} \times 12個月 \times \frac{退休}{期間} \quad \cdots\cdots \langle 15.2 \rangle$$

物價

長照費用　健保門診
醫療保健費用

1%

身體
狀況
（占比率）

7%　　0　　　　93%
不能自理　　正常（能生活自理）

295

物價上漲率對退休金的影響

勞保退休金部分

基本工資X物價連動，只要物價漲，基本工資也跟著漲。同樣的，軍公教的退休金也是跟著物價連動的，平均一年漲1%。由上圖可見，這可能不夠，因為健保門診、醫療保健費用漲幅較高。

事：2012～2018年消費者物價指數共上漲5.14%，超過5%門檻
時：2019年5月起，2012年當年退休人士平均增加819元，即平均月退
　　　×5%
　　16,380元×5％＝819元

Unit 15-3
多少退休金才夠 II：每月生活費用

退休夫妻需要多少錢就可以「安享晚年」？在右頁表四個假設下，基本生活需要620萬元、中水準768萬元、高水準960萬元，本單元詳細說明。

一、基本假設四

在Unit 15-1中右表前三個假設討論過，本段討論第四個假設：「哪裡的生活水準」，臺北市的生活費用全臺最高，以此地來說明生活費用，其他縣市可以打九、八、七，甚至五折（例如：花東）處理。

二、小市民的三種退休生活水準

65歲以上退休人士的生活支出跟工作時差很多，回到「吃飽穿暖」這基本生存需求來說，生活花得不多。由右頁表可見，分成上等、中等、基本三種生活水準，背後各有一些假設。

(一)基本生活水準——每月2.6萬元：把生活中「食、衣、住、行、育、樂」各項支出列出來，夫妻每個月基本生活支出26,000元，其中「食」占9,000元，即一天平均300元，夫妻各一人150元。在「行」方面，只花400元，重點在於不開車，汽車有三項基本費用：牌照稅、燃料稅、保險費，以2,000cc的中古車來說，一年至少2.4萬元，每月平均2,000元。

(二)中等生活水準——每個月3.2萬元：退休人士多的是時間，常透過旅遊來享受人生，以每三個月一次國內旅遊，二人花3,000元（住民宿），或拿來付長青學苑的學費。

(三)令人羨慕之上等生活水準——每個月4萬元：電視新聞節目訪問路人「退休後最想做的事是什麼？」罐頭式答案是：「環遊世界」，真的環遊世界，省點花，80幾萬元便成行。在右頁表中，我們把每年出國二次（一次遠、一次近），視為令人羨慕的退休生活，只要錯開暑假旅遊旺季，去日本五天四夜，一人2.4萬元便可成行。有車開，可以在臺灣遊山玩水，也令人羨慕。假設每個月平均養車費用2,000元，用車費用1,000元。

三、中國信託銀行的調查

右頁表是筆者的推論，中國信託銀行（簡稱中信銀）所做調查數字是720萬元。

(一)調查機構：中信銀委託政治大學商學院民意與市場調查研究中心。

(二)調查地區：臺灣。　　　　**(三)調查期間**：2014年8月。

(四)調查對象：青壯年（35～44歲）、壯年（45～54歲）、銀髮族（55歲以上）三個年齡層。

(五)調查結果：詳見右頁表。受訪者普遍認為，退休後每月3萬元的生活費就夠用，不考慮物價情況，20年需720萬元。而多數民眾願意把財富留給下一代。

圖解個人與家庭理財

夫妻退休生活三種水準

基本假設

退休夫妻

1. 不需撫養子女，即家中沒有子女念博碩士班。
2. 房貸已付完。
3. 身體健康，即不需請外傭或住養老院。
4. 以臺北市生活水準。

夫妻退休生活三種水準　　　　元／月

生活標準＼項目	基本	中等	上等
一、食	9,000	10,000	12,000
二、衣	1,000	2,000	3,000
三、住	假設沒有「大樓」（或社區）管理費，或費用極低，例如：600元。		
1.水電費	3,000	4,000	4,000
2.修繕與家具	2,000	4,000	6,000
四、行	400（沒車）	800	3,600（有車，假設家中有停車位）
五、育			
1.醫療費	2,000	3,200	4,000
2.保健食品	3,000	3,000	2,100
3.醫療器材	1,500	2,000	500
六、樂	600（第四臺）	3,000（三個月一次國內旅遊）	4,000（一年一次海外旅遊）
小計	26,000	32,000	39,200
年	31.2萬元	38.4萬元	48萬元
退休20年生活費	620萬元	768萬元	960萬元

由上表可見，64%的民眾願意把財富傳承給下一代，房屋仍然是想傳承給下一代的資產。55歲以下民眾傳承現金的意願比重明顯高於銀髮族。

Unit **15-4**
勞保退休金可領多少錢

　　勞工退休時可以領多少退休金？這個問題看似複雜，因為情況很多。但是詳細分類結果，發現情況簡單，詳見右頁圖，這是依世界銀行1994年版的架構。

一、第一層：勞工保險

　　勞工保險是具有強制性社會保險，保費費率11%，勞工生育、傷殘、非自願失業的給付，資金皆來自此；也有一些勞工退休金的部分。

　　對於提前退休的人，在65歲前，還須強制投保國民年金險，單一保額（18,282元）、費率（9.5%），個人負擔60%，每人每月約1000多元。

二、第二層：公司退休金制度

　　這層依年分分成勞退新制、勞退舊制兩中類。由右頁圖可見，勞退新制的部分，因提撥比率6%，比勞退舊制高，所以基金金額較高。

三、第三層：勞工自提退休金

　　2005年起，勞工退休辦法新制實施，勞工可依投保月薪（有十一個級距）自提6%以預留勞工退休金，這屬於勞工個人專戶，即永遠不會倒。由右頁圖看出，提撥者約占1,072萬位勞工的3.5%，比率如此低的原因可能是跟勞動部勞動基金運用局的保證最低報酬率（2021年約0.78%，是指2年期定存利率）有關。

　　2016年起，勞工可在勞動基金運用局給的投資名單內，自行選擇，稱為「自選投資標的」。

四、兩個不能靠勞保退休年金的理由

　　有兩個理由讓人認為勞保退休年金「不可靠」。

　　(一)勞保可能會倒：勞保約在2028年倒閉，雖然政府宣稱由國庫擔保，但中央政府每年預算2.3兆元，會被軍公教保險的8.5兆元的退休給付所拖垮，根本無力救勞保。

　　(二)勞保退休年金「金額」太少：以上一段35,000元投保薪資來說，月領才16,275元。大部分公司給員工投保薪資都在3萬元以下，那麼月退俸一定在15,000元以下。根據2021年勞保局所公布的資料，已請領退休年金的勞工有150多萬人，其中28%月領1萬元以下，55%月領1～2萬元；絕大多數的勞工退休後的生活困頓，加上醫療保健等支出較高，更容易陷入貧困。2012年65歲以上老人中的44.7%，其全年可支配所得落在五等分位組的第一分位組（最低所得組，低於27萬元），比2011年續增加1個百分點，老年貧窮化的情況持續升高，而其中多數是勞工階層。

圖解個人與家庭理財

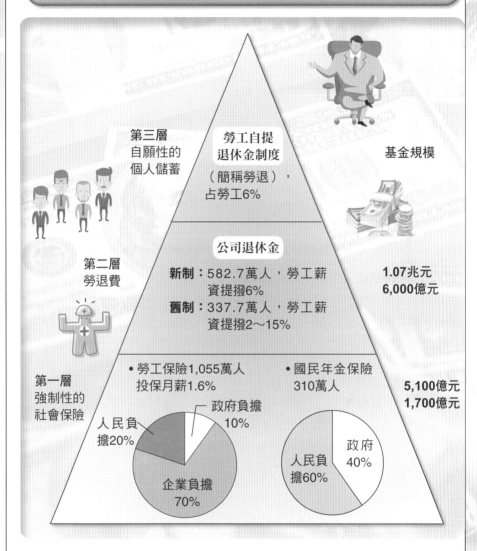

勞工的三層老年退休安全保障

第三層
自願性的
個人儲蓄

勞工自提
退休金制度
（簡稱勞退），
占勞工6%

基金規模

第二層
勞退費

公司退休金

新制： 582.7萬人，勞工薪
資提撥6%
舊制： 337.7萬人，勞工薪
資提撥2～15%

1.07兆元
6,000億元

第一層
強制性的
社會保險

• 勞工保險1,055萬人
投保月薪1.6%

• 國民年金保險
310萬人

5,100億元
1,700億元

政府負擔
10%

人民負
擔20%

企業負擔
70%

政府
40%

人民負
擔60%

知識補充站

勞工自提退休金

勞工退休自提部分，勞工自選投資標的，自負盈虧。自提退休金自選投資標的方案，源自於美國的「401K養老計畫」和香港的強制性公積金（Mandatory Provident Fund Schemes，簡稱強積金或MPF），用自選基金的方式，勞工可以依不同的投資屬性，增加退休金的預期收益。

Unit 15-5
勞保退休金可「月領」多少錢

一位勞工工作30年、60歲退休，依平均投保月薪為基礎，讓你三選一，這位勞工可領多少：19,000、29,000、39,000元？答案是19,000元，本單元回答這是怎麼計算的。

一、右頁表中第一層：中分類

退休金的計算方式分成屆齡退休、提前退休兩種。

為了簡化起見，本章只討論勞工，不討論軍公教、國民（即國民年金，視投保年資而定，以25年年資約600元）。

退休年齡因勞工出生的時間略有差異，以1960年以後的人來說，65歲是法定退休年齡。

二、保額40,038元，月領18,618元

勞工保險名稱中有「保險」兩字，申請退休年金保險給付，跟所有保險一樣，一定是投保金額（分十六級，24,000～87,600元）乘上相關數字。

(一)全額勞保年金：由右頁表可見，以65歲的李小明為例，假設保額為40,038元、投保年資30年，乘上支付率1.55%，便可得到月退俸約18,618元。「保額」是指退休前最高60個平均「投保」薪資。

(二)減額勞保年金：如果要提前領，最早也須滿60歲，此時退休年金必須打折，稱為「減額勞保年金」，打折的趴數很簡單，每提前一年，減4%，例如：64歲時請領退休年金，只能領到全額年金的96%；同理可推，60歲時的減額年金是全額年金的80%，也就是打八折領。

300

三、不用會算

你退休後可以領多少勞保老年給付？在右頁表中，勞動部勞動基金運用局（前身為勞保局）已替你算好了，但是不用樂觀，一般人大約在月領15,000元以下。

本書不考慮「一次領」勞保年金給付，以投保金額35,000元、投保年資30年來說，只能領到157.5萬元。以月領退休年金來說，只要領滿8（有一說6.6）年，就會比「一次領」的金額還高；所以可以說：「活得愈久，領得愈多」。

四、領退休金年齡

由於勞工何時可以請領勞保年金，涉及勞工的出生年，本書主要是寫給1980年以後出生的人看的，因此，1962年以後出生的勞工，須滿65歲才可領「全額」勞保年金。也就是說，提前退休的人，手上要有筆錢才能度過「青黃不接」期間。

退休金的計算方式

中分類　　　　　　　　**計算方式**

一、屆齡退休

占九成

退休年金計算方式如下：
投保金額×投保年資×所得替代率
1. 以最高投保金額為例
　87,800元×30年×1.55%＝40,827元
2. 以平均投保金額為例
　40,038元×30年×1.55%＝18,618元

$$所得替代率＝\frac{退休後年收入}{上班時年收入}$$

以沒優惠存款的公立學校退休教師為例

$$90\%＝\frac{84萬元}{93.3萬元}$$

二、提前退休

占一成

減額退休金
即針對「全額退休金」打折，例如退休金：
18,618元×0.8＝14,894元

備註　上述「支付」，以後可能改成1.3%。
以30年乘上1.55%等於0.465為例，這表示退休年金（月領）等於投保月薪的
46.5%，稱為所得替代率。

五個取得勞保、勞退資訊的方法

查上詢網

自然人憑證
勞保局e化服務系統（https://edesk.bli.gov.tw/na/）。
須先向戶政單位申請發給自然人憑證並備有讀卡機。

ATM查詢

勞動保障卡
土地、玉山、台北富邦、台新、第一等五家發卡銀行
實體ATM、網路ATM。
須先向該五家銀行，申請發給勞動保障卡，或申請於
原金融卡或信用卡附加勞動保障卡功能。

郵政金融卡
郵局實體ATM。
須先至郵局申請於原郵政金融卡簽署勞保局資料查詢服務同意書。

查臨詢櫃

勞保局總局及各地辦事處

個人智慧型手機、平板電腦APP查詢：須先完成行動裝置認證。

資料來源：勞動基金運用局

Unit 15-6
自己需準備多少退休金

2022年，最低每月工資為25,250元，約是平均薪資的四成，足夠讓一個人過基本生活，但要撫養家人則有點吃緊。

2020年139萬退休勞工平均月退休俸17,651元，至於有些單位算出數字較高，主要差別在於有考慮勞退、勞保投保年數為35年，再加上國民年金（針對勞工失業期間與提前退休）。

一、總的來說，退休金缺口

勞保退休年金只夠維持夫妻的生存（即「活著」），但是離基本生活還有一小段距離。

二、三種情況下的退休金缺口

由右頁表可見，延續Unit 15-3的三種生活水準，此即退休期間的每月生活費用需求，減掉勞保月退俸19,000元與國民年金，便可得到每月退休金缺口。

假設退休期間20年（61歲到80歲），便可得到表中第(6)項的退休期間退休金缺口，共有三個數字，搭配Unit 15-3的右頁表一起看。

(一)**基本生活水準過得去**：沒有財務壓力。

(二)**中等生活水準缺144萬元**：每個月6,840元買基金，大抵可補缺口，對家庭財務有些微壓力。

302

(三)**滿意生活水準缺336萬元**：每個月須花17,380元買基金，可能占家庭月所得二、三成，對家庭財務形成壓力。

小博士解說 所得替代率是個錯誤觀念
（income replacement ratio）

有許多人認為退休人士的合理所得替代率為70%，例如：

$$= \frac{退休收入}{退休前年收入} = \frac{56萬元}{80萬元} = 70\%$$

$$勞動部定義 = \frac{月退休金}{月投保金額} = \frac{1.6萬元}{3.6萬元} = 44\%$$

退休後的生活極單純，跟退休前年收入無關；縱使套用所得替代率觀念，40%便足夠退休生活了。

三種生活水準下的退休資金缺口

單位：萬元

項目	基本生活水準	中等生活水準	滿意生活水準
(1)每月資金需求	2.25	3.2	4
(2)李小明每月勞保退休金	1.9	1.9	1.9
(3)李太太國民年金	0.7	0.7	0.7
(4)=(1)－〔(2)+(3)〕 每月退休金缺口	—	0.6	1.4
(5)退休期間	假設20年，但不考慮物價上漲率，因為退休金等有物價連動調整機制。		
(6)退休期間的退休金缺口 =(4)×12個月×(5)	—	144	336

知識補充站

請領勞退新制退休金條件

退休金一次請領	勞工年滿60歲，提繳年資未滿15年，應請領一次退休金。
退休金月領	勞工年滿60歲，提繳年資滿15年以上，應請領月退休金。
退休金請領後續提	勞工年滿60歲領取勞工退休金後繼續工作，雇主仍應為勞工提繳退休金，提繳年資重新計算，請領續提退休金，一年以一次為限。
退休金由遺屬或指定請領人	勞工於請領退休金前死亡，應由其遺屬或指定請領人請領一次退休金。但需於死亡之日起5年內提出申請，逾期喪失請求權。

資料來源：勞動部勞保局

Unit 15-7
誰最需要存老本

以一對銀髮夫妻每月4萬元可以過「令人羨慕生活」的標準來說，由右頁上表可見，退休軍公教人員晚景看好。勞工則必須自求多福才能過基本水準的生活。

一、晚年生活優渥的公教人員

軍公教退休人士中的公務人員，退休年齡最晚（55歲），領的最少166.3萬元。以平均餘命80歲來說，退休25年，每年可領66萬元，每月5.5萬元。此時，子女已成年（20歲），甚至上班了，5.5萬元對一對夫妻還很好用。我很少舉身邊例子，怕犯了「一葉落而知秋」的謬誤，但筆者鄰居丈夫中校52歲退休、太太公立國中老師退休，兩人皆有18%優惠存款，買了113萬元的豐田冠美麗油電混合汽車，每年至少出國旅行一次。恰如電視上說的軍公教人員退休後過著「吃香喝辣」的生活。

二、退休調查

(一)調查機構：《遠見雜誌》與施羅德投信公司。

(二)調查地區：臺灣。

(三)調查對象：30～55歲民眾，816人，不含軍公教人員。

(四)調查期間：2014年6月20～30日。

(五)調查結果：詳見右頁上表，簡單說明。

304

三、靠自己最可靠

(一)跟《工商時報》的調查比較：引用2013年10月《工商時報》做的「退休金調查」，其中約一半的人認為可以靠勞保。因此，50.6%的受訪者「沒有」存退休金、49.4%的受訪者「有」存退休金。

(二)本調查：由右頁表可見，有73.8%的受訪者對勞保的退休金制度沒信心，因此有53%的受訪者自力救濟，自己準備部分退休金。

小博士解說 有些銀行的理想退休金調查會嚇死人

有些銀行為了推財富管理業務，所以每年進行一次「理想退休金調查」，2015年3月，有家銀行的調查結果「7,800萬元」，問題是平均一生收入才2,200萬元，活四輩子才能賺到這金額。別被這些「老王賣瓜」的調查嚇到。

退休調查

項目	說明
一、預計退休年齡	平均計畫退休年齡是58.7歲，男性是59.9歲。 • 70歲以上　　　　　占 2.1% • 61～69歲　　　　　占51.1% • 60歲以下　　　　　占31.4% • 不知道　　　　　　占16.4%
二、對勞保退休金制度	缺乏信心
(一)勞保退休金的健全	**73.8%** 
(二)政府改革制度	**63.1%**
三、對自己退休金準備	**53%**

資料來源：《遠見雜誌》、施羅德投信；《經濟日報》，2014年8月1日，B3版，張瀞文

2019年退休金調查

時：2019年6月26日
地：臺灣
人：基富通證券公司2019年，市調單位：東方線上
事：在回收的8,402份有效問卷中，約六成受訪者年齡在31～50歲。

基富通「好享退」退休準備大調查					
年齡	30歲以下	31～40歲	41～50歲	51～60歲	61歲以上
平均月收	4.2萬元	5.6萬元	6.6萬元	7.1萬元	6.7萬元
投資經驗 （是否滿5年）	80%以上 不滿	60%以上 超過	80%以上 超過	82%以上 超過	80%以上 超過
是否開始進行投資　只有想過	52%	43%	32%	29%	25%
已規劃未執行	19%	27%	31%	33%	31%
已規劃且執行中	20%	27%	36%	38%	40%
退休後重點	1.健康（占9%）、個人興趣（70%）、生活娛樂（58%）				
退休準備信心度（有信心）	50.4%	49.3%	58.9%	72.5%	78.9%

資料來源：基富通證券，2019.6.26

Unit **15-8**
什麼時候開始能存退休金

什麼時候能開始存退休金？這個問題中多一個「能」字，這是重點，「能」代表客觀能力。

一、55歲開始自己存老本

大部分家庭都是等丈夫55歲左右時，子女大學畢業，且房貸還清，肩上重擔大幅減輕，才有多餘資金可以「存老本」。在65歲請領退休金情況下，約有10年時間投資。

二、補差額

本單元主角李小明是位平均薪資水準勞工，退休時每個月約可以領到1.9萬元的退休金，與Unit 15-3的三種退休生活水準相比，會發現資金短缺缺口，詳見右頁表。

(一)基本：每個月不須買基金

在過基本退休生活下，約缺200萬元，以10年來說，每年約須定期定額買基金6.15萬元，以算術平均來說，每個月5,130元，這對絕大部分家庭都是「一小塊蛋糕」（a piece of cake）。

(二)中等：每個月1.4萬元買基金

同理可推，想過「中等水準」退休生活，每個月須定期定額買基金1.4萬元，大部分家庭會覺得「還好啦！」

(三)上等：每個月2.45萬元買基金

想過「好」生活，就必須「犧牲享受，才能享受犧牲」，每個月須花2.45萬元買基金。

三、投資紀律極重要

清朝以前的古人擔心沒棺材下葬，少數人會先把棺材買好，甚至放在家中看，才心安。同樣的，「存老本」是個遙遠的目標，投資紀律極重要；也就是涉及兩件事。

(一)定期定額投資：「滴水穿石」的關鍵在於時間夠久，大部分人缺乏恆心。存老本就跟釀12年的威士忌酒一樣，需要耐心。

(二)專款專用：最怕的是把錢挪用於替子女買車、自己出國去玩等。

透過股票型基金投資以安享晚年

假設

1. 夫妻55歲起，不需再「養兒育女」。
2. 房屋貸款快要或已經付完。
3. 65歲請領退休金。
4. 最遲50歲起，開始每個月定期定額買股票型基金，基金平均報酬率12%（例如：群益馬拉松基金）。
5. 在「未來值或終值年金」表中，投資10年，報酬率12%，其值為17.549倍。

勞工退休金自提好嗎？

時： 2005年起實施
人： 勞工、雇主
事： 勞工每月提撥薪資6%到個人帳戶，雇主須提配合款6%，但由於最低保障收益率使銀行2年期定期存款利率約1.06%，不甚吸引人，所以到2018年約52萬人參與，占投保勞工人數提繳退休金724.5萬人中的11.29%。

Unit **15-9**
如何自行準備退休金

　　針對有自行準備退休金的上班族，有些問卷調查的結果可能跟現況有些距離。本單元說明中壯年（45歲以上）兩種投資方式。

一、不討論兩種「富人」

　　由右頁上圖可見，勞工與自營作業者中，有兩種人可以靠資產孳息過退休生活，占一成。

　　(一)靠利息收入過退休生活：想每個月2萬元過生活，在利率0.8%情況下，需2,247萬元才夠。

　　(二)當包租公：在香港周星馳的電影「功夫」中，男女配角包租公、包租婆生動演技令人難忘。臺灣的自有房屋率85%，約有134萬戶的人租屋。890萬間房屋中，約有10%的家庭擁有兩屋以上，有多餘房屋出租。

二、透過壽險公司

　　壽險公司推出兩種保單專門鎖定中壯年人，以為退休準備。

　　(一)不討論年輕時買的儲蓄險：本單元不討論年輕時買的儲蓄險，原因有二，一是本書不建議買儲蓄險（包括養老型儲蓄險），一是23歲買的儲蓄險，紅利收入大都用於子女大學學費等。

　　(二)年金保險：年金保險可說是保障報酬率的儲蓄險，專供人退休用，為了穩賺，所以以債券等為主要投資對象，頂多輔以房地產基金，報酬率僅2%，因此不受青睞。尤其，2014年起，金管會保險局大力限縮保險公司推出的「利率變動型增額終身壽險」。

　　(三)投資型保單：針對中壯年推出的類全委託投資型保單，有些保險公司主打保額500萬元，買海外入息股票（即定存概念股），在7%的報酬率下，每年有35萬元可領，平均每個月3萬元。

三、透過股票型基金

　　想追求較高的報酬率就必須走向股市，但又不想長期虧損率超過3%，縮小範圍，有兩種可選擇。

　　(一)定存概念股。

　　(二)兩支長青的基金：有兩支成立時間10年以上且規模大、報酬穩的基金，一是臺灣50基金，這在股市中買賣，你必須在證券公司開戶；一是統一投信的黑馬基金。

不討論兩種「富人」

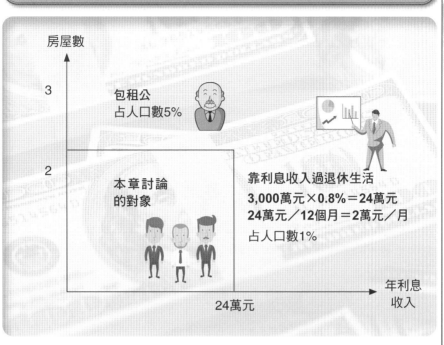

房屋數

包租公
占人口數5%

本章討論
的對象

靠利息收入過退休生活
3,000萬元×0.8%＝24萬元
24萬元／12個月＝2萬元／月

占人口數1%

24萬元

年利息
收入

上班族進行準備退休金建議方式

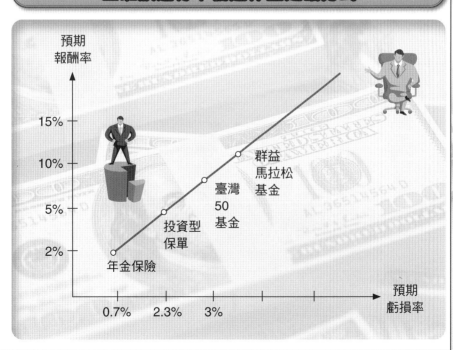

預期
報酬率

15%

10%

群益
馬拉松
基金

臺灣
50
基金

5%

投資型
保單

2%

年金保險

0.7%　2.3%　3%

預期
虧損率

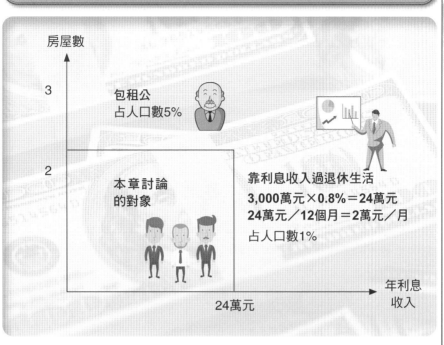

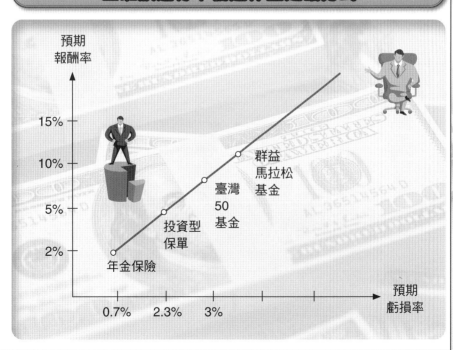

Unit 15-10
怎樣存退休金

　　人之不同，各如其面；因此在充裕退休資金方面，大抵有幾條路可走，依金額、占退休人士比重以圖表示，底下詳細說明。

一、一條死路：房屋逆售回

　　2011年起政府（主要是行政院國發會）試推動房屋逆售回，這剛好跟銀行房貸相反。

　　銀行房貸是一次借給你500萬元，20年償還，在年貸款利率2%情況下，每月該還25,482元

　　房屋逆售回是指屋主把房屋出售給銀行，銀行分期付款給屋主，且在屋主過世之前，仍住在屋內（可視為銀行出租給屋主）。屋主每月從銀行拿到約2萬元過生活。

　　這種「以屋換生活費」方式，由於條件嚴格（例如：屋主須單身、60歲以上、沒有退休金），因此試辦2年後，只有數百人申請。做不起來，後來便停辦了。

二、退休金只需480萬元

　　「退休需要多少錢就可以過生活？」這個看似財務管理教科書中的典型問題，需要考慮退休期間平均物價上漲率（1%或2%）、年金現值等，對一般人來說，可能不好懂。

　　「簡單的問題而有簡單答案」，這需要透澈了解，有篇短文主張只需480萬元便夠了，即一對夫妻一個月花2萬元。

> **2萬元／月 × 12個月 × 20年＝480萬元**

　　或許有人會批評，20年每個月花2萬元忘了考慮物價上漲，但這公式也沒考慮這480萬元可能的孳息，縱使是勞保年金給付也會隨物價調整。

小博士解說　老生常談的退休金規劃原則

每家財富管理公司對退休金規劃都是同一個調調。

- **時間**：儘早開始（start early）
- **金額**：準備充分（save enough）
- **風險管理**：分散風險（diversity risk）

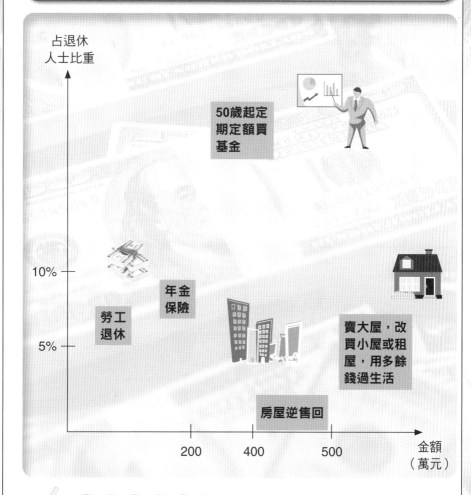

幾種自籌退休金方式

占退休
人士比重

50歲起定
期定額買
基金

年金
保險

勞工
退休

賣大屋，改
買小屋或租
屋，用多餘
錢過生活

房屋逆售回

10%

5%

200　　400　　500

金額
（萬元）

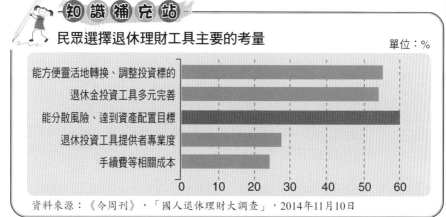

知識補充站
民眾選擇退休理財工具主要的考量

單位：%

能方便靈活地轉換、調整投資標的	
退休金投資工具多元完善	
能分散風險、達到資產配置目標	
退休投資工具提供者專業度	
手續費等相關成本	

0　10　20　30　40　50　60

資料來源：《今周刊》，「國人退休理財大調查」，2014年11月10日

國家圖書館出版品預行編目（CIP）資料

圖解個人與家庭理財/伍忠賢，鄭義為著. --
三版. -- 臺北市：五南圖書出版股份有限公
司，2022.06
　面；　公分
ISBN 978-626-317-806-9(平裝)

1.CST: 個人理財 2.CST: 投資

563　　　　　　　　　　111005810

1FTP

圖解個人與家庭理財

作　　　者－伍忠賢、鄭義為

發 行 人－楊榮川

總 經 理－楊士清

總 編 輯－楊秀麗

主　　編－侯家嵐

責任編輯－吳瑀芳

文字校對－陳俐君

封面設計－姚孝慈

出 版 者－五南圖書出版股份有限公司

地　　　址：106台北市大安區和平東路二段339號4樓

電　　　話：(02)2705-5066　傳　　真：(02)2706-6100

網　　　址：https://www.wunan.com.tw

電子郵件：wunan@wunan.com.tw

劃撥帳號：01068953

戶　　　名：五南圖書出版股份有限公司

法律顧問　林勝安律師事務所　林勝安律師

出版日期　2015年 5 月初版一刷
　　　　　2017年10月初版三刷
　　　　　2019年10月二版一刷
　　　　　2022年 6 月三版一刷

定　　　價　新臺幣380元整

經典永恆・名著常在

五十週年的獻禮 —— 經典名著文庫

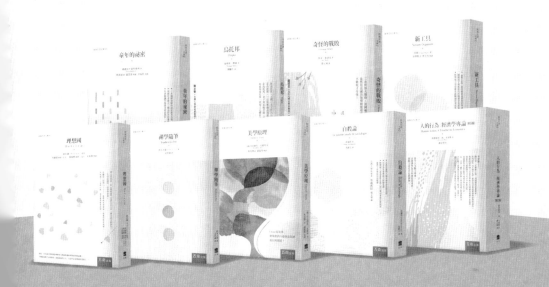

五南，五十年了，半個世紀，人生旅程的一大半，走過來了。

思索著，邁向百年的未來歷程，能為知識界、文化學術界作些什麼？

在速食文化的生態下，有什麼值得讓人雋永品味的？

歷代經典・當今名著，經過時間的洗禮，千錘百鍊，流傳至今，光芒耀人；

不僅使我們能領悟前人的智慧，同時也增深加廣我們思考的深度與視野。

我們決心投入巨資，有計畫的系統梳選，成立「經典名著文庫」，

希望收入古今中外思想性的、充滿睿智與獨見的經典、名著。

這是一項理想性的、永續性的巨大出版工程。

不在意讀者的眾寡，只考慮它的學術價值，力求完整展現先哲思想的軌跡；

為知識界開啟一片智慧之窗，營造一座百花綻放的世界文明公園，

任君遨遊、取菁吸蜜、嘉惠學子！